大明

明代中国的视觉文化与物质文化

[英] 柯律格（Craig Clunas）著　黄小峰 译

Empire of Great Brightness

Visual and Material Cultures of
Ming China, 1368-1644

生活·讀書·新知 三联书店

Simplified Chinese Copyright © 2019 by SDX Joint Publishing Company.
All Rights Reserved.
本作品中文简体版权由生活·读书·新知三联书店所有。
未经许可,不得翻印。

Empire of Great Brightness by Craig Clunas was first published by Reaktion Books, London, U. K., 2007. Copyright © Craig Clunas, 2007

图书在版编目(CIP)数据

大明:明代中国的视觉文化与物质文化/(英)柯律格(Craig Clunas)著;黄小峰译. —北京:生活·读书·新知三联书店,2019.8 (2024.2重印)
(开放的艺术史丛书)
ISBN 978-7-108-06408-0

Ⅰ.①大… Ⅱ.①柯…②黄… Ⅲ.①文化史-中国-明代
Ⅳ.①K248.03

中国版本图书馆 CIP 数据核字(2018)第 223267 号

责任编辑　杨　乐
装帧设计　蔡立国
责任校对　龚黔兰
责任印制　卢　岳

出版发行　生活·讀書·新知 三联书店
　　　　　(北京市东城区美术馆东街 22 号 100010)

网　　址　www.sdxjpc.com
图　　字　01-2018-6753
经　　销　新华书店
印　　刷　北京隆昌伟业印刷有限公司
版　　次　2019 年 8 月北京第 1 版
　　　　　2024 年 2 月北京第 4 次印刷
开　　本　720 毫米×1000 毫米　1/16　印张 21.25
字　　数　240 千字　图 203 幅
印　　数　18,001-20,000 册
定　　价　68.00 元

(印装查询:01064002715;邮购查询:01084010542)

开放的艺术史丛书

总　序

　　主编这套丛书的动机十分朴素。中国艺术史从某种意义上说并不仅仅是中国人的艺术史，或者是中国学者的艺术史。在全球化的背景下，如果我们有全球艺术史的观念，作为具有长线文明史在中国地区所生成的艺术历程，自然是人类文化遗产的一部分。对这份遗产的认识与理解不仅需要中国地区的现代学者的建设性工作，同时也需要世界其他地区的现代学者的建设性工作。多元化的建设性工作更为重要。实际上，关于中国艺术史最有效的研究性写作既有中文形式，也有英文形式，甚至日文、俄文、法文、德文、朝鲜文等文字形式。不同地区的文化经验和立场对中国艺术史的解读又构成了新的文化遗产。

　　有关中国艺术史的知识与方法的进展得益于艺术史学者的研究与著述。20世纪完成了中国艺术史学的基本建构。这项建构应该体现在美术考古研究、卷轴画研究、传统绘画理论研究和鉴定研究上。当然，综合性的研究也非常重要。在中国，现代意义的历史学、考古学、人类学、民族学、社会学、美学、宗教学、文学史等学科的建构也为中国艺术史的进展提供了互动性的平台和动力。西方的中国艺术史学把汉学与西方艺术史研究方法完美地结合起来，不断做出新的贡献。中国大陆的中国艺术史学曾经尝试过马克思主义的阶级和社会分析，也是一种很重要的文化经验。文化理论和文化研究的多元方法对艺术史的研究也起到积极的作用。

　　我选择一些重要的艺术史研究著作，并不是所有的成果与方法处在当今的学术前沿。有些研究的确是近几年推出的重要成果，有些则曾经是当时的前沿性的研究，构成我们现在的知识基础，在当时为我们提供了新的知识与方法。比如，作为丛书第一本的《礼仪中的美术》选编了巫鸿对中国早期和中古美术研究的主要论文31篇；而巫鸿在1989年出版的《武梁祠：中国古代画像艺术的思想性》（*The Wu Liang Shrine: The Ideology of Early Chinese Pictorial Art*）；包华石（Martin Powers）在1991年出版的《早期中国的艺术与政治表达》（*Art and Political Expression in Early China*）；柯律格（Craig Clunas）在1991年出版的《长物：早期现代中国的物质文化与社会状况》（*Superfluous Things: Material Culture and Social Status in Early Modern China*）；巫鸿在1995年出版的《中国古代美术和建筑中的"纪念碑性"》（*Monumentality in Early Chinese Art and Architecture*）等，都是当时非常重要的著作。像雷德侯（Lothar Ledderose）的《万物：中国艺术中的模件化和规模化生产》（*Ten Thousand Things: Module and Mass Production in Chinese Art*）；乔迅（Jonathan Hay）的《石涛：清初中国的绘画与现代性》（*Shitao: Painting and Modernity in Early Qing China*）；白谦慎的《傅山的世界：十七世纪中国书法的嬗变》（*Fu Shan's World: The Transformation of Chinese Calligraphy in the Seventeenth Century*）；杨晓能的《另一种古史：青铜器纹饰、图形文字与图像铭文的解读》（*Reflections of Early China: Décor, Pictographs, and Pictorial Inscriptions*）等，都是2000年以来出版的著作。中国大陆地区和港澳台地区的中国学者的重要著作也会陆续选编到这套丛书中。

除此之外，作为我个人的兴趣，对中国艺术史的现代知识系统生成的途径和条件以及知识生成的合法性也必须予以关注。那些艺术史的重要著述无疑都是研究这一领域的最好范本，从中可以比较和借鉴不同文化背景下的不同方式所产生的极其出色的艺术史写作，反思我们共同的知识成果。

视觉文化与图像文化的重要性在中国历史上已经多次显示出来。这一现象也显著地反映在西方文化史的发展过程中。中国"五四"以来的新文化运动是以文字为核心的，而缺少同样理念的图像与视觉的新文化与之互动。从这个意义上说，这套丛书不完全是提供给那些倾心于中国艺术史的人们去阅读的，同时也是提供给热爱文化史的人们备览的。

我唯一希望我们的编辑和译介工作具有最朴素的意义。

尹 吉 男
2005年4月17日
于花家地西里书室

目录

开放的艺术史丛书总序　　　　　　　　　　　尹吉男　　 1

致中国的读者　　　　　　　　　　　　　　　　　　　 2

引言　　　　　　　　　　　　　　　　　　　　　　　 5

第一章　明代中国的时间、空间与能动性　　　　　　　22

第二章　坐与游：方位的文化与运动的文化　　　　　　61

第三章　街头的词语：文字的文化　　　　　　　　　　99

第四章　中国大百科中的图画：图像、类别与知识　　 136

第五章　娱乐、游戏与纵情声色　　　　　　　　　　 166

第六章　"玄武"：暴力的文化　　　　　　　　　　　194

第七章　策杖幽行：衰老与死亡　　　　　　　　　　 231

第八章　余绪：明代视觉文化与物质文化的来世　　　 259

后　记　　　　　　　　　　　　　　　　　　　　　 288

注　释　　　　　　　　　　　　　　　　　　　　　 291

致　谢　　　　　　　　　　　　　　　　　　　　　 333

译者后记　　　　　　　　　　　　　　　　　　　　 335

致中国的读者

我记得，平生所读的第一本关于明代的书，叫《西方来的智者》，作者是文森特·柯罗宁（Vincent Cronin，1924～2011），初版于1955年（我出生的第二年）。柯罗宁曾求学于牛津大学三一学院，今天的我恰是这里的院士。他是一位英国通俗历史学家，也是一位写传记的高手，著述颇丰，比如有畅销的《路易十四传》《拿破仑传》，还有关于意大利文艺复兴的著作。《西方来的智者》只不过是他的第二本书，却成为他最成功的著作，一版再版，如今已有半个世纪。这本书是利玛窦（1552～1610）的传记，他不仅是一位意大利耶稣会士，还是一位知识分子，为早期现代欧洲认识中国文化和中国社会提供了最早的一批准确信息。我父亲当时是一个读书俱乐部的会员（在20世纪六七十年代，这是能够买到不少便宜书的流行做法），就这样，柯罗宁的这本书来到了我们家，我如饥似渴地读完，当时应该是13或14岁吧。今天我的书架上这册书还在。

即使那会儿还是少年，离我开始正式研习中国的语言和文化还早得很，令我爱不释手的这本书里还是有些东西让我觉得不安，它们或许就浓缩在柯罗宁给前言起的标题里——"尘封的帝国"。正如我在本书余论里所讨论的，和当时许多西方历史学家一样，20世纪50年代的柯罗宁也相信，明代中国的标志之一就是对中国文化之外的所有外来事物都抱有巨大的敌意，这是元朝的蒙古人统治所留下的遗产。对明朝的这种看法，部分来自"五四运动"的特殊氛围，以及民族主义者对于清朝统治的反抗，它们感染了20世纪早期的学术。我们也很难忽视这种看法与20世纪50年代的特殊政治状况的关系。50年代是"朝鲜战争"的时代，中国和英语世界的知识与文化接触在"冷战"的语境下突降至冰点。无疑，在1955年（以及1968年），一个英国人要想造访中国（或是一个中国人想要造访英国），差不多就像利玛窦想获得批准在明帝国安居一样艰难。我很庆幸，我的学术生涯已经不再是这样了。

读者们手中所持的这本书，缘于2004年1月至3月我在牛津大学所做的八次公开讲座，是被称为"斯莱德美术讲座"的系列之一，这已是柯罗宁出版利玛窦传记差不多五十年之后了。这一年我还在伦敦大学"东方与非洲研究学院"工作，尚未在牛津拿起教鞭。和迄今为止我的所有著作一样，它主要也是为西方听众而写的，面对的是英文读者。当然，如果中国的读者也想邂逅我在书中提出的观点，我会感到极为荣幸而欢欣。我想对黄小峰博士报以深深的谢意，他辛劳的翻译工作使得这一切成为可能。讲座的形式可以部分地解释本书的一些特色，因为它想震撼的是牛津的听众，想让他们抛掉心中可能有的对明代中国的一些成见，尤其是那种认为明代中国在本性上静止不动而且尘封闭塞的看法。这也就是为什么我在开篇的时候卖了个关子，让我的听众以为我讲的是他们非常熟悉的东西，即"文艺复兴"时期变动不息的欧洲，而实际上我所讲的是一个他们并"不"熟悉的东西，也即同样变动不息的明代的中国。我的主要目的是做一些面对中国听众时绝对"不"必要做的事情，去向听我的讲座并且读我的书的人展示明代中国文化的复杂性、丰富性和多样性。这就是为什么书中文字里藏着不少玩笑和典故（比如博尔赫斯和福柯所讨论的"中国百科全书"），是为了让英国听众放心，因为这种材料可能并不像他们想的那样奇怪。即使是受到良好教育的英国人大多数也对20世纪以前的中国历史知之甚少，即便略知一二的东西也常常不过是一些印象与概念。如果我能够向他们展示出他们所不知道的东西究竟有多么的多，哪怕只是惊鸿一瞥，告诉他们在陈词滥调之外他们可以去发现的东西有多么的丰富，对我来说也是一桩颇有价值的任务。我希望我有另一个颇有价值的任务，就是让中国的读者更好地意识到欧洲语言中已有的对明代中国的专门研究和学术是多么的丰富，我在写作本书的时候已经从中汲取了相当多的养分。西方世界对于中国历史的意识也许还只限于一些专门学者，不过这些学者为了理解中国的过去已经进行了深入的挖掘，生产出了大量关于明代以及其他时代的学术成果。

讲座的形式意味着每个章节都要独立成章。这并不是一本通篇都在论证某一个论点的著作,也不是一本从1368年讲起至1644年结束的断代史。历史的变化是本书中的一个重要主题,以此与认为中国文化在本质上静止不动的陈旧观点进行对照。不过这并不是一个去了解那时究竟发生了什么事,或者事情以怎样的顺序发生的地方。好在英语世界里还有不少其他的优秀著作来完成这个任务,使我可以放手去讨论整个明代中的一系列不同的主题。我知道这绝不是对于明代的盖棺定论,说真的,如果是的话我会难过得很。我对于那种使讨论终结的定论式的陈述不感兴趣,反之,我感兴趣于能够不断地激发兴趣和激发讨论,去讨论这个我一直以来都觉得最迷人、最有收获的中国历史中的时代,这个宏大的主题迄今为止已经在很长时间里吸引了我的关注,并且塑造了我的人生。

我常常被问起:相对于中国历史中的其他时期,"为什么"你对明代那么有兴趣?真相是,我并不真的了解我自己。我在学生时代曾特别喜欢清代历史与文化(我的博士论文写的就是清代的文学),而最近以来,我越来越被吸引进20世纪早期的中国文化研究领域之中,那是个动荡不安但生机勃勃的时代。但我一次又一次地发现,自己不断地被拉回到15世纪至17世纪之中。部分原因在于,这个时期中有丰富的材料,尤其是在图像与物品方面。毫无疑问,唐代和宋代的杰作也不在少数,但是只有当我们触及明代的时候,似乎才开始有一种感觉,好像是真正意识到了整个社会的文化丰富性。像《金瓶梅》这样的文学材料,真正全面地图写了那个时代的生活,在任何其他区域或时代的文学杰作中,很少有能够与它相媲美者。当然,我对其他时代、其他地区的文学杰作也非常崇敬,只不过作为一位艺术史家,身处一个目睹自己的学科所关注的问题扩展到视觉文化与物质文化的"所有"方面的时代,我一再被那种与留存至今的过往物品和过往图像发生互动的可能性而紧紧吸引。我希望,这本书或许能帮助和鼓励它的读者们,去亲自体验那些与你们自己发生互动的东西。

柯律格
2016年1月于牛津

引　言

　　想象一下，假如本书这样开篇：

　　本书所论之时代，是探索与发现之时代。当是时也，舰船由勇猛无畏的梦想家所驾驭，帆影所至之远，未有任何船只曾企及。舰船为敕命其远航的君王带回新大陆的种种传奇，以及新子民的种种故事。商旅们紧随其后。跨越大洋的贸易使人一夜骤富，亦使人一贫如洗。这亦是发现内在世界之时代。当是时也，思想家们前无古人地深刻思索着何为人、何为自我的问题。源自往古之楷模重获生机，于文学中享有了新的声望，诗歌与散文的选词用藻均深受影响。与之同时，小说与戏剧作为新的艺术体裁异军突起，充满空前的活力。学养深厚之文人与胸无点墨之文盲均为之着迷，恰如宫廷朝臣和蚁民百姓，当一幕幕拍案惊奇、催人泪下的传奇在眼前上演时，他们共享着同样的情感。生机勃勃的印刷业将越来越多的书籍输送到越来越多的人手中，也将阅读的权利从少许精英扩展到性别与阶层都更为多元的大众读者。历史上从未有过如此景象。"古"之洪流势不可当，也蔓延至视觉艺术之中：艺术理论与艺术实践都在对"古意"的尊崇中得到推动。家财万贯、学富五车或二者兼备的收藏家对古物殚精竭虑的搜求也成为"古"之权威的物质明证。然而，恰在同时，众声喧哗的城市文化引来了非难，道德家们痛斥大众对时尚与新奇的欲望，他们的焦灼不安最终化为滔天洪水，冲毁了世俗所喜的色彩斑斓的祭祀方式——祠堂被砸得粉碎，民众的朝圣景点被关闭。他们的焦虑也转化为对宗教这种最神圣的文化仪式的改革，只准使用书写的文字，不准使用任何图像，以文字的朴实无华来替换人所熟识的图像的感官满足。没错，这个时代就是中国的明朝。

从某个特定层面上来说，这是一个玩笑（且不说这段文字的夸张形容词，在演讲时说说无妨，付之梨枣则难免有些荒诞）。因为不容置疑的"历史常识"告诉我们，在明王朝统治中国的那些年里，也即公元1368年至1644年，或是不列颠群岛历史中从黑死病到内战的年代，只有在欧亚大陆的"另"一端，才发生着上述的"个人之发展""古典之复兴"以及"世界之发现与人之发现"（这是雅各布·布克哈特1860年的巨著《意大利文艺复兴时期的文化》中三个关键部分的标题）。[1] 尽管开篇这个幽灵般的段落中所说的每一个现象的的确确都在那几个世纪的中国逐一发生，可不争的事实却是，所有的一切竟然都能在布克哈特的术语中被无情地抹杀：或许，单拈出每一个现象都煞有介事，但却是散兵游勇，最重要的是，它们没能孕育出"现代性"，它们绝不可能像"文艺复兴"那样成为"现代性"的源头之一。不过，中国历史中的明朝却在某种意义上警醒我们，对于把"现代性"归为其所独有的"西方式"感知方式的生成，以及一种诞生于欧洲并席卷全球的"优越感"而言，起到关键作用的正是明朝。因为恰恰是在明朝统治中国的岁月里，出现了一种把欧洲视为与"东方"相对立的共同体的意识。比如，托马索·康帕内拉（Tommaso Campanella，1568~1639）贬损"中国人"（他从未见过任何一个活生生的例子）为"奶酪中的蛆虫"，以示其缺乏好奇心。再比如，比利时人文主义者裘斯特·利普休斯（Justus Lipsius，1547~1606）破天荒地把欧洲称为"世界上更好的地方"。[2] 无论是褒是贬，把"中国"作为"知识对象"这一观念已成为共识。在完成于1599年的《寰球简说》中，英格兰神圣的坎特伯雷大主教乔治·阿伯特（George Abbott，1573~1633）赞扬道："支那的人民几乎精通各门艺术。"可是这一积极的表述却同样立足于狭隘的信息，与康帕内拉对中国人的诟病没什么两样。[3] 明朝统治中国的年代，恰好处在1367年的那胡拉战役（Battle of Najera）与1644年的阿伯丁之劫（Sack of Aberdeen）之间，一种西方优越感逐渐成形，使得随之而来的对中国或隐或显的贬低愈发显得必要。同样是在明王朝的时间跨度中，欧洲人的写作中还出现了一类褒扬中国的风尚，也盛行了好几个世纪。在所谓的"西方"（West）的生成过程中，图像与物品——或者说对图像与物品的感知——所起的重要作用，将会是本书的背景之一。不过这并不是图像与物品的焦点所在。

像上文那样在明代中国与文艺复兴欧洲之间画上平行线的做法，挑衅的成分居多，并非是一个严肃的命题，其独特历史也颇为久远。1762年，奥利弗·戈德史密斯（Oliver Goldsmith，1728～1774）的《一位世界公民》出版。书中虚构了一位来到18世纪伦敦游历的中国河南旅行者。在他寄回中国的第62封信札中，戈德史密斯借这位李安济（Lien-chi Altangi）之口提出了一种同步与平行发展的历史观，保持同步的双方便是当时即将被英国思想界视为"西方"与"东方"的历史：

> 先是，孔夫子与毕达哥拉斯横空出世，似乎是一卵双生。无论希腊还是中国，哲学家队列均喷涌而出。继之，死灰复燃的野蛮时代几乎于同时蔓延寰宇，持续数个世纪，直到基督教时代的公元1400年，永乐皇帝的出现唤起了东方知识的复兴，与之同时，美第奇家族不辞辛劳地把摇篮中的婴儿抚育成天才。因此，我们会在同一个时代看到文雅的教养传遍世界每一个地方，而下一个时代则任由野蛮肆虐；在同一个时期，辉煌灯火散布寰宇，而在另一个时期，无知愚昧笼罩世间。[4]

永乐皇帝生活于1360年至1424年（1403～1424年在位），与佛罗伦萨美第奇家族政治勋业的创始人乔凡尼·迪比奇·德·美第奇（Giovanni di Bicci de' Medici，1360～1429）恰是同时代人。永乐朝那些具有历史意识的人一定会得意地把自己视作"散布寰宇"的"辉煌灯火"，但他们不见得会颔首赞同有一个"死灰复燃的野蛮时代"把自己所处的时代与古代世界断然隔离。大唐王朝（618～907）的统治时期恰与欧洲历史中的"黑暗时代"相重合，后者是奥古斯都时代思想家们诸如戈德史密斯所最想淡忘的。即便是大历史学家吉本（Edward Gibbon，1737～1794），在剖析之后也还是将之归为惊人地缺乏"文雅的教养"。而大唐王朝在明代初年早已被视为最为杰出的文化与政治成就之一。事实上，戈德史密斯所构想的一部同步展开的世界历史，即使每一处笔调都对中国充满了尊敬，其内里却是一个以西方为标准的宇宙大同论。它是形形色色"全球史"构想的先驱，所有的构想都在建构"西方"的同时预先将"西方"置于优等地位。[5] 在书名极为醒目的《把欧洲地方化》这本书中，迪佩希·查克拉巴蒂（Dipesh Chakrabarty）对"一元化的历史时间"这一概念发难，进而令人信服地证明，这个概念的展开（体会一下戈德史密斯的话吧！）总是一成不变地暗示着一切事物都是

图1 八达岭长城。位于首都北京的北郊,是最为人所熟知的明代防御工事,频繁出现在各种出版物中

"先西方而后他处"。[6]

因此,如果把"现代性"视为一种起源于西欧及其北美殖民地的单一现象,就需要别有用心地对明代中国视而不见,或者说是以一种特殊方式看待明代中国,把它当作一个巨大的"非现代"。要论证所谓"西方之兴起"(the rise of the West)的原因与动力,就必然要对这个时代的中国一无所知。"西方之兴起",自然要对应"东方之未兴起",或者说"东方之衰落"。[7] 所谓的"未兴起",在于把东方建构为只能通过"现代性"目光才看得到的被动景观,而不是一个活跃在历史中的能动者。这种目光在英文著作中最著名的表现之一,是塞缪尔·约翰逊博士一段闻名遐迩的话,讲的是他对远方旅行的痴迷。无巧不成书,在这段表述中,提到的正是明朝的一件人造之物【图1】:[8]

> 对于中国的长城,他(约翰逊博士)表露出一种心醉神迷之情。我顿了顿,然后说,如果没有孩子,我确实相信自己应该去看一看长城,可是照顾好孩子是我的责任。"先生,"他说,"去长城,就是在做把孩子培养成伟人而要做的重要的事。孩子的身上会映照出你的心灵和求知欲泛出的光彩。不管什么时候,他们都会被当作一个去过长城的男人的孩子。我是说真的,先生。"

尤其是当"现代性"的基础从英国辉格党人所坚持的科学与技术进步,或者是代议制的胜利(代表的是白人、男性以及中产阶级),转移到更难以捉摸的概念诸如"主体性的形成"(the formation of subjectivity)或"视觉政体"(scopic regimes)的时候,明代中国便成为越来越大的问题,也变得越来越容易被忽略。当代艺术史家尼古拉斯·米尔佐夫(Nicholas Mirzoeff)近来对"视觉文化"这个范畴进行了严格的时代限定。他说道:"视觉文化是对当代日常生活及其谱系之'超视觉性'(hypervisuality)的研究。"(着重号为笔者所加)[9] "视觉文化"在这里不但被限定在"当代",而且被限定为一种特定种类的当代性,就像我们常常会在纽约、洛杉矶或伦敦所看到的那种一样。在这种限定面前,就愈发有必要来做一些简单的列举工作,来看看亚洲历史中的某个时刻(可以举一反三的时刻)通过什么方式而可以当之无愧地被称作"视觉文化"。这就是本书尝试去做的部分工作。明代正是这些时刻中极具说服力的一个,尤其是"明"这个字本身就包含特殊意义。明王朝的"明"意为"闪耀""光明"。[也许本书的书名中用 Empire of Great Enlightenment 来翻译"大明",升级一下对"西方"历史学家们的挑衅强度,不失为一个颇具诱惑的建议。不过考虑到在史学界争论中往往会以戏谑口吻提到"R 语言"与"E 语言",也即文艺复兴(Renaissance)与启蒙时代(Enlightenment),因此如果真的在本书中这么用,多少还是有些草率,不太可行。]

在中国,明朝是第一个以一种视觉特质来命名的王朝。之前的历朝历代,如汉朝(前206~220)、唐朝(618~907)、宋朝(960~1279)均是从地理名词中得名,与威塞克斯王朝(Wessex)、布拉冈扎王朝(Braganza)或萨克森 - 科堡 - 哥达王朝(Saxe-Coburg-Gotha)类似。13世纪后期,蒙古人一统天下之后开始打破这种模式。蒙古人选择了汉字中的"元"(1271~1368),意为"原始""起源""初始"。(这显然是为了掩饰其本为征服者王朝、植根于传统的正统谱系之外这一事实。[10])经过一系列漫长的民族战争与军阀混战,朱元璋(1328~1398)成为最终的胜者,他把蒙古人赶下了宝座,建立了明朝。朱元璋本是无名小卒,他虽精力旺盛,却出自社会底层,没有一星半点可以依赖的家族声望和头衔。1368 年,他昭告天下,改国号为"大明"(字面意思是"伟大的光明")。朱元璋及其臣僚为何会选择"明"这个字?个中原因相当复杂,亦无任何官方文献对此进行系统的解说。人们往往将这个名称与佛教密宗的"明王"观念相联系。还有人提出一个尚未得到证实的观点,认为朱元璋可能受到了"明教"(摩尼教)的影响。摩尼教思想的核心,就是黑暗力量与光明力量之间的永恒斗争。[11]朱元璋早年曾削发为僧,身处宗教底层社会。在这里,各种观念和意象在不同教派、不同教义之间广为传播。还有一些史料也透露出了一些信息。我们不知道它们是否是真实的同期记载,但即便不是,也至少可以说是明朝建国之初所做政治宣传的一部分,这些宣传常常会详尽地渲染一些特殊事件,朱元璋梦见巨大的光芒就是其中之一。[12]摩尼教在中国确实一直都被称作"明教"——光明之教。无论真实情形如何,有一点是毫无疑问的:朱元璋宣告了一种字面上来说属于"视觉文化"的东西,王朝的这个名字以一种前无古人的方式使人联想起一种视觉特征。也许这是我的异想天开,但是否不只是异想天开呢?本书将就此展开考察。

那么,究竟在何种程度上我们可以将明代中国称为"视觉文化"?在"视觉文化"中,制造可视性事物与创造文化现象的相关行为连理共生。我的回答重任就落在书中文字的肩上，贯穿在接下来的八个章节之内。不过，在正式开始之前，有必要把我们的注意力集中到几个带有传奇色彩的历史瞬间之上，从这些传闻中或许能窥豹一斑，见出更宽广的图景。1488年，朝鲜文人崔溥偶然造访了大明。他遭遇海难，被一股海上风暴刮到了明朝疆土。对于"大明"这个名称，崔溥如此解释："大明初出海上，万邦所照。"[13]"明"在这里具有强烈的视觉色彩，很容易便会与朱元璋所开创的朱明王朝的政治影响力相联系。崔溥的话表明，这种联系极易被调动起来作为话语的一部分。重大的转变都有视觉征兆可循，无论是人类世界还是宇宙中其他地方无不如此。正如视觉线索对于相面术的重要性一样，那些有特殊禀赋，能够预测未来的人也需要从视觉线索中看到兴衰变化（永乐皇帝本人就受益于一个类似的预言）。[14]"实录"是当时人所撰写的文献，对于了解明朝来说堪称最丰富的资源之一。永乐皇帝的实录记载到，1413年，隆平公张信向宫廷呈报："武当山顶五色云见。"皇帝随即向文武百官宣告了这一祥瑞，并且亲自申明，这一视觉奇观乃是上天对其祖先之德的回"应"。[15]终永乐一朝，显示出上天对皇权深表嘉许的视觉瑞兆从未停止过。譬如1420年，五台山顶一片祥云放出五色光芒，当中显现出一尊佛影。[16]又如1407年，西藏高僧第五世噶玛巴（1384~1415）于南京设"普度大斋"时，灵瑞频现。这些视觉瑞兆包括光芒、花雨、仙人之灵、圣人之影、七彩霓虹与瑞鹤仙禽。宫廷以图文并茂的形式专门对这些事件作了记录。充满佛教意味的五色毫光、穿透墓室而出的炫目光彩，以及夜晚天空中的璀璨光亮是其中最常提到的视觉现象，使得这些文字堪称浸泡在光芒与射线中的文字。或许，我们有理由怀疑，这些观念，尤其是光线可以揭示权力这一观念，究竟在多大程度上透露出"大""明"（巨大的光明）二字被当成了王朝来理解？[17]但正如那些与光线直接相关的东西一样，以视觉形式或物质形式呈现的其他征象在整个明朝也在持续不断地出现，具有重要意义。这里我们可以举一个例子（下文尚有很多这类例子）。1558年，一位官员向皇帝进献了一牝一牡两头白色麋鹿，受命为此撰写进献表文的便是其幕僚、大画家徐渭（1521~1593）。[18]

纵观整个明朝，我们都可以看到这种观念，即视觉形象会对朝政产生影响。称职的官员要勇于向朝廷进献图像，以示当下正在发生之事，尤其是他所管辖之地的民生疾苦。1594年，河南大饥。一位来自河南的官员向皇帝进呈了一份奏章，奏章中附有 14 幅图画，描绘了河南惨烈的灾情，名为《饥民图说》。这些图画后于 1688 年刻版印行。新近的一项研究重刊了这些图画，画中是一幕幕惨绝人寰的场景。一具具尸体漂浮在汩汩的洪水中，树枝上挂满吊死的人，百姓被迫卖儿鬻女，甚至不得不遗弃自己的亲生骨肉，任其为饥肠辘辘的人所食。其中的一幅画面描绘的是农民暴动的暴力景象，头发蓬乱、衣衫褴褛的饥民正在纵火焚烧富人的房舍（通过茅草屋顶来判断，被烧的很可能只是略有些钱的村民而非冷酷无情的乡绅）。[19] 同样在河南省，17 世纪 40 年代的另一次大饥荒也通过与之类似的灾难图像以达天听。这次是 16 幅图画，意在作为政治行动的视觉媒介，就像是电视新闻中报道饥荒的连续镜头一般。[20] 皇权的其他方面也具有视觉维度。1620 年，为年轻的皇帝遴选最亲密伴侣的事件就像一场视觉表演。候选人的外貌经过了皇室中长辈女性的仔细审查，逐级减少，五千名标致少女先减至一百，然后再减至五十，被选中的女孩进入皇宫成为侍女与嫔妃，未来的皇后就将从这五十人中诞生。[21] 视觉隐喻也弥漫在政治论争中。譬如 1622 年十一月，日后成为大学士的文震孟（1575～1636）撰写了一篇言辞激烈的奏章，指责皇帝空有其名，致使整个朝堂之上官员们"鸿胪引奏，跪拜起立"，场面如"傀儡登场"。最终他也因此而被革职。[22]

　　明代中国之所以可被称为一种"视觉文化"，绝不仅限于宫廷。我们会看到，很多地方都把"视觉性"，即"以视像为社会事实"，作为焦点问题，宫廷只不过是其中之一。葡萄牙小贵族伯来拉（Galeote Pereira）在 1561 年将自己于 1549 至 1553 年在中国的经历写成文字。让他震惊的竟然是明朝的司法审判。审判在公开场合中进行，出现在众目睽睽之下。在他看来，这样可以避免伪证的出现。同样令伯来拉震惊的，是人们特别喜欢围观。他之所以知道这一点，是因为自己恰恰成了围观的对象："我们外出多次，还被带到上层人士的庭院宅邸中，这些上层人士以及他们的家眷想要看看我们，因为他们之前从未见过任何葡萄牙人。对于我们的国家和风俗，他们抛出各式各样的问题，他们还把我们的回答全都记录下来，他们对于超出其想象的新奇事物充满好奇心。"[23]（光是这一点已经足够反驳康帕内拉所说的"奶酪中的蛆虫"了吧！）视觉是明代人生活的重心，这是不争的事实。道德演说家冯从吾（1557～1627？）在其激情洋溢的篇章中用了一张图，图上是一个岔道，一条小径通往善，另一条通往恶。把梦境作为"视像"也在精英文人生活中占据重要地位,我们也可称这种梦为一种"视觉文化",至少对梦中人来说,他们的梦使得明代人对于功名的理解变得清晰可见。[24] 在另一种明代史料中,视觉同样是中心,每一位对明代真正感兴趣的人都应该读一读,这就是首次刊行于1617年,署名兰陵笑笑生的小说《金瓶梅》,本书会大量引用其中的资料。哪怕是随手一翻,读者也会很快发现,这本小说中充满着"观看"正在发生之事或已经发生之事的喜悦。小说中,淫荡而堕落的主人公西门庆从观看性爱交媾的抽插中获得视觉愉悦。除此之外,他还饶有兴致地观看银匠的作坊,观看裁缝的店铺,甚至观看裁缝为其小儿子量体裁衣。[25] 在书中不少人物身上,我们都会看到这种观看的愉悦,这些人物分属于不同的社会群体,与受过良好教育的男性精英阶层相差十万八千里。不过,明代绝大部分的文献资料以及相当数量的存世图像却是由男性精英完成的。譬如,一位斜倚在家门口观看元宵彩灯的妙龄少女,她不仅是投出视线的观看主体,同时也是另一位正用轻薄言语与人调笑的少年所观看的对象。[26]

类似《金瓶梅》这样的晚明作品中包含如此之多对"物"(things)进行观看的描写,并不太让人惊讶。因为无论是在当时还是后来,"物"都被视为明代人生活中最大的快乐与最深的焦虑之一。一位敏锐的现代读者对这部小说作了如下观察:[27]

> 在《金瓶梅》中,(对物品的)描写决不仅仅是一种表达方式,它同时也是一种过度与奢侈消费的历史经济学。……这是一种对物品的狂热迷恋,以至于物品无时无刻不在指示着那些使其成为物品的东西。作为符号,物品可以被再造,可以通过不同的模式组合在一起,可以永无止境、永不间断地变着法子乱玩,可以被串联在一起,也可以被重新组合。

如此来说,明代中国亦可被视为一种"物质"文化。这是一种关于事物的文化,它在各个层面上都可以与关于目光的"视觉文化"相媲美,后者关注的是凝望、扫视以及审视的目光。事物可用于物证。遭遇海难的崔溥可以用事物来证明自己所言不虚,绝非人们所怀疑的倭寇,他为了成功说服前来抓捕他的人而说道:"我乃朝鲜人也,与倭语音有异,衣冠殊制,以此可辨。"[28] 事物,尤其是真实存在的事物,也可以成为预兆。1642年,明王朝正处于濒死挣扎之中,李自成二度围困开封城。在此期间,一位明朝武将在南城门旁边偷偷"植"下了两门明初的火炮。不久,守城的军民"发现"了这两门炮,他们把这两门炮作为证据,以见出"王朝创立者的精神与守城者同在"。[29] 他们接下来所能做的事情——浴血奋战,也会在本书后面的章节中进行述说。

如果说明代中国的"视觉文化"这个概念有点像是在走钢丝,是艺术史、历史学以及更为宽泛的批评领域内都已经深刻讨论过的那种对"视觉文化"这个词毫无道理且陈腐幼稚的挪用,那么如果我们转到与之平行且联系紧密的另一个概念"物质文化"时,情况恐怕要好得多,因为这个概念使人瞬间觉得舒服许多、亲切许多。[30] 可以允许明代有一种人种学意义上的"物质文化",但绝不能有视觉文化,因为后一个范畴只限于"我们"——西方世界的人——所有。从根基来说,这是一种如今已经得到完善研究的欧洲谱系学,在这个谱系中,手与脑、物质与概念、形式与理念、物质性与视觉性都有高下等级之分。不过,我想说的是,人们太轻易去接受以物质呈现的"过去"和以视觉呈现的"当下"这种区分,对这种区分的最大冲击来自于如下的主张:视觉图像皆以物质形式而存在,因为它们全都是事物,而任何物品都体现为视觉形象。这一主张也正是读者们现在所阅读的将明代作为一种视觉文化与物质文化(或是视觉/物质文化)而进行历史考察的本书立论之所在。恰如被索绪尔视为一纸两面的"能指"与"所指"一样,物质性与视觉性也是如此。在我看来,倘若彼此分开,它们连最粗糙的工作概念都成为不了。

"视觉文化"与"物质文化"这对范畴本身并不是稳定不变的,而且很可能到最后会发现,它们其实无法让人满意。然而,这恰恰就是其活力所在。它们让我们认识到,我们所能接触到的所有范畴从本质上来说全都在不停变动且无法让人满意,比如"佛教雕塑""宫廷艺术""大众宗教印刷品",甚至是"中国"这样的范畴也是如此。就其物质性而言,被我们归入这些不同范畴内的事物都有一系列特殊的可能性。物品与图像既能够在空间中做真正的物理性移动,也可以经受住时间的淘洗,这种能力使得它们得以自由出入许多毫不相干的范畴,无论是阶级的范畴、性别的范畴,还是地理的范畴。物品还能够为许多不同的拥有者承载许多不同的意义,因此,简单地在某个物品和某种意义之间画上等号是断然行不通的。比如,有几种类型的明代瓷器曾经在世界上大量流播,完全可以说是货真价实的最早的"世界名牌"。再比如,中国上

图 2　天鹅绒背心。面料产于 17 世纪初的中国，剪裁于 17 世纪后期的日本。伊比利亚半岛出产的天鹅绒在 16 世纪就已进口到明代中国，在中国被仿制，以供应国内市场，同时也二次出口到亚洲其他地区

层精英曾狂热搜集舶来的奢侈品，如日本漆器或西班牙天鹅绒，它们被大量复制并且经二次加工后重新出口【图2】。我们将会看到，这些物品使得"中国/非中国"这个长期以来塑造着我们的认识的二元对立变得很成问题。[31] 因此，本书的目的并非推出一套思考中国已过去的 14 至 17 世纪的"更佳"范畴。如果本书中用来统摄文字的这些章节标题被弃若敝屣，我会非常高兴。反之，倘若它们被僵化成任何哪怕是稍微持久一些的东西，我真的无法高兴起来。以物质性而存在的事物比

书中的论题活得更长久，正如它们已经将许多类似论题抛在身后一样，它们将会被其他的眼睛所注视，这些眼睛将带着其他的范式去探讨观看的意义。

如果说本书无意为物质文化与视觉文化提供新的定义，而只希望代之以对两个概念的单纯使用，那么本书也不会为明朝的历史提出一种简单的叙事。或许，还需要对本书之所以选取"明代中国"作为研究单元而稍作解释。在中国历史的写作中，还有什么比以"朝代"为单元来写作更为传统的呢？（三十多年前我还在上大学时，所写的第一篇有关中国历史的论文便是反思王朝史写作的有效性。）上文提到过，这个时期向来以极为丰富的历史材料引人入胜，而其在历史编纂学上的重要性又使它愈加吸引人。不论是在中国本土还是中国之外的历史叙事中，明代都是一道隔离墙，一边是"过去"，另一边是"现在"。在接下来的各个章节中，我将把明代文化史视为一系列边界模糊的实践和陈述的集成，我既会着力于已经故去的明朝的本来面目，也会（在最后一章）强调明朝一直持续到现在的后世影响。我希望能免于被人指责为过于拘泥在1368至1644年这个时间段，仿佛这个时间中的"明"与之前和之后完全不同。

本书不以时间线索为纲，而更想尝试着从我们将要面对的浩如烟海的明代材料中选取几个切片。本书的八个章节并不是同一种视角的八个部分，如果打个比方的话，更像是一幅长长的手卷展开后依次看到的八段场景。长卷是卷绕在一起、水平展开的文字和图像，也是精英文化的核心物品。艾尔曼（Benjamin Elman）的研究让我们注意到，在中国本土的历史编纂学传统中（他用"屹立不倒"来形容），纯粹按照时间顺序的"编年体"与主题叙事型的"纪传体"之间有明显不同，这两者都可以追溯到上古时期的一部经典历史文献《书经》（也即《尚书》）。他说道："以'过程 vs 结构'来总结明代文人眼中这两种不同历史编纂体裁的差别，是过于现代的阐释。但很清楚的是，在明代，不论是文人学士还是各类科考士子，都认为历史本质上是不断变化的，而历史的功用则是连续性。"[32] 这就是正史的编纂方式。因此，《明史》（这部史书的编纂启动于1645年，完成于1736年，远非明代时编写的同期史料）开篇就是"本纪"，逐年记录每位皇帝的统治情况。其后是"志"，依次为天文志、五行志、历法志、地理志、礼志、乐志、仪卫志、舆服志、选举志、职官志、食货志、河渠志、兵志、刑法志、艺文志。接下来是

"表",主要是各路藩王的谱系。再接下来就是这部史书中最庞大的部分（占据现代点校本总共 28 册中的 17 册）"列传"。[33] 这种按照等级高下排列的模式将皇帝的统治置于一系列不同的主题之上，为英语世界中有关明代最大的一部学术工程、两卷本的《剑桥中国明代史》所沿袭。这部学术著作的主题如下：政治、财政、法律、明朝与亚洲腹地的关系、中国与朝鲜的关系、中国与东南亚的关系、中国与欧洲的关系、明代中国与世界经济、乡村中国的社会经济发展、交通与商业、儒学、基督教的引入、官方宗教、佛教、道教。[34] 这部书中没有"列传"，不过，现代读者对列传的需求恰好可由英语学界的《明代明人传》来填补，这是一个群力群策的庞大工程，始于 1958 年，瓜熟蒂落于将近 20 年后的 1976 年。[35] 本书中许多人名都在这部辞典中辟有条目。另一部中国当代多卷本的中国图史在编写明代分卷时采取了另一种方式，一开始按照时间顺序，然后转向主题叙述，最后又重新回到时间顺序，其目录依次为：明朝的建立、经济与社会生活、外交、科技与文化、明朝的覆灭。[36]

  本书将提出另外一组主题，它们彼此关联却又相对独立（读者可以按照与书中不同的顺序来阅读）。最开始的一章研究了明代文化中的几个相关主题：时间、空间以及把这二者联系起来的人类能动性。接下去的章节依次以运动、文字、分类、娱乐、暴力、衰老与死亡为中心。最后一章讨论的是明代灭亡之后的"明代"，或者说是从今日算起的过去三百五十年以来，明代的图像和物品是如何被重新编排、重新想象的，如果忽视了这个过程，我们很难真正接近明代。对于明代人的感知方式而言，这些主题中有的看起来与之契合，有的无疑怪异得很。不过，把历史材料分门别类置于特定标题之下，这种"原理"对于许多明代作家而言是再熟悉不过的了，而且也并不是前无古人。它为一种在这个时代空前盛行、被称为"笔记"的写作方式提供了结构方法。"笔记"，意为"用毛笔随手所记"。虽然把道听途说与逸闻僻事放在一起看似完全没有线性逻辑，但就我的体会而言绝不是自由散漫、杂乱无章的。在本书中，笔记文字构成了一条贯穿始终的线索，我希望读者至少会喜欢其中某一些作者的写作手法和个性，下文中他们的文字将被反复征引。从某种意义上说，我的这种结构是在对明代笔记表达敬意（希望并不是拙劣的模仿），也就是说，虽然并非连贯的叙事，但并不意味着毫无章法可循。通过把图像与信息分门别类放在一些大标题之下，我力求对明代人

1600 年的中国与 1400 年的中国之十点差异：

1. 1400 年，明朝的首都在南京，1600 年则位于北京。
2. 中国人口从 6500 万跃升至 1.5 亿（而全国的行政网络规模仍然维持不变，为 1385 个县）。
3. 几乎所有税收都以白银折算，取代了过去的劳役。
4. 至 1600 年，海路成为中国主要的外贸路线，有别于早先途经亚洲腹地的陆路。
5. 1400 年，荐举仍然是进入官僚系统的重要渠道，而在 1600 年，科举成为进入正式官僚系统的唯一渠道。
6. 至 1600 年，上层社会的受教育女性数量有可观的上升。
7. 印刷术虽然很早就已发明，但至 1600 年，出版数量比 1400 年有极大的提升，更为广大的阅读群体可以更容易地接触到类型更多的书籍。
8. 1400 年皇帝尚未直接掌握兵权，1600 年已非如此。
9. 1600 年，火器在战争中已广泛推广。
10. 至 1600 年，用茶叶与茶壶泡茶取代了在茶碗中用研磨的茶粉泡茶，成了茶消费的主流。

思考多样性、多元化以及图画世界和物品世界之复杂互动关系的重要方式提出自己的看法。

  这么做会带来的主要风险，是诱使听众不知不觉中产生错觉，以为整个明代都是毫无变动的铁板一块。的确，自从黑格尔宣告中国历史是一个"永恒的停顿"之后，许多人都自愿蹚入这个风险之中。在这篇引言里，我想尽可能讲清楚的是，1400 年的明朝绝非 1600 年的明朝，明朝是一个剧变的时代。值得在这简要列出或大或小的几项来说明这一点（参见上表）。即便是明代的气候，历史学家们也逐渐认识到其远非稳定不变。气候史的新研究表明，明代的气候在 1400 年前后非常恶劣，1500 年左右好转，而随着 17 世纪进入"小冰河期"，1620 年左右起，天气较之前寒冷得多。[37] 明史的写作也在不停变化，只消看一看人们关于明代的历史究竟写了什么就会发现这一点。我一而再、再而三地把大家拉回到某些明代的声音之中。宫廷编纂的"实录"自然是其中的首选,而朝鲜旅行者崔溥的观察以及在崔溥的故乡所编写的一本内容丰富的明式汉语教科书也很有趣。此外还有文徵明的信札、其曾孙文震亨关于鉴赏品位的著作、小说《金瓶梅》以及李日华的日记,这本日记并非明朝唯一的日记,却透出一种极为独特的、引人入胜的个人声音。我也很高兴地承认,如果没有英语学界如今许许多多精彩的明代研究成果,本书的写作只能是天方夜谭。我深切地希望,读者们会把书中征引的许多研究成果自发找出来进行深入阅读。多年以前,当我开始尝试研究明代的时候,大量的论题都无人关注,现如今,无法阅读中文的历史学家也都可以对这些问题进行细致的考察。例子不胜枚举。比如,芝加哥美术馆于2000年至2001年举办的《道教与中国艺术》大展汇聚了大量极为重要的作品,许多是明代之作,这些作品使本书中的许多讨论成为可能。[38]此外,明代的许多原始资料现在也已经译成英文。我希望从本书的注释中可以知道哪些是我刻苦研读过的东西。我也试图在本书中深化自己之前的研究。我详细考察过晚明有关趣味的话语、社会与文化景观的关系、制作图画与观看图画的方式,以及用一张理论上来说永无止境的接受与互惠之网把文人精英绑定在一起的社会网络【图3】。[39]自1991年以来,我出版的几部明代研究的专著大都有同样一个局限,专家们一眼就会发现,它们都限定在一个被称作"江南"(扬子江以南)的区域内。明代人会偶尔这么称呼,而现在这个词已成为通称。这个区域位于长江的入海口,明代最大(也是当时世界上最大)的繁华都会就坐落于此。明代的"江南"积淀了最深厚的历史材料,不断有声音从这里发出。然而,江南之外的明代究竟是什么样子?这已经成为现代学术研究越来越重要的问题。试举一例。河南省在历史上声名卓著,但相对比较贫穷。戴福士(Roger Des Forges)最近出版了一部关于河南省的专著,致力于解救地方文化名流的声望,诸如以诗人而闻名的李梦阳、活动于16世纪的书法家左国玑和知名画家张平山。他们三人都来自开封城,被当时人称为"中州三杰"。[40]开封曾一度是北宋首都,至明代依然是省会。值得注意的是,"三杰"中只有头一位李梦阳在《明代名人传》中有传记,左国玑只在一本现代汉语人名辞典中有记录,这还是因为他曾被一位江南重要的文学人物提起过,此人名叫何良俊(1506~1573),下文将会频繁征引他的笔记《四友斋丛说》。[41]画家

图 3 明代青花瓷瓶,1496 年制,高 24.5 厘米,英国伦敦大维德基金会(Percival David Foundation)藏。瓷瓶颈部有一圈题记,提供了瓷瓶制作的时间(弘治九年),并指明此瓶为江西饶州的程氏家族出资,于南方瓷器重镇景德镇所烧造,而后供奉于首都北京的一座寺庙中

张平山可能也以医术知名,他在上文提到的两种传记中都没有出现过,同时代人编写的画学文献中也找不到他的踪影,因为这些文献都是为如今构成标准的现代收藏的那些绘画所写的。[42] 他的画作也似乎一件都没有留下来。这提醒我们,在我们最重要的资料文献和引用书目中,潜藏着地域偏见。不仅如此,还有其他的排外现象也已经对历史记载产生了影响,譬如这个事实:视觉的经典要比文学的经典更容易画地为牢。

对于已经浸淫于中国历史多年,尤其是对那些常阅读和思考明代以前历史的人而言,本书恐怕还潜藏着另一个显而易见的风险,那就是仅凭着我们占有更多或更好的证据而动不动就说某件事物乃是明代所首创。专家们心里很清楚,我所讨论的这些明代现象并不全都起源于明朝,我从未做出过如此的断论。虽说"单刀直入"的方式有其风险,却也可以免于陷入传统汉学研究所习惯的那种无穷尽的追根溯源之中,免于孜孜以求经典文献的出典和最早的出处,免于不倦地在纯粹和本质的"中国思想"中寻找源头。如果说我拒绝对"背景"做过多铺垫,那只是因为我希望提醒大家注意,哪些东西是被我们认为全都知道的,又有哪些是被我们认为全都不知道的。同时,我也希望能借此抛出一些疑问,比如,在今天这个各种知识都唾手可得的时代,为什么某种形式的知识会被认为很神秘,而其他的却不是?如今在互联网上要想找到"土木堡之变"或"弗洛登之战"的具体时间简直易如反掌。但我希望,要理解本书接下来的文字,胸中必备的知识并不是这两个重要的日期。

第一章 明代中国的时间、空间与能动性

在世界历史大事年表中,"土木堡之变"与"弗洛登之战"(Battle of Flodden)处于同一个时间轴上,二者都发生于大明的时期范围之内。不过,导致国王詹姆斯四世殉国的这次苏格兰大溃败发生在 1513 年 9 月 9 日,而对当时的观察者来说,明朝的皇家军队大败于蒙古可汗也先之手的,同样惨痛的溃败则发生在"大明正统十四年八月十五日"。我们需要用历史对照年表对这个时间进行换算,才会得出可以与"弗洛登之战"相对照的 1449 年 9 月 1 日这个日子。[1] "正统"是明朝第六位皇帝朱祁镇的"年号"。和明朝所有皇帝的年号一样,"正统"有其特殊含义,意为"一脉相承的继承关系"。有时候,年号的意思看起来直白得很,譬如"永乐"(永远快乐)、"万历"(一万年),不过所有的年号都包含着精深的典故,这些典故出自传统的经典文献,我们称为"儒家经典"。总体来说,现代世界常常乐于避免对这些典故做过多讨论(主要是因为细究起来太困难了)。[2]

皇帝的年号,以及中国的语言中表示这些年号的汉字,可能是当时汉语世界之外的人最熟悉的明代汉语,因为它们出现在瓷器的底部,而瓷器堪称这个时代最为经久且流播最为广泛的物质遗产之一【图 4】。对于全世界的鉴藏家而言,皇帝的年号是为明代的瓷器以及其他带有年号的器物进行断代的主要依据,这其中既包括景泰蓝和漆器,也包括织绣与绘画。它们让明代的时间变得清晰可见。有几个特点使得明代的时间与世界上其他地方所流行的时间有着显著的差别。首先,它是一种非决定论的时间,与基督教的"创世记""道成肉身"或穆罕默德从麦加出逃起开始的伊斯兰教纪元(Hejirah)不同,它没有一个单一的源头,

图 4　有宣德皇帝年号的釉下青花瓷碗，直径 20.5 厘米。瓷碗底部的 6 个字从右至左分为两列，读为"大明宣德年制"

即便时间终止，也不会导向基督教所谓的"末日"（Apocalypse）。其次，任何人都可以从年号中推知十年前的日期，但没有人能确知十年后会是什么日子。正统十四年之后并不是正统十五年，正统十五年根本就没有发生过，因为朱祁镇极为不幸地在正统十四年之后成了蒙古人的阶下囚，而他的弟弟朱祁玉即位为下一任皇帝。于是，公元纪年的 1450 年成为新皇帝统治的开始，史称"景泰元年"。在这儿，"政治性时间"显得比"神圣性时间"更为重要。所谓"神圣性时间"，始自基督耶稣"道成肉身"之时或先知穆罕默德降临人世之后。"政治性"与"神圣性"虽是欧洲古代传统中划分宇宙的两个范畴，但我在这里并没有用这种含义。所有的人，而不仅仅是受过高等教育的人，都很清楚他们所生活的是哪位皇帝的哪一年，因为这是重要的时间坐标。在明朝建国之初，一套由 17 幅图画组成的《历代帝王像》就被进献至宫廷，从而创造出可见的历史。[3] 而当万历皇帝漫长的统治在 1612 年迈入第五个十年时，登基四十周年的纪念便成为一个足够重要的场合，礼部特意向皇用公元纪年法（英文中的 AD 或 CE）来对应明朝诸帝的在位时间今日已经成为通行做法，比如，我们常常会这么来写：洪武（1368～1399）。然而实际上，公元纪年和皇帝的年号之间并不是完全对应得上。新登基的皇帝颁发的年号只会从阴历元旦开始，因此也就意味着旧的年号有可能会持续到皇帝驾崩数月之后至下一年新年之前。下面所给出的明朝年号与精确的公历日期的对应来自贺杰（Keith Hazelton）1984 年出版的《1341～1661 年中西日历表》(*A Synchronic Chinese-Western Calendar, 1341～1661 A.D.*)。1644 年后的南明诸帝不在此列，尽管他们也被许多人所承认。

➢ 洪武（1368 年 1 月 20 日～1399 年 2 月 5 日）：明太祖朱元璋（1328～1398）年号，父朱世珍，母陈氏。

➢ 建文（1399 年 2 月 6 日～1403 年 1 月 22 日）：明惠宗朱允炆（1377～1402）年号，前任皇帝朱元璋之孙，朱标与吕妃之子。

➢ 永乐（1403 年 1 月 23 日～1425 年 1 月 19 日）：明太祖朱棣（1360～1424，1538 年起改称成祖）年号，前任皇帝朱允炆之叔，朱元璋与马皇后之子。

➢ 洪熙（1425 年 1 月 20 日～1426 年 2 月 7 日）：仁宗朱高炽（1378～1425）年号，朱棣与徐皇后之子。

➢ 宣德（1426 年 2 月 8 日～1436 年 1 月 17 日）：明宣宗朱瞻基（1398 年～1435 年 1 月 31 日）年号，朱高炽与张皇后之子。

➢ 正统（1436 年 1 月 18 日～1450 年 1 月 13 日）：明英宗朱祁镇（1427～1464）的第一个年号，朱瞻基与孙妃之子。

上奏请增加各省的乡试录取名额，这些人将有望在最重要的科举考试中取得最终的成功。[4]

在器物——尤其是与宫廷文化有关的特殊器物——上面标注年号是明代的新创，14 世纪末才被宫廷所采用，直到 15 世纪初才成为通行做法。[5] 以年号来纪年，本身具有悠久的历史，且早已成为对文化、社会

- ➢ 景泰（1450年1月14日~1457年1月25日）：明代宗朱祁钰（1428~1457）年号，前任皇帝朱祁镇之弟，朱瞻基与吴妃之子。
- ➢ 天顺（1457年1月26日~1465年1月26日）：明英宗朱祁镇复辟后的年号。
- ➢ 成化（1465年1月27日~1488年1月13日）：明宪宗朱见深（1447~1487）年号，朱祁镇与周贵妃（后封孝肃太后）之子。
- ➢ 弘治（1488年1月14日~1506年1月23日）：明孝宗朱祐樘（1470~1505）年号，朱见深与某位纪氏宫女所生。
- ➢ 正德（1506年1月28日~1522年1月27日）：明武宗朱厚照（1491~1521）年号，朱祐樘与张皇后之子。
- ➢ 嘉靖（1522年1月28日~1567年2月8日）：明世宗朱厚熜（1507~1567）年号，前任皇帝朱厚照堂弟，兴王朱祐杬（1476~1519）与邵妃之子。
- ➢ 隆庆（1567年2月9日~1573年2月1日）：明穆宗朱载坖（1537~1572）年号，朱厚熜与康妃之子。
- ➢ 万历（1573年2月2日~1620年2月3日）：明神宗朱翊钧（1563~1620）年号，朱载坖与李贵妃之子。
- ➢ 泰昌（1620年2月4日~1621年1月21日）：明光宗朱常洛（1582~1620）年号，朱翊钧与王恭妃之子。
- ➢ 天启（1621年1月22日~1628年2月4日）：明熹宗朱由校（1605~1627）年号，朱常洛与王氏妃之子。
- ➢ 崇祯（1628年2月5日~1645年1月27日）：明思宗朱由检（1610~1644）年号，前任皇帝朱由校异母弟。

或政治风潮进行归类的捷径。人们会对唐代的"贞观之治"大书特书，或者对宋代的"元祐体"津津乐道。但是只有到明代，皇帝的年号才开始如此广泛而普遍地附着在物品上面。可以说，时间在明代文化中所拥有的视觉存在感，要比之前的历朝历代都强烈得多，这其中既有让庄稼人得以知晓今昔为何年的木版雕印的廉价历书，也有宫廷御用的昂贵瓷

图 5 公元 565 年的佛教造像碑,雕有对称的两身弥勒像,即未来佛。白石,95.1 厘米 ×60.6 厘米。河北曲阳的一群佛教信徒于 1516 年在这尊造像碑上重新加刻了铭文。当时,这尊造像几乎已经是千年遗物了

器底部用毛笔小心地写上的年款。有些年号甚至近乎品牌。故而在后世的鉴赏家眼里，"宣德"总是与一种特殊的香炉有关，而"景泰"总是与一种特殊的铜胎掐丝珐琅器皿相连。[6] 铭刻年款的做法是如此盛行，以至于在 1516 年，北方省份河北的一群佛教信徒竟可以在一个当时已有近千年历史的古代雕像上再度刻上铭文【图 5】。这是一尊弥勒双身造像，对这位未来佛而言，人类的时间毫无意义，而当他被重新刻上"嘉靖十一年"的铭款之后，这位西方净土世界的主宰就被紧紧地置入了明代的"现在"。[7] 本书至此才刚开始不久，这个故事便为我们提了醒，使我们意识到明代中国的物质文化与视觉文化并不只是由制作于明代的物品与图像所组成，而是也囊括了大量前代遗存下来的物品与图像。其中有一些就像这尊造像碑一样，有幸流传至今，但是不计其数的东西早已被历史尘埃所湮没。

　　一个个的王朝，一代代的皇室，为知书达理或只是粗通文墨的明代人提供了划分历史的单元。但并不是每个朝代都会被人牢牢地记住，历史想象力常常会更多地投射在某些历史片断之中。对明代历史小说的一项分析指出，数目可观的这类小说，其时间范围上自天地初开的传说时代，下至 17 世纪 40 年代的李自成起义。[8] 出版于 16 世纪末 17 世纪初的许多小说重拾明朝初年以及明朝建国时所进行的大小战役的回忆，还有的拾起的是受人景仰的三宝太监下西洋的故事，把郑和（1371～1433）远达东非的外交使命转化成传奇的材料。此外还有不少王朝英烈的传记小说，比如于谦和王守仁。前者身为兵部侍郎，（在民众记忆里）于土木堡之变后镇静自若指挥军民拯救蒙古人围困中的北京城；后者既是哲学家，也是将领，成功平定了宁王之乱和桀骜不驯的边疆蛮族部落。对于前朝旧事，明代小说中的历史想象分布得相当平均，其中只有两个比较大的断裂，一个稍远，即公元 3 至 6 世纪的汉唐之间，另一个近在眼前，即 1279 至 1368 年蒙古人暴政下的元朝。

　　与皇权有关的时间既可显现在年号铭款中，也能被描绘在小说故事里，展现于戏剧舞台上。但它仅仅是中国的物质文化与视觉文化以时间形式展现出来的方式之一，尽管最为显而易见，但却不是最为重要的。在时断时续、无法预知的皇权统治进程之下，还有一种对时间轮回的更为精深的理解，那就是宇宙时间的进程，尤其是季节。十天干与十二地支的组合衍生出一个六十年的轮回，不同的干支组合有不同的名称，对每个人来说都十分重要，因为它们可以用来确定物品与事件的准

图 6　吕纪《四季花鸟图轴》四幅中的《冬景》一幅　约 1500 年　绢本设色　176 厘米 × 100.8 厘米

图 7　雕漆花瓶　15 世纪初　高 16.4 厘米
瓶身上装饰着四季花卉，瓶底分别刻有永乐和宣德的年号

确时间（包括人的生辰八字，美满婚姻也需要夫妻双方的生辰八字相合）。地方官张涛（1586 年进士）在 1609 年写道，明朝的历史本身就是一个循环，而四季的轮回正是理解这个循环的最佳途径。这也被卜正民（Timothy Brook）用到其最近的一本关于明代文化史的著作之中。[9] 仅凭与四季转换发生关联，明代盛行的花鸟图像便含有了深刻的宇宙论意义【图 6】。[10] 1403 年的一份清单详尽地列出了明朝宫廷作为外交礼物赠送给日本足利将军的一批雕漆【图 7】。根据清单中的描述，这批漆器中有相当一部分装饰着"四季花"，这是一种传统的组合，包括牡丹（春）、荷花（夏）、菊花（秋）与梅花（冬），无论是瓷器还是织绣，

图 8 花缎局部 16世纪 宽 60厘米

在各种器物上面都可以看得到【图8】。[11]把从植物学来说不可能同时出现的四种典型花卉放在一起,形成了一种完全、完整、完满的象征性图像,深为明朝的视觉想象所高度认同。

不过,时间并不只是随季节而变换的图像,时间本身就是实际存在的物品。我们可以举出一个例子来说明这一点,它见于一篇16世纪晚期的文字之中:[12]

> 朝廷用笔,每月十四、三十日两次进御,各二十管。冬用绫裹管,里衬以绵,春用紫罗,至夏秋用象牙水晶玳瑁等,皆内府临时发出制造。

在这些礼仪中,作为天子的皇帝并不是在过分地讲究,他的整个宫廷其实都是围绕着季节来构造的,随季节的变化而变化,包括他的膳食、衣着、所观看的图画以及所听到的音乐。在明朝的皇宫中,许多地点(如门廊、厨灶、水池、宫门以及宫墙)都会设置"五牲",这是一套用于皇宫内的礼仪。与之相平行的是皇宫外部另一套更宏大的祭祀礼仪,也同样与季节紧密相关。据统计,皇帝本人或者是皇帝指派的代表,每年要进行不少于90次正式的祭祀礼仪。[13]尽管并不总会成功,但政府还是试图规范精英阶层与普通百姓的礼仪,他们的礼仪就像是皇家礼仪的简约版。[14]不同的季节会产生出不同的责任和义务,这就把处于礼仪系统核心的皇帝与整个王朝的其他子民联系在了一起。著名书法家和画家文徵明撰写于1539年的一篇墓志铭赞颂了某位名叫张延喜的人刚刚亡故的妻子(文徵明仅称其为"王氏",因为对于家庭以外的男性来说,打听她的名字是极为失礼的)。文徵明写道,王氏擅长精美的刺绣,在礼物的赠予方面堪称典范,她从未忘记在特定的季节赠予家族内的其他人以礼物。[15]《老乞大》是在朝鲜出版的一本汉语会话教科书(朝鲜语中读作Nogŏltae,意为"中国通"),书中的对话是明代生活的鲜活资料,可惜尚未被充分利用,书中就直白地说道:"穿衣服呵,按四时穿衣服。"[16]

季节的转换会由一年中各种需要有特殊的物质表现和视觉表现的场合而凸显出来,哪怕是对最穷的人来说也是如此。特殊的食物固然可以表明新年的到来,特殊的图像无疑也可以。最常见的是花卉,既可以是真正的鲜花,也可以是花卉的图像。就像宫廷画家边文进的这幅绘

图 9　边文进《岁朝图》　立轴　纸本
设色　1427 年　108 厘米 × 46.1 厘米

32　｜　大明：明代中国的视觉文化与物质文化

图10　宣德款釉下青花瓷碗　直径20.5厘米（同图4）

画，展现了新年的一丛应景花草。新年是所谓的"三节"中最为重要者。（除了新年之外，其他两个分别是五月初五端午节和八月十五中秋节。在明代，这"三节"对于精英阶层的重要性要超过以往，因为明朝不再像前朝那样每十天就给官僚一个休假的机会。）[17]"岁寒三友"，也即松、竹、梅，自古以来就有特殊的地位，同样也是与新年关系密切的图像，流行于每一个社会阶层之中，不论是皇帝还是其臣民，都常通过"岁寒三友"来感受新年【图9】。[18] 这个题材既可以用来装饰宫廷中专用的瓷碗【图10】，也可用来装点《金瓶梅》中的反面主角西门庆那奢华、艳俗、恶名远扬的府宅中一位夫人的床幔。这本小说还告诉我们，即便是相对贫寒的百姓之家，在节日期间也有特殊的节庆图像，而且年年都会更新，譬如在户外举行仪式时所用的观音菩萨像和战神关羽像："原来外边供养观音八难并关圣贤。"[19] 与之类似，驱鬼之神钟馗也与特定时间绑定在一起，他是不计其数的明代图像的主题，其中既有文徵明这样的文人画家所作的绘画，如【图11】所示，也有随买随弃

图11 文徵明《寒林钟馗图》 立轴 纸本淡设色 1534年 69.6厘米×42.5厘米

图 12　吴彬《岁华纪胜图册》之"四月浴佛"　纸本设色　29.4 厘米 ×69.8 厘米　台北故宫博物院

图 13　木胎黑漆螺钿托盘　16 世纪中期之前　长 46.4 厘米

的通俗版画。新年是钟馗的节日，他在尘世间巡查，镇压那些邪恶力量。《岁华纪胜图册》是晚明画家吴彬的作品，其中的一开向我们展示了在一座宏伟寺庙中举行的佛诞仪式【图 12】。佛祖诞生于四月初八日。这幅画不仅仅是关于这个特殊日子的绘画，某种意义上也是专门为这个特殊日子所制作的绘画。在《长物志》中，文徵明的重孙文震亨（1585～1645）为我们提供了一份详尽的"悬画月令"，指明了一年中什么时节需要悬挂什么样的图画，显示出即便对于社会精英而言，就算是在绘画这种最负盛名的艺术形式中，图像古老的辟邪功能依然在发挥作用，图像依旧能够对真实世界施加影响。[20] 事实上，季节统领着一切。镶嵌着螺钿碎片的一个黑漆托盘展示了一幕夏末的景色，可看到池中绽放的荷花【图 13】，这足以清楚地告诉我们画中骑马的士人将要去向何方——他们将策马扬鞭赶往省城参加科举考试，因为"秋闱"通常都是在一年中的八月举行。[21]

有明一代，由皇权时间构成的经丝和四季轮回构成的纬线并没有就此穷尽时间得以视觉化或物质化的所有方式。体验时间的另一种重要方式是家族时间，也即世代延绵的过程。这是一种对往昔的感受，既与个人直接相关，同时又把整个家族与更为宏大的结构连接在一起。1368 到 1644 年之间，朱元璋的子孙后代中共有 16 位成员登上皇帝宝座。这个数字反映出他们其中某些人颇为短暂的生命历程，尽管没有一位皇帝早逝于孩提阶段，但有十位未及活到 40 岁，按照现在的算法，只有一位明确活到了 60 岁生日之后，即永乐皇帝朱棣（生于 1360 年 5 月 17 日，卒于 1424 年 9 月 4 日）。其他的世家大族繁衍更迭得并不这么频繁。文氏是苏州大族，王氏夫人的墓志铭撰写者文徵明即属于这个家族。文氏家族的成员普遍长寿，整个明朝，家族中只有八位长男。[22] 曲阜孔氏是上古思想家孔子的嫡传。明朝建国之初，家族领袖为孔希学，是至圣先师的第 56 代传人。至明朝覆灭之时，家族领袖为孔胤植，为孔子的第 65 代嫡孙。可见有明一代，曲阜孔氏家族一共只繁衍了十代。[23] 在帝国的边陲，1368 至 1644 年之中，云南武定的凤氏将土司的头衔传递了十二代，其中有三代是女性。在同一个 276 年里，四川乌蒙县土司的头衔世袭了十代。[24] 家族的时间最主要的视觉表现形式，是祖先的画像和牌位，它们用在为逝去的家族成员举行的祭祀礼仪之中。祭祀通常都在祠堂中进行，这种独特的建筑形制是一种特殊的物质文化。在明代，修建祠堂之风盛行，甚至流布到之前从不知祠堂为何物的边远地区。在大明王朝的权威所能到达的最南端，有一个后来被称为香港新界的地方，此地最早的一个祠堂是龙跃头的邓氏宗祠【图 14】，建于 1525 年，时值明代中叶，恰逢"一个以建立在祠堂祭祀基础之上的血脉关系为根本组织方式的社会正在形成"。[25] 相对于偏远的北部和西部地区而言，这个说法可能更加适用于中国的南方。这让我们意识到，明代其实是一个在信仰与社会发展上富有创新的时代，远非所谓的"中国文化"中一成不变的部分，而始终与时俱进，紧随时间变化而变化。这些创新都以物质或视觉的形式呈现出来。祠堂中按顺序摆放的先人牌位提供了一系列时间分支，或者至少可以说，提供了一种思考过去的方式。这种方式并不是指对皇权时间的计算（如以皇帝年号所记录的每一位先人的生卒年），而可以说是体验时间的不同方式交叠在一起时所呈现出的另一种层面。友朋故去，人们保留下他们的遗物以供追忆。在这种行为中，我们为大部分没能被记录下来的时间记忆找到了微弱的回声。病榻弥留之

图14　1525年于明朝南部边陲所建的邓氏宗祠　位于粉岭龙跃头祠堂村　属于今天的香港特别行政区

际,大学士李东阳将自己平时所用的所有物品,全部散发给自己那些年轻的"门生":"至临殁时……西涯凡平日所用袍笏、束带、砚台、书画之类,皆分赠诸门生。"[26]通过这些个人物品,他跨越时间,把自己的一部分传递到了未来,他模仿的是高僧向下一代传递佛法和衣钵的仪式,同时也创造了一份关于自己的记忆。

倘若"时间",倘若"历史"本身,摸得着、看得见,那么"空间"也同样如此。17世纪初编纂完成的《三才图会》(字面意思是"关于三种力量的图画全编")是一部庞大的百科全书,附有精美的插图,用天、地、人的三足鼎立来划分万事万物,我则在本书中用"时间、空间与能动性"来与之对应。[27]将"天"翻译为"时间"(time)而不是辞典中通行的定义"天界"(Heaven),得到了艾尔曼一项研究的支持,他发现在明朝的科举考试中,历法研究一直占有重要地位。这门学问是一种极为复杂的计算,把季节变化与昼夜间天空中出现的各种可见的物质变动联系起来。艾尔曼写道:

> 数十年以来所积累的材料证明,科举考试虽然偏重于正统儒家学说,使得科考士子的教育深受其影响,但并没有因此而偏废科

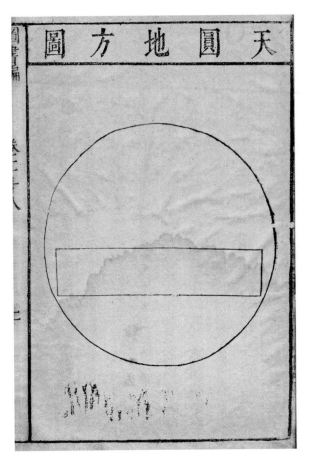

图 15　章潢所编《图书编》中的木版插图"天圆地方图",1613 年,
版心尺寸 22.5 厘米 × 15 厘米

学、医学、技术、统计、金融等学科的知识。相反,要想顺利通过 1525 年的科举考试,就必须对高级的技术材料进行彻底学习,并了如指掌。[28]

哪怕是最缺乏技术教育的人,对天和地的视觉形象依然有最起码的概念,也即古语所谓的"天圆地方"。这条古语使得人们可以只用雕版印刷的一面书页就立马能把整个宇宙描绘出来。【图 15】这个圆形亦可囊括更为壮观的视觉形象,在其中,时间与空间这两个原本相互分离的范畴彼此混融在一起。譬如 1623 年的一本《图书编》中的

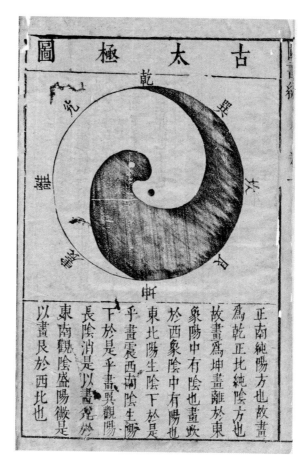

图16　章潢所编《图书编》中的木版插图"古太极图",1613年,版心尺寸22.5厘米×15厘米

"古太极图"【图16】,展示了互补的"阴""阳"两极统一于"道"之中。[29] 尽管这是如今流行最为广泛的图像之一,本身即是神秘的东方的世界性标识,但作为明代视觉文化的一部分,当时尚未有如此广泛的传播。它更多是作为一门晦涩而神秘的技巧,出现在深奥的专门书籍中,而非今天那样从墙上的涂鸦到日用品的装饰几乎无处不在。譬如,我们几乎想不起有哪一件明代瓷器上面有这个图案。广袤宇宙的神秘,也即空间的观念,很容易就可以在"八卦"(三条中间断开或者相连的短线的组合)这类事物中得到想象。八个卦象的名称出现在插图16所示的图像的外环。或者也可以在《五星二十八宿神行图》中

图 17 仇英《摹五星二十八宿神形图》卷 约 1520～1530 年 纸本设色

找到其拟人化形象，插图所示是仇英（约 1498～约 1552）的一件摹本【图 17】。[30] 地图与测绘也是将空间转化为实物的方式之一，在明代文化中，地理空间的视觉图像十分盛行。这些图像中既有最负盛名的绘画形式"山水画"，也有田契上黏附的微小的多边形图案，描摹的是被交易的土地的大致轮廓。明朝伊始，太祖皇帝便颁布了一道敕令："令天下州郡绘上山川险易图。"[31] 有明一代，类似诏令屡屡颁布，构筑出一个被反复测绘的帝国空间。[32] 黄河是中国北部的主要河流，两幅不同的黄河图像向观者展示出那片空间为何并不是人类活动的一块白板，并不是仅供历史演进、时间舒卷的舞台，而是一个充满能动性的中介者，或至少可以说是上天意旨的传递者。第一幅图中【图 18】，黄河是处于国家掌控之下的主要水脉，关城要塞——都有榜题标签，整齐地排布在河的两边。而另一幅画中的黄河却是一种异兆【图 19】。这是 1404 年年末或 1405 年年初出现的一系列祥瑞之一。大约十年之后，一位名叫曾棨（1372～1432）的官员委托几位不知名姓的画家将这些祥瑞图写下来。[33] 上天的意旨最重要的就是视觉性。只有对或好或坏的视觉征兆进行解读，才能够读懂更高的权威对皇权之统治所源源不断做出的评判。在各省省城举行的乡试中，"天象"常常会成为考试科目之一，出现在 1561 年的浙江乡试、1573 年的湖广乡试以及 1603 年的福建乡试中。[34] 1518 年，许多官员都向正德皇帝上奏，称已经观测到上天对其极具破坏性的、奢侈糜烂的全国巡游行为的不满（对正德帝的这种偏见，上奏的官员们出奇地步调一致），如非自然出生的牛犊、九龙的出没、瘴气的弥漫、太阳周围的惨白光晕等。除此之外，还有袭向皇家陵寝的狂风与雷电。[35] 在 17 世纪 20 年代，

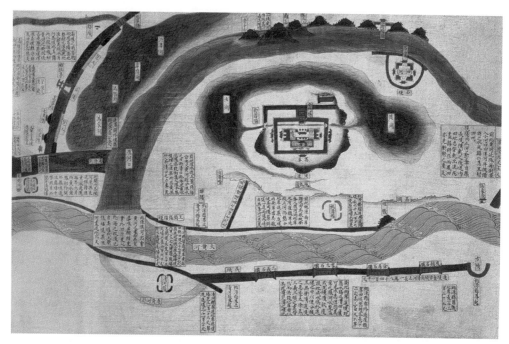

图18　佚名《黄运两河图》卷　16～17世纪　绢本设色　45厘米×1959厘米

图19　佚名《瑞应图卷》第二段"黄河清"　约1414年　纸本设色

朝廷正处于阉党与东林党的险恶党争之中，天空中忽然出现了奇异的现象，云彩竟然在漆黑的夜晚射出亮光，表明人类秩序与宇宙秩序被视作不可分割的整体，而二者在当时都出现了异常。[36]

正如计算时间的几个相互重叠的系统彼此并置一样，空间与计算空间的方式也呈现为不同的面貌，彼此和平共处而非彼此竞争以求一统天下。在抽象的图示中，天与地可以是一个交融的整体，但实际上，宇宙地理和行政地理是相互并行的，无论受没受过教育都知道，它们都在随时变化。正如1368年明朝的建立带来了新的历表一样，对"山川"的重新划分也应运而生，新的省诞生，新的名字出现，甚至有些州县被单独划分出来，由高级官僚担任行政长官，直辖于首都的中央政府。在明朝即将覆灭之时，同样的过程发生了反转。当农民军领袖李自成（1606~1645）厉兵秣马，即将攻占明王朝的首都之时，他开始更换起义军在17世纪40年代所占领的城池的名称，以此作为王朝更替的象征，同时也为1644年二月颁布新的年号做铺垫。[37]

随着明朝统治的展开，就连首都的具体位置也发生了变动，由此也转变了这个自视为世界中心的帝国的中心。在历史上，许多王朝都曾将自己的中心放在不同的地方。比起中世纪和早期现代欧洲不断迁徙的宫廷，明代中国所采用的是一种更为人所熟悉的政体，将行政权力、社会权力和文化权力集中在一个固定的中心点上。1368年，明朝立国之初，经过仔细的讨论和筛选，帝国的中心选定在扬子江下游一座如今被称为南京的城市，因为新的王朝拒绝了北方那座让人产生不悦联想的蒙古人首都。然而在永乐年间，这个决策又被反转过来，从1420年起直至明朝灭亡，人们对于首都再无争论，皇帝的宝座一直位于今天被称作北京的地方。其位置更具战略意义，便于运筹帷幄，抵御蒙古人依然存在的威胁。（作为陪都，南京在国家礼制的层面仍然保持了重要性，但永乐以后，再无皇帝生活于此。[38]）以北京为中心，帝国的行政地理呈扇形展开。不论是在明朝关于帝国空间的官方文件还是其后的清朝对明朝的官方记述中，谈论省级行政单位（两京一十三省）时始终都是按照其与首都北京的距离远近来排序的。与谈论省的时候相似，在谈论全国159个府和234个州的时候，也是按照它们离省城的距离远近来排序，至于行政单位的最低一级、全国1144个县，同样是按照离府城的远近来定其记述的先后顺序。[39]这种等级关系也以视觉形式体现在这类文本之中，可以1600年左右绘制而成的《江西全省图说》为例【图20】。[40]正如上文所述，大地的视觉图像（在这儿不太涉及现代学科中对地图与山水画所做的区分）对于皇权而言至关重要，构建空间的权力与构造时间的权力都是最为核心的皇家特权。1461年，当帝国的官方志书《大明一统志》编纂完成并刊诸枣

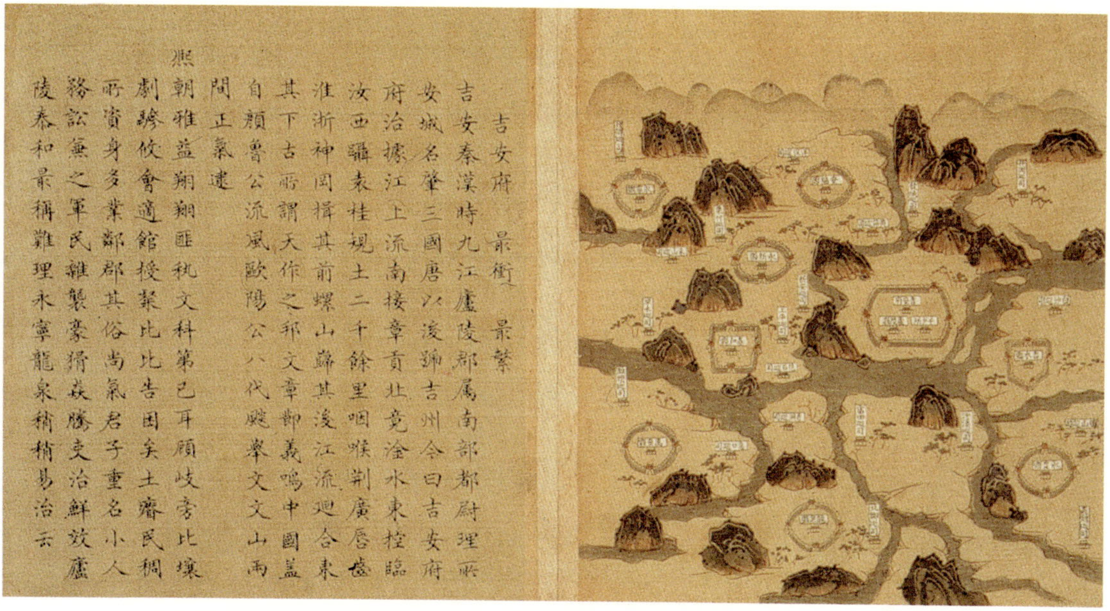

图20　江西省的地图（旁边配有文字描述）约1600年　绢本设色描金　册页　30厘米×35.2厘米

梨之后，皇帝下令将之颁赐给朝中某一品级以上的所有官僚。[41] 在这里，皇帝的统治清晰可见地以相同的压力施加于帝国所有的山川之上。无论离首都远近，无论是高山还是平原，明代的法令，于此是视觉性的法令，都裹挟着相同的力量扑面而来。或者，我们至少可以说，这是一种从中心辐射至边缘的视角，江西的这份地图就是其典型体现。每一个行政单元都表现为一座由城墙所环绕的城池（每个县的大小都差不太多，只有中央那个行政级别更高的府城略显大一些），它们彼此相同，不分轩轾，在由极为规则的皇权统治所划分出的网格中构建起自己的一片区域（丝毫不顾及它们实际上千差万别的山川面貌）。然而，这种均等、规则、行政化的空间性，却恰恰与明代铺天盖地的地方志写作中极为显著的地理特殊性意识，与对不同的乡俗、各异的地貌、地方特产的强调，与一种不同事物来自不同地方的意识，所同生共长。被称为"方志"的一类文本，通常翻译为"gazetteers"（意为"地名辞典"），其中必然会有一个部分专门讲述特殊的地方物产，它们是地域身份的重要标识。这些特殊物产既可以是主要的粮食与经济作物（例如河南全省是全国棉花的主产区），也可以是特殊货物（例如河南睢州以皮帽著名，而陈州以弓箭著名）。[42]

第一章　明代中国的时间、空间与能动性

一边是地域特殊性，一边是规则的州县行政网格，二者共存于一体。这是一种让人感觉不太统一的空间性，它又通过时尚的观念，即"时样"，与明代一种新的时间性交汇在一起，这种时间性既不太稳定，还相当让人烦恼。只有通过视觉与物质，"时样"才得以表现出来。在16世纪70年代，一位评论者颇为无奈地谈到："长裾阔领，宽腰细褶，倏忽变易，号为时样。"[43]只有通过商品的世界，让人忧心忡忡甚至感到威胁的"时样"才得以表现出来。这其中，最明显的是衣着打扮，此外还包括新式的茶壶（或是饮茶新法）、形状新奇的手炉以及椅背的新图样。"时样"所威胁的是一种社会秩序，或者更应该说是一种想象的社会秩序。这种社会秩序按照时间与空间来对人进行分配，是人们理解世界的方式，源于古代却在明代依然盛行，虽然此时已不再能够完全适用于人们的实际生活。这种秩序体现为"四民"的观念，即"四种阶层的人"。我们可以在15世纪前期的一本童蒙识字课本【图21】中看到所谓的"四民"，这也是世界上最早的一本同类读物。[44]一直到今天，这类看图识字课本都还是如此，词和图并排在一起，一边是事物的名称一边是事物的样子，既让人兴趣盎然，又让人觉得无比可靠，同时还富有权威感。在紧左边一列，最上面是"士"，这儿表现为戴着幞头、手捧象笏的官僚，是劳心而不劳力的统治阶层。用明代人的语言来说，或者至少在他们的自我形象之中，"士"乃"四民之首"，"首"的意象反映出将社会视为身体的政治观。[45]"士"之下为"农"，画的是一位身披蓑笠、肩扛锄头的庄稼汉。"士"与"农"这二者是基本的阶层，合起来构成了"本"，即国之根基。在二者之下是另两个阶层，他们合起来构成了"末"，也即无关紧要的枝蔓。"工"被画成一个木匠，手拿一把木头柄的扁斧，正在劳作。木工技艺与工匠这一社会阶层的联系，也出现在其他一些带有插图的明代类书中。[46]社会中最低等的阶层是"商"，在这里是一位一条扁担肩挑两箱笼货物的人，他是一位行商，需时时行走，象征着商业的不稳定性。需要强调的是，这四个人物形象所图解出的明代社会并不比笔者小学时代的识字课本中貌似真实的苏格兰社会来得更为精确。即便在20世纪50年代的苏格兰，也并非每个家庭都由珍妮（Janet）和约翰（John）组成，母亲珍妮在家烘焙面包，父亲约翰劳作归来，趿着拖鞋抽着烟斗。但这是一种体现社会想象的强有力的图像。[47]其根源至少可以追溯至汉代（前206~220年），差不多是明代建国一千五百年以前，见于《四民月令》这样的文献，这是本重要

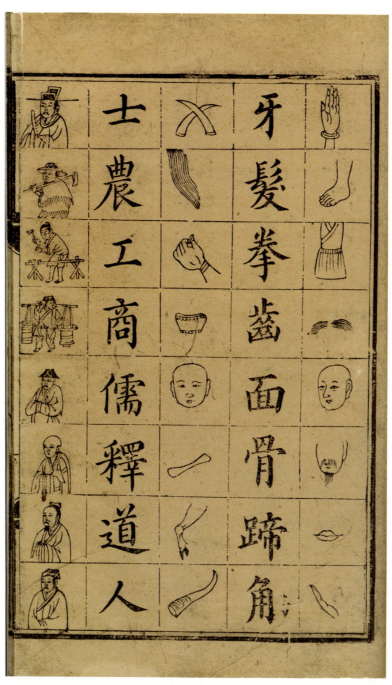

图 21 《新编对相四言》一页　1436 年　木版　版心尺寸 31 厘米 × 19 厘米

的历书,把一个从理论上来说稳定不变的社会秩序和时间的运行全都塞进了"四民"这个框架之内。[48]

及至明代,"四民"这一分类系统已无人不晓。通俗类书《居家必用事类全集》1560年的版本中,以如下语句开篇:"其书事兼四民,录及九流。""四民"这个比喻也见于1597年出版的一本类似的书《新锲全补天下四民利用便观五车拔锦》,此书开篇的序中写道:"诚天下四民利用便观。"提及书的编辑是为"四民捷用","四民利用"或"四民日用"在明代的出版业中非常普遍。[49]从理论上来说,"四民"既是综合性的分类,同时又是界限分明的分类。1482年,一位胆大妄为的无名小卒夸下海口,称可以化铅为银,在无法兑现承诺之后,他被处以杖刑,几乎被打死,皇帝责骂他"不务安分",忘了自己的位置。[50]在文人笔下,社会阶层的消融常常表现为与这种理想的四级社会的背道而驰,同时也表现为那些无法被归入"四民"的人在数量上不断攀升,譬如仆从、小吏,或那些"游手趁食者"。[51]

不论是苏格兰的珍妮和约翰,还是中世纪欧洲的三等级(three Estates),"四民"的观念和所有这些想象性的社会结构一样,有意忽略了一些至关重要的东西。最为显而易见的是,在童蒙识字课本中所图画出来的"四民"图像中,女性被抹去了。而同一本书中表现"人"这个泛称的图像,明明就是个男人。在这个社会系统中,人并非不能是女人,但她们笼罩在其丈夫或父亲的身份之下,她们是穿袍带笏、头顶乌纱的"士"大夫的妻子,是手拿工具的"工"匠的女儿。在这个系统中,也没有那些职业化宗教人员的位置,譬如和尚、尼姑或是道士。(尽管有些资料中偶尔会提到"六民"这个词,里面加上了僧道。在《新编对相四言》中,"四民"底下也可以看到这些佛道长老的形象。)不过,更让人吃惊的是,这个系统里没有那些世袭统治者的身影。竟然没有一个"皇帝"的图像,可以让孩童知道自己是皇帝的子民。这个系统里也没有哪怕一个皇室成员或世袭王侯的图像,要知道皇家宗室是明代膨胀极为剧烈的群体,明代立国之初仅有58人,及至16世纪中叶已经达到28440人,到明朝覆灭之时估计可能有10万人,这么巨大的群体至今在研究上仍然十分薄弱。[52]明朝的铜钱上没有铸上皇帝的龙颜,有的只是皇帝的年号【图22】。一份有关开封的17世纪文献中提到,开封城内的藩王周王曾把一幅明太祖的画像高悬在开封的某个城门之上。这是对公众场合里的帝王画像一次十分罕见的记录。[53]

图22　洪武通宝铜钱的正反两面

一言以蔽之，至高无上的权力通过从视觉系统中的隐退来发挥作用，或者说，通过主要浮现在文字中的想象来治理天下，在本书第三章将会深入探讨这个问题。

不过，这个系统却有许多种方式来把"四民"囊括进相互关联的视觉文化和物质文化领域之中。其中，最复杂的就是"士"。"士"是受过良好教育的统治精英【图23】。可以只画一位"士"，也可以描绘一群"士人"。[54] 明代究竟有多少人可以被称为"士"，尚是历史学家们争论的焦点之一，常常是各人有各人对"士"的定义。我们暂且取最狭义的定义，将具有正式"生员"资格的人称为"士"，"生员"即官方学校的学生，获得这个头衔就有资格参加科举考试，就有可能成为政府官僚，甚至有可能平步青云成为手握大权的一府之官、一郡之长。有人做过统计，1500年，全国人口约6500万，其中大约有3万名生员，生员与人口的比例为1∶2200。有明一代，一共有24450人获得过科举考试的最高头衔"进士"，有73150人通过乡试成为"举人"，"生员"则一共有220050人。通往权力的每一级阶梯都障碍重重。只有14%的生员成为举人，而最后成为进士的只有4.8%，堪称惨烈。这主要是因为虽然明代人口数量迅速膨胀，但官僚机构的规模以及官职的数量并无相应增长。1500年，全国有20400个官职编制，到1625年不过才缓慢增长至24680个。让我们聚焦于明王朝行将结束时的一年。1630年，有49200位生员竞争1278个举人名额，录取率只有2.6%。[55] 这意味着受过教育的知识阶层的人数要远远超过那些获得高级功名的人所构成的狭小群体。晚明时代的社会流动性有相当大的一部分就根源于这种不确定的精英身份。

图23 佚名《十同年图》卷 绢本设色 画中人是1464年进士科的10位金榜题名者,均在朝中身居高位。此图描绘的是1503年4月1日,他们在闵珪的园林中举行雅集的场景

千万别大惊小怪,这一精英阶层——那些拥有科举头衔或觊觎科举头衔的人——的视觉文化与物质文化所存留下来的数量之多,与他们在明代人口中所占的比重完全不相称。即便在有的例子里,真实的事物已经不复存在,但这种精英阶层的文化依然支配着我们对于这个时代的思考。他们拥挤在贡院中一排专门为科举考试而设计的建筑物内,颇像被全景监狱中的高塔进行监控的对象,每一个人都分配一个数字作为号码,匿去姓名,一视同仁。可以说,明代的科场举子是最先出现的"现代主体",他们是第一批不再像奴隶或商品那样被给予数字的人,而是"把姓名、家庭和社会等级统统剥去的人"。[56] 在当时,另外一些物质文化和视觉文化形式也把他们凸显出来,这就是一系列特殊的礼物赠予行为,包括互赠书画、交换诗词或馈赠书籍,相对而言,在其他的人群中,这一点是看不到的。[57] 也许可以说,这是一套为了在社会景观中拥有霸权而专门设计的行为,就像那些旌表精英家族的石牌坊一样,无论是状元及第、孝子贤孙还是贞洁烈女,既彰显家族集体的荣耀,也表彰身为典范的个人。因此,我们也就不会惊讶于为何在明末暴虐的农民起义中,这些纪念性的牌坊与表达"士"之崇拜的孔庙以及授予生员身份的官方学校一道,都成为被剥夺这些权利的起义军所系统性摧毁的靶子。[58] 1529年,政府出台一项法令,允许特定品级以上的官员建立"家庙",而这种特殊建筑在以前是世袭王侯的特权。在明代的文献中,对家庙的规格与尺度有不厌其烦的详尽规定。[59] 轿子为特定品级以上

的官员所享有，理论上来讲其他人不能使用（但实际上大部分人根本不在乎）。[60] 官服、官帽以及在官服前胸和后背或织或绣的补子，在任何场合中都是官员身份的标志。官服的补子上有不同的动物，有的是真实存在的动物，有的是传说中的瑞兽，不同动物象征着文武官员的不同品级。自然，滥用高级官员补子的僭越现象也大量存在。[61] 官员的官袍除了在图像中被描绘出来之外，还有少数珍贵的实物存世，有的出土于墓葬，和墓主人葬在一起；还有一些稀有的实物保存在日本【图24】，是当年东渡扶桑的外交礼物，是为了把统治日本的军阀们的身体并入大明的版图。[62] 这类外交礼物是凸显大明朝的空间的普遍方式，因为穿着明朝的官服就意味着身在明朝的领土。同时，这种外交礼物也是凸显大明朝的时间的普遍方式，只需穿上大明官服，便意味着处于明朝统治的时期。（或者这至少可以说是从明朝向外看的视角，与从明朝外部向明朝内部看的视角不尽相同。）[63] 由外向内的视角，英国人彼得·蒙地（Peter Mundy）是一个好例子。1637 年，他描写了在澳门与葡萄牙殖民者交涉的明朝官员，并且还在纸上勾画下了他们的形象：

图24 明代官袍 丝质 前胸有金线绣成的麒麟补子 约1596 年 119 厘米 ×139 厘米 这件官袍是明政府赐给日本统治者丰臣秀吉（1536～1598）的外交礼物

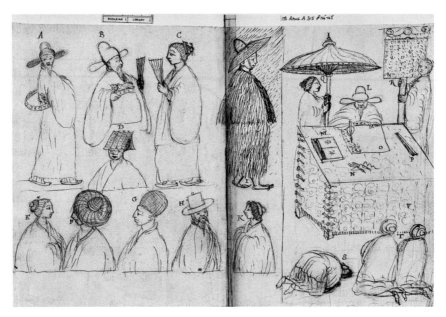

图 25　英国人彼得·蒙地（Peter Mundy）所画的《支那人之各类习俗》，约 1637 年，彼得·蒙地旅行日记中的一页

我们呼之为"满大人"（Mandareenes，葡萄牙语，意为"中国官吏"）的那些人是高级指挥官，他们的穿着奇特，在腰间围着一条巨大的腰带，圈住两个人绰绰有余，其作用是以示地位的突出。在他们的前面和后面都绣着一个纹样，有些像是一头狮子的图案。他们平常并不穿成这样，一旦场合需要就打扮成这个样子。[64]

来自 17 世纪的欧罗巴的蒙地，完全理解用视觉和物质形式来象征政治权威和社会身份的做法【图 25】，但他可能理解不了，为何在宫廷看来，官服的规章制度对于王朝的创业和守成而言至关重要。明朝官服是对上古典章制度精心研究的产物，之所以回溯古代，是要创造出一种与一千五百年前强盛的汉帝国一脉相承的连续性。明朝的官服同时也是极度琐碎的规章制度的监督对象。[65] 无形的皇家权力与官僚阶层之间的张力，正体现在官服的视觉形式上，哪怕是刚识字的孩童和远渡重洋而来的外国人都看得一清二楚。一幅明代绘画【图 26】很好地捕捉住了这种张力，画面所描绘的可能是 16 世纪中期一场大火之后负责皇宫重建工程的一位高级官僚。[66] 某种意义上说，这幅画就是明代的政治，或者至少可以说是想象中的明代政治。1511 年，一

图26 佚名《北京宫城图》轴 15～16世纪 绢本设色

个名叫杨虎的人叛乱起事，击溃了官兵，除缴获大量火器和盔甲之外，还有一件官袍，大概是溃退的官兵指挥官落荒而逃时扔下的。杨虎立马穿上这件官袍，他的这个举动根本无须向他军队中的农民做出过多解释。[67]

　　杨虎起义军中的那些农民，在童蒙读物《新编对相四言》的四个阶层里排行第二，他们与视觉文化和物质文化有着完全不同的关系。几乎所有有关"农"的物质文化都已经消失了。[68] 占人口绝大多数的阶层所拥有过的物品都已杳无踪迹。只有在为精英阶层所制作的一些绘画里，在数量上占人口绝对多数的农民阶层的图像才得以以视觉的可见方式呈现在我们眼前。譬如佚名画家所绘的田园图景《晓耕图》【图27】，或者是明代书籍版画中在地主观看之下辛苦劳作的佃农图像。精英阶层之所以关注农民的生活，并不是因为他们拥有农民的物质文化，而恰是因为他们缺少这种物质文化。譬如，他们对饥荒的描写令人毛骨悚然，饥民们靠吃树皮活命，卖儿鬻女，最后竟"彼此相食"[69]。

　　和农民的情况相似，"工"的图像在明代同样少见【图28】。与工具和物质有关的一种独特的工匠物质文化已近乎消亡。我们在明代可以"听"到大量有关工匠的描述，如本书引言中所讨论过的那样，观看工匠的劳作似乎被认为是一种娱乐。但是，我们无法肯定在现有的资料中所"听"到的，是工匠自己的声音。我们的材料凤毛麟角，比如《金瓶梅》中有一位裁缝介绍自己时所唱的一段快板书一般的歌词，开头几句为[70]：

　　　　我做裁缝姓赵，月月主顾来叫。
　　　　针线紧紧随身，剪尺常披靴鞘。
　　　　幅折赶空走攒，截弯病除手到。
　　　　……

　　类似《鲁班经》（鲁班是传说中的木匠保护神）这样的文本虽然远不是教人如何具体操作的手册，但在晦涩的行文里肯定还保留着历代木匠所总结出来的工作方式的一鳞半爪。不过，现存的《鲁班经》文本并不是直接来自于明代匠人的原始声音。那些原始声音几乎已消失殆尽，同时消失的还有几乎所有明代工匠的工具，唯有他们用工具所打造出来的东西留了下来。因此，类似这种基于存世图像和实物的明代历史，在

图 27　佚名《晓耕图》轴　15 世纪晚期~16 世纪　绢本设色　172 厘米 ×101.9 厘米

图28　齐东野人《隋炀帝艳史》中"炀帝大穷土木"一回的木版插图　1631年人瑞堂刊行

文人精英的视角之下会愈发显得歪曲。文人精英会记录下农民和工匠的"所作所为",历史学家也早已充分证明,他们的记录常常会经过一定程度的改造,但也并非凭空捏造。[71]他们会一边痛斥一边记录下农民和商人的信仰,却出于同样的顾虑而丝毫没有保留下农民或工匠的物质文化。

理论上来说,商人是"四民"中最低的等级,讨论商人的时候,我们会进入一个完全不同的情境。之所以这么说,不仅是因为留存至今的那些常常比官僚都要富有的人所曾经拥有过的物品和图像,譬如富有的商人王镇(1424〜1495)生前选定与自己合葬的那些价值不菲的绘画收藏。[72]同时,商人往往还会从自身角度清晰地发表言论,正如卜正民引用过的一个例子,一位有商人背景的作者清楚地表露出对于"四民"等级的排斥。[73]精英文化与商人之间的复杂关系,以及商人所掌握的货物的丰富性,在一幅图中清晰可见,这便是被儿童包围的货郎【图29】。虽然这个主题并非明代的首创,但却在明代颇为盛行。和童蒙识字课本中的"商"一样,画中的商人也是独自一人,随身挑着所有的货物。[74]这就是人们眼中从商者的样子。在《金瓶梅》中,小说的叙述者就把"经商客旅"列于"三等人怕热"之中的第二等:[75]

> 经年在外,贩的是那红花紫草,蜜蜡香茶。肩负重担,手碾沉车。旅途之中,走的饥又饥,渴又渴,汗涎满面,衣服精湿。得不的寸阴之下,实是难行。

在现实中,大多数的明代商人并不用肩挑货物、游走四方,而只需待在家里安排复杂的货物进行流通,"文人"生活方式中所有的一切,他们应有尽有。即使并不真的是某位打扮成商人模样的王子,画中的货郎看起来也过着比"经年在外"的人要舒适得多的生活。他的货郎担装饰得异常华丽,数不尽的物品把他包围在其中。他的小小客户们正对着这些物品垂涎欲滴。在史书中,明武宗(1505〜1521年在位)是一位昏庸之君,他最为钟情的消遣之一,就是装扮成商贩,与太监们在宫中玩"市戏"。[76]不过,相比起他的先皇、遵循正统的明孝宗,从商业游戏和货物的世界中所获得的欢乐或许使武宗皇帝与他的子民更为心气相通,而这种欢乐正不断地威胁到把商人置于底层的正统社会等级秩序。这种欢乐甚至可以在表面看来极富儒家风范的文人精英文徵明那里看

图 29 佚名《乾坤一担图》轴 16 世纪 绢本设色 180 厘米 ×117.5 厘米 画中落有元代画家王振鹏（约 1280～约 1329 年）的伪款

到,尽管他小心翼翼地维持着自己从不以画为生的名望,但实际上他就曾作文赞美其家乡苏州繁荣的商业景观,尤其是苏州的纺织巨擘,而这些人其实就是他的一部分赞助者。[77]

倘若说"四民"是使明代的社会想象得以物质化和视觉化的一种途径,那么那些构成"四民"的个人所起的能动作用也同样是看得见、摸得着的。方式多种多样,最重要的一种是身体的惯习(譬如谁坐着谁站着,谁躬身施礼谁接受施礼)。在为一本重要的相关主题的论文集所撰写的总论中,人类学家詹姆士·莱德罗(James Laidlaw)提出一个观点,在中国,"礼仪即政治。……但政治之为礼仪这个事实,并没有在阐释和创新中完全排除谋略、分歧以及多样性。"[78]基于这个观点,我们同样可以说,明代的"礼仪"范畴近距离投射在我这里所说的"视觉文化"与"物质文化"上,因此我们还可以进一步说,明代的视觉文化与物质文化本质上是政治性的,与权力不可分割。无疑,在宫廷中,吊唁妃子时的正确装束、太子读书时的座次安排、新年时互赠的礼物,所有这些对于礼仪和权力的正确体现来说都是不可或缺的。一个用来盛婚约的漆盒装饰着"举案齐眉"的图像,这种温顺的姿态是理想的妻子所应该有的妇道【图30】。不过,这种等级和"四民"的等级有所不同,它是相对的,也就是说,在某个时刻对人表现出谦恭的人,又会在另外一个时刻接受别人所表现出

图30 漆绘盒 1600年 21.58厘米×11.74厘米×8.88厘米

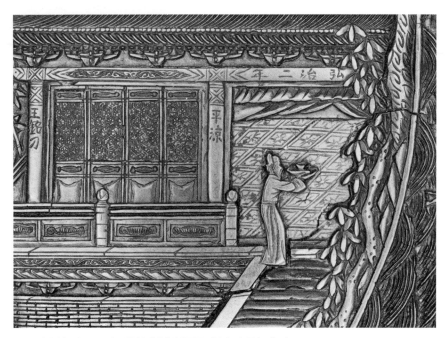

图31　雕彩漆盘局部　1489年　制造者的铭款清晰可见："弘治二年平凉王铭刀"

来的谦恭。在明代，人们喜欢在物品上写字，其流行程度前所未有，这正是能动性的一种持久标记。正如皇权的能动性从新的铭款制度中清晰展现出来一样，个人的能动性也是如此。匠师们开始用一种比以往更为系统的方式来署款："何人何年于何地制此"，至少在奢侈品上是如此，譬如这件精美的雕漆盘【图31】。艺术家在绘画上题写名款在明代之前若干世纪就已出现，但是在明代变得前所未有的精致。那些由于性别而无法出现在"四民"中的人，譬如女性艺术家马守真（1548～1604），就得以以这种方式凸显出自己的能动性【图32】。明代出现了最早的印谱，将各种前代印章的印文汇编为册【图33】，这当然反映出明人对于早期书写形式的兴趣，但是印谱的出现无疑也反映出对于能动性之印迹的兴趣在不断增长，这种兴趣在上层文化中广为流行，实为亘古所未有。

通过集中探讨时间、空间和能动性的问题，也即明代人所说的天、地、人，我试图为读者勾勒出阅读以下各章的一些线索。本章想厘清的是一些基本问题，从而使我们对明代物质世界的视觉性，以及视觉图像的物质性的讨论得以进一步展开。此外，本章也想要简要证明一个看法：明代的中国既是一种物质文化，也是一种视觉文化，物品和图像是谋求权力、维持权力以及挑战权力的种种方式的重要组成部分。对于一位文人精英而言，事实就是如此。在明王朝的最后岁月里，他回望16世纪70年代，竟然提出了一种看起来相当现代的"文化"概念。他所说的"文化"，不仅包含着道德文章和哲学探索这类长久以来就被珍视的形式，同时也包括绘画和书法、天文和医药、戏曲和古物，甚至也包括用新的金属工艺所制作的奢侈品、用于书写的新奇的墨锭，以及新的治印手法。对于明末清初这位充满遗民情结的周亮工（1612～1672）而言，我们如今称之为"艺术"的那些物品和门类，都是晚明繁盛的文化风尚不可或缺的组成部分。他所举出的有金工、制墨、治印等，与道德哲学和戏剧同等重要，都是晚明文化的一部分。〔79〕不过，它们其实也是另外一些不那么让人舒心的人造物的核心，对此我们现在只能略知一二。1435年，宫廷收到报告称抓获并处决了一对妄传邪教的夫妇。报告中还具体描述了他们的传教工具，即所谓上天传授的刀剑和玉印。1589年，也即周亮工所说的晚明文化的璀璨高峰蓬勃展开之时，相似的奏章呈报到宫廷，一位"妖僧"被抓获，他妖言惑众，称大明不日即将覆灭，佐其妖言的全是反文化的物品，有"妖书"，有剪纸而成的人马，能够乘夜飞

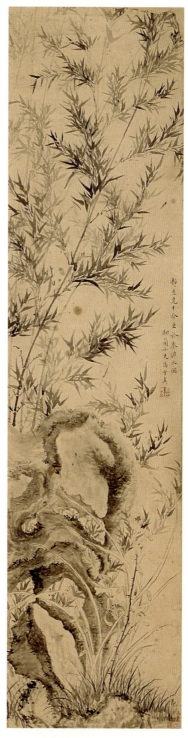

图32 马守真《竹石图》轴 纸本水墨 121.8厘米×31.8厘米 画家的名款落于画面右侧居中处

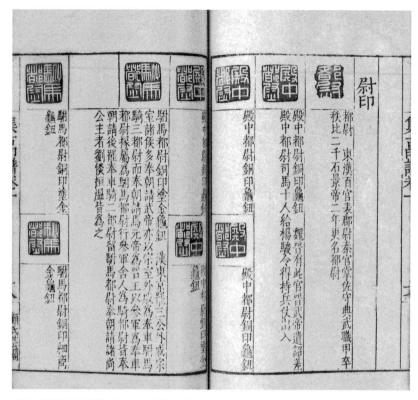

图 33　顾从德《集古印谱》　1575 年　木版雕印　版心尺寸 28.2 厘米 ×16.9 厘米

动、飞剑杀人，还有从 800 年前的唐代一次著名的邪教叛乱中流传下来的金缸，据说里面藏着黄巢遗留下来的黄金。[80]"宝卷"是一种民间佛教教派的经文，在明代十分盛行（现存最早的宝卷年代为 1430 年），堪称这类充满诡谲奇想的怪诞事物的集大成，也弥漫着一种奇特的、由即将到来的末世所主宰的时间感，很多人对此深信不疑。[81] 所有这些都在提醒我们，在大明的时代，我们所处理的视觉文化与物质文化，的的确确是以复数形式所呈现的"文化群"。我们将看到，从不曾有某一种图像，或是某一类物品，在明代的时间与空间中占据一席之地而不曾遇到挑战。

第二章　坐与游：方位的文化与运动的文化

在明代的中国，空间既是一种创造事物的方式，也是由其他方式所创造出来的事物所活动的一片空白而混沌的地形。西方称为"landscape"（风景）而明朝人称为"山水"的绘画，已成为最为著名的画科。在一篇探讨山水画起源的论文中，一位学者如此写道[1]：

> 从字面意义来看，"位置"只是指空间中的方位，但实际上也指社会地位，同时还可以指正确的时间所进行的合适的仪式，也即哪些东西适用于特定季节或特定场合。利用信息表格、地图和图示这些最基本的工具，人们可以估算出如何才能获得这些"位置"……

来自于《大明集礼》中的一幅图恰是她所说的这种图示【图34】。《大明集礼》是一本皇家礼仪典册，编纂于明朝开国之初的1370年，其中的一幅图展示了一个盛大的国家祭祀典礼中乐手的座位。图中以鸟瞰的视角勾画出宫廷乐队的全貌，其中有磬、歌工、钟、琴、瑟以及各种管乐器。[2] 每个小方格的大小与形状都相同，唯有靠其中写明的不同乐器来区分彼此。这种视角展现出来的视觉形式与身临其境的人所看到的极为不同。譬如，当某人身处其中时，所注意到的不外乎是表演者各异的衣袍以及演奏不同乐器时的不同身姿。这位身临其境者最有可能是一位移动的观者，是礼仪的参与者，随着表演的顺序忽而前行、忽而退后、忽而膝跪、忽而平身，其眼中的乐队也因此景随步换。这人（肯定是男性）可能是一位舞者，是士家大族的一位俊美的年轻后代，他身着

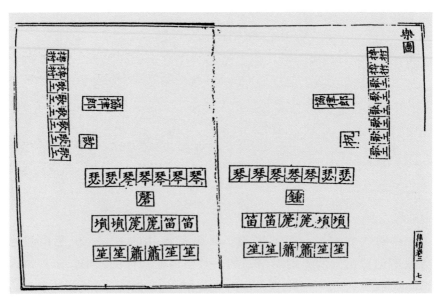

图34 《大明集礼》中的"乐图"展示的是皇家乐队的座次　1370年　木版雕印

绚丽服饰,服饰的华美在礼仪典册中有详尽的描写。[3] 不过,无论是他们还是我们,都会看到这里有一种位置的等级之分,在我们的视角中无疑会看得更清楚,因为我们正是这幅图的观者。最显著的是两位"协律郎",他们的方格比别人都大,分坐在中轴线的左右两边,正位于歌工之前。无论是明代的皇家祭祀还是牛津学院的高桌晚宴,在任何仪式中都有刻意为之的空间安排,不同的位置代表着不同参与者之间的关系。正确安排相互关系是仪式得以充分发挥功效的关键所在,同时,也正是这个充分发挥功效的仪式,确定了参与者之间正确的关系。在任何仪式中,不论是大型社交仪式还是家庭礼仪,为参与者划定相对位置,都是使礼仪发挥功效的方式。在明代的文人精英眼里,思想家朱熹(1130～1200)在《朱子家礼》中的文字被视作一种规范,其影响非常广泛,遍及整个社会。《朱子家礼》的开篇一章如此写道:"故特著此,冠于篇端,使览者知所以先立乎其大者,而凡后篇所以周旋升降出入向背之曲折,亦有所据以考焉。"也就是说,正确的"运动"就是正确的"行为"。在最为庄严的场合,人们举止得体,并非因为心中相信那无形的礼,而是因为身姿移动有序。[4] 图中的明代宫廷乐师并非在真实复现彼此之间的关系

(因为明代的空间美学并非基于"复现"),而是在"表演"彼此的关系。因此,1440年,宫廷外有一位颇具独创性的人刊刻了一部"图本",展示了遍及明朝各地的儒家书院中祭祀大典的正确队列。经过审查之后,政府接受了这部图本,准许其刊布流行。[5] 在宫廷中,即便是定期举行的仪式,也需要制定大量复杂的规定,交由礼部审批。在各种繁文缛节中,人们强烈地意识到究竟什么才是让人震撼的视觉奇观。从1623年礼部进献《光宗实录》的礼仪中所摘录出的这段文字堪称代表:[6]

> 上御内殿坐定,乐止,锦衣卫传:"鸣鞭。"鸣罢,监修、总裁等官入班。鸿胪寺鸣赞,赞:"进《实录》。"乐作,序班举实录案以次由中道升至殿门外。上兴,序班举实录案由中门入置于殿中。乐止。班首由左门入跪于案前。赞:"跪。"总裁等官皆跪。乐作,内侍官奉实录案入内。上复座。乐止。赞:"俯伏。"班首及总裁等官皆俯伏,乐作,兴,平身,乐止,班首复位。赞:"鞠躬。"乐作。赞:"四拜。"兴,平身,乐止。赞:"进表。"乐作,序班举案置于殿中,乐止。赞:"宣表。"赞:"众官皆跪。"鸿胪寺堂上官宣表讫。赞:"俯伏。"兴,赞:"鞠躬。"乐作,四拜,兴,平身,乐止。进实录官退于东班侍立。赞:"排班。"文武百官入班。赞:"班齐。"赞:"跪。"鸿胪寺官致词云:"文武百官某官臣某等,恭惟光宗贞皇帝神功圣德,纂入成书,光华万世,群臣欢忭,礼当庆贺"。赞:"俯伏。"乐作,赞:"四拜。"兴,平身,乐止。赞:"有制。"史官仍入班。赞:"跪。"宣制云:"光宗贞皇帝,功德配天,纪述详实,朕心欢庆,与卿等同之。"宣讫,赞:"俯伏。"乐作,兴,平身,乐止。赞:"搢笏。"鞠躬三,舞蹈,赞:"跪。"山呼万岁三。赞:"出笏。"赞:"俯伏。"乐作,四拜,兴,平身,乐止,礼毕。

1615年,当一位自1602年起就已彻底退出朝堂、不理朝政的皇帝,突降圣旨,要文武百官速来朝见的时候,官员们在圣驾前惴惴不安、犹豫不定,凌乱不堪的身姿反映出统治者与其臣僚之间濒临崩溃的关系。[7] 十年之后,当一位与皇帝意见相左的朝中重臣竟然站起身走向皇帝,而不是双膝跪行的时候,朝堂上的所有人都可轻易地将此视为一种对无所事事的君王的"蔑视"。[8] 让我们离开宫廷的宏大礼

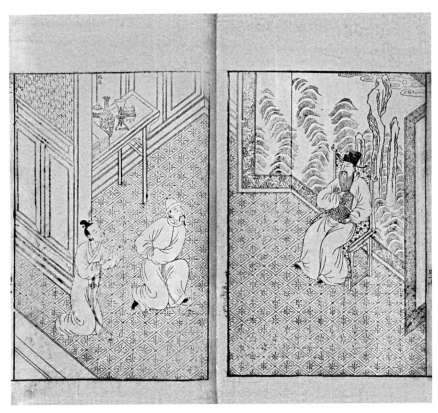

图 35 《琵琶记》插图　木版雕印　1610 年　版心尺寸 26.5 厘米 × 15.5 厘米

仪,转向那些不那么壮观的情境,譬如乡村中的"乡约"礼仪。与宫廷礼仪一样,"乡约"中也可以看到对时间与位置的精细安排,以及对某个权威文本(此处是明朝的奠基者太祖朱元璋的"教谕")之核心地位的关注。[9]

"运动"与"姿态"可能是视觉文化中最经不起时间蹂躏的东西。在《乔托和雄辩家》这本书中,迈克尔·巴克森德尔(Michael Baxandall)向我们展示出"姿态"何以能在某个特定的历史语境中通过图画而被再现出来。[10] 对明代戏剧版画【图 35】的最新研究也提出了相似的看法。配以精美绣像的剧本不仅再现了戏剧故事所发生的场景,同时也再现了演出时的全部姿态——称之为"科介",是明代剧场中的

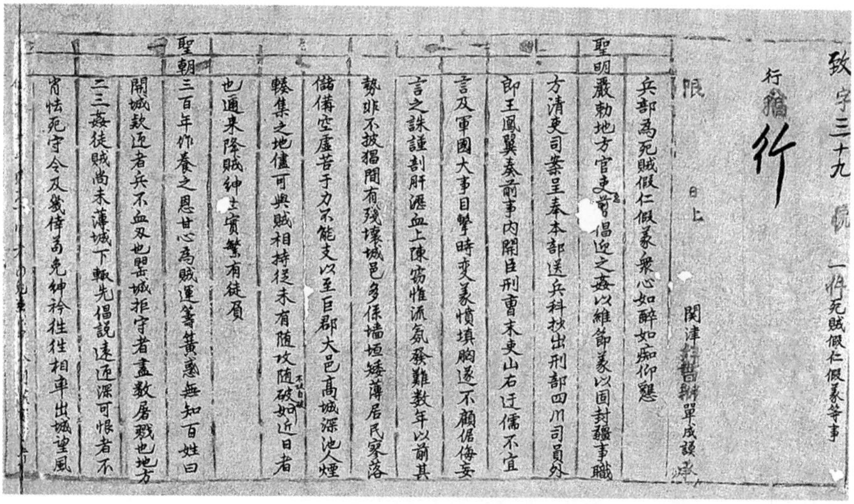
致字三十九號
一件死賊假仁假義等事
行稿
行
限　日上
關津[illegible]
兵部為死賊假仁假義衆心如醉如痴仰懇
聖明嚴勑地方官吏倡迎之姦以維節義以固封疆事職
方清吏司案呈奉本部送兵科抄出刑部四川司員外
郎王鳳翼奏前事內開臣刑曹末吏山右迂儒不宜
言及軍國大事目擊時變義憤填胸遂不顧僭侮妄
言之誅謹剖肝瀝血上陳竊惟流氛發難數年以前其
勢非不披猖間有殘壞城邑多係墻垣矮薄居民寥落
儲備空虛苦于力不能支以至巨郡大邑高城深池人烟
輳集之地儘可與賊相持徒未有隨攻隨破如近日者
也通來降賊紳士實繁有徒原
聖朝三百年作養之恩甘心為賊運籌簧惑無知百姓曰
開城款迎者兵不血刃也嬰城拒守者盡數屠戮也地方
二三姦徒賊尚未薄城下輒先倡說遠迎深可恨者不
肖怯死守令及[illegible]紳衿往往相率出城望風

图 36　明朝兵部签发的有关反贼李自成动向的文件　1644 年　纸本墨笔　33 厘米 ×157.5 厘米

表演程式。[11] 不过，无论是舞台布景还是身段手势，都无法让我们真正体验到运动。如果说我们能从中抓住什么，那或许就是有关“位置”的基本原则与“位置”所起的作用在存世的明代人工物品与图像中被想象出来的方式。“位置越高，身份越重”这条原则绝非明代文化所独有，却是使明代文化在早期现代欧洲观察者眼中成其为“文化”的事物之一。在书面文字中（口语中或许也是如此），当朝皇帝被尊称为“今上”，意为“当今最高的一人”，或者更舒服的英文表达是“highness”（英语中对皇室成员的称谓，意为“殿下”）。在家庭环境中，身份的不平等——不论是以年纪还是性别而论——就显现于许多逐级而上的台阶和坡道之中。[12] 在激进的佛教民间宗派的经文中，虽然把尘世间所有的区别都看成是虚假的，却依然还保留着“上等人”与“下等人”的区分，而构成这两种等级的人，恰恰是经文中信息的接受者。[13] 同样，家具越高，意味着地位越高。[14] 在官方文献中【图 36】，凡是提及皇帝的名称、尊号或是圣谕，文字都要被提高一格。同样的规则也适用于私人之间的书信交流。收信人的名讳或收信人父母的尊称都要比其他文字高出一截。“高”作为一种隐喻深入人心，通过高度这个概念，把男性精英提升到普通民众之上。明代最具有偶像性质的形象是“高士”

图 37 张灵（活动于 16 世纪前半期）《秋林高士图》轴　有文徵明 1501 年题，纸本设色　82.5 厘米 × 32.5 厘米。此画本是张灵为苏州人袁孔璋所作，袁孔璋转赠给声名更著的画家文徵明，随后被文徵明转赠给第三人。这是礼物交换在明代男性精英中维系并创造社会关系网的一个复杂的例子

【图37】,成千上万的绘画都以此为画名。"士"是前一章讨论过的"四民"中最高的一等人。物质身体的拔高与崇高的社会或政治地位之间的关系一直是研究18世纪英格兰文化的学者关注的对象,而明代中国的理论家们早就认识到,"既清且高"的"高士"身兼崇高的道德地位与统治权力于一身。[15] 不过,这里有一个重要的原则:位置的"相对性"。在同时代的西方人心中,明代之所以是一种完全不同的视觉文化就是因为这个原则。"位置"不是由一位至高无上的终极大神来确保的,而始终是由与其他位置的相互关系来决定的。这种相对性首先体现在人的位置上,最能说明这一点的例子是绘画,我们可以来看看文徵明的一幅画,画中描绘了一对"主客"【图38】。这幅画是画给文徵明最为中意的一位学生的,他跟随文徵明学习书法,名叫王宠(1494~1533),此时正准备出发去省城参加乡试。画面右边是备茶的仆人,穿着短衣,留着童子的短发,衬托出画面左边两位主体人物的文人精英身份。作为主人的文徵明更靠近画面中心,而且位置略高一些。王宠的身体略向前倾,尽管幅度很小,但足以表现出谦卑的姿态。文徵明是老师,年纪更长,而且更为重要(他在当时已经拥有年轻的王宠立志争取的头衔)。文徵明是主,王宠是客。但是,主客关系并非一成不变。翌日,文徵明或许又会到别处造访,成为另一位主人的座上宾,而王宠则会在家中款待自己的友朋和求书求文的宾客,他们将会对王宠表示出谦恭之态,就像王宠在文徵明的画中所表现的那样。[16] 皇帝在朝堂上享受百官叩拜,然而退朝后他或许就要对母后表达同样的顺从。这种相对的主体性对于明代的生活和文化而言至关重要,上自国家的法典,下至晚宴的座次,无处不在。正是对位置的精心安排使这种相对的主体性显现出来,也正是对位置的视觉记录使之仍然可以清晰地呈现在我们面前。和高与低一样,东与西、左与右也构成了重要的位置轴线,沿着这些轴线,权力关系得以以视觉的形式展开。在一幅明代的祖容像中,描绘了两位已经故去的先祖【图39】,地位更高的男性位居右边,相对于另一边的女性祖先合乎规矩的"左"而言,这是更为尊贵的位置。有时候,男性先祖与女性先祖并没有画在同一个画面里,而是被分开描绘,在这种情况下,他们仍然要按照同样的男右女左的礼仪位置悬挂。[17] 不过,"左"与"右"是"相对"的位置,只有彼此参照才有意义。在明代的词汇中,"优"始终都意味着"优于"。

同样具有相对性的还有另外一对使用频率颇高的词:内与外。它

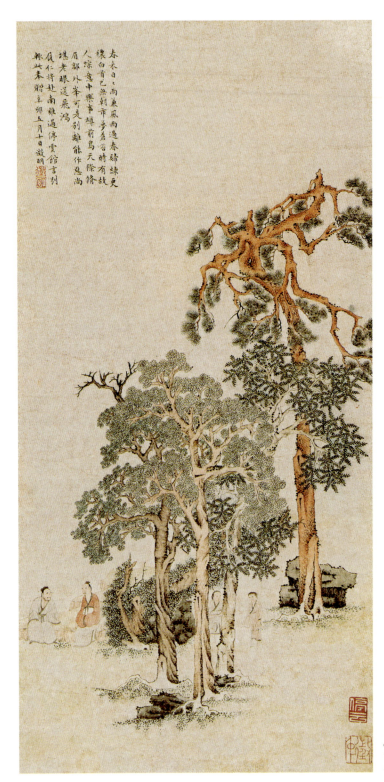

图38 文徵明
《停云馆言别图》
轴 1531年 纸本设色
52.0厘米×25.2厘米

图 39　佚名《先考张济民、先妣赵氏容像》轴　17 世纪　绢本设色　143.2 厘米 × 105.8 厘米

们同样在视觉与物质世界中留下了印迹。内与外的分野可以指天子所居的皇宫与执行其诏令的政府机构的关系，即内廷与外朝。皇宫大内的"不可见性"在明代各种各样的想象中扮演着重要角色，其中既有充满色情的想象也有高度政治性的想象。科举考试中最高的称号，同时也是高官厚禄的必备资格，称作"进士"，或可直解为"进献给皇帝的文士"。动词"进"，意为进入、插入。在这里，所待进入的是皇权的内部空间。内与外也是高度性别化的区分。在明代的汉语中，"内人"（位居内部之人）是对妻子的别称，反映出理想的女性位置，她们是受人尊敬的女性，身处精英阶层的深宅大院之内，深居简出。在明代的小说《金瓶梅》中，"这个妻妾成群的大家庭内的时空分割所关系到的，是权力和领地。某种意义上而言，对书中的主人公西门庆来说，关系到他的空间次序或其对时间的决定权"。因此，早娶的妻要比晚娶的妾更为靠近"内"部的空间与权力。[18] 然而，正如白馥兰（Francesca Bray）在一项对晚期中华帝国的深入研究中所指出的那样，房屋建筑是一种通过空间分配来制造性别权力的技术，"在其中，内与外并非截然两分，二者的边界始终在不停地转化"。也就是说，内与外同样是相对而不是绝对的。她还强调，中国的内与外的范畴绝不能与同时代的欧洲已趋定型的一个区分相等同，即"内"意味着女性的、私密的空间，而"外"意味着男性的、公众的空间。在明代中国，女性化的领地"内"并非如欧洲一样与"政治"绝缘，反之，"内"恰是政治的基础。白馥兰引用了一位明末清初文人蓝鼎元的话来为这种现象做一总结，大意是"国家的正确治理，根基于女性的深闺"。[19] 这种复杂性以视觉的形式反映在传为仇英的一幅画作上【图40】。画中描绘了脍炙人口的文学典故，陶渊明的《桃花源记》。[20] 桃花源的故事对明代人来说是再熟悉不过的了。很久以前，一位渔夫捕鱼时迷失了方向。他顺着一条溪水前行，进入一个小山洞中，穿过一片石壁，最终发现一片无人知晓的乐土。这是一个没有犯罪和暴力的乌托邦，也是一种理想的社会秩序，年龄、性别与教育的相对区别在其中得到了完美体现。故事中有一个细节，渔夫端坐在屋内与村中长者攀谈，好奇的妇女和小孩围在门口，想要一睹这位来自外面的世界的不速之客的模样。桃花源本就是位于石壁之"内"（来自于描写超自然的地下世界的悠久文学传统）。[21] 但是在这里，画家很聪明地反转了故事中的内外关系，本来应在屋内的渔夫出现在屋外，而本来应挤在屋外的妇女躲进了室内。通过这种内外反转，正统的礼仪（以及

图40 （传）仇英《桃源图》卷 17世纪 绢本设色 画为4段 此为第3段

女性在社会中的位置）得到了进一步的强调而非挑战，这同时也表明，正是位置的相对性以及位置之间的不停变换，才在明代使得权力视而可见。

倘若位置是对社会权力的视觉表达，那么运动更是如此，尤其是方式极为特别的一种运动：游。"游"绝非明朝人的首创。在道家思想的悠久传统中，"游"早已占据着中心地位。在道家传统的一篇早期文字中，游的地位极其重要，堪称"最值得赞许的行为"，这便是传为庄子所作的《齐物论》。[22] 纵贯整个中国文化史，"游"，或者说徘徊，是一种特殊的运动形式，与我们如今称为"儒家"的另一种思想传统中所指的运动截然不同。在儒家思想中，运动乃是以一条直上直下的轴线为中心，沿着这条轴线向上运动，则与政治世界相连，向下运动，则与"退隐"于默然静思的精神世界相接。[23] "游"则意味着无目的的运动，这正是文人精英身份的重要标志，因为只有一小部分人才享受得起时间与空间的消费，去游山玩水或寻找自我升华。[24] 作为旅游的"游"还包含着这层意思，即"游"是为了追求高尚的精神，而非满足个人的私欲。明代有一本极为出色的小说，名字就叫作《西游记》，讲述了一位朝圣的高僧去往西天印度的路上所遇到的种种令人着迷的历险。在《西游记》英译本中，书名有好几种译法。亚瑟·韦利（Arthur Waley）富有创意地把书名译为"Monkey"（美猴王），而其他人则大多直译为"The Journey to the West"（西方旅行记），其实，如果译作"A Record of Roaming Westwards"（西行漫游记），或许也能够妥帖地传达书名的含义。1374年，日本派出一队僧侣出使明朝，明人对他们有如下描述：

日本国僧宗岳等七十一人游方到京。上谕中书省曰:"海外之人慕中华而来,令居天界寺,人赐布一匹为僧衣。"[25]

在明代,"游"这个词在有的语境中几乎变成一个被用滥的形容词。当某位作家写道"吾年少时常与之游",指的其实就是与某人曾经是同窗。一篇委托专人写就的墓志铭常会将墓志的主人公称为一位好客的主人,"客从四方来,游于其门"。[26]不过,在绘画传统中,尤其是在最负盛名的山水画中,我们尚能找到一些痕迹来想象一下"游"在当初曾经负载的深重意义。晚明文人李日华的日记为我们提供了证据。每当旅游到大明朝一处新的地方时,他总是以历代山水画大家的画风为视线来看待出现在他眼前的山川水色。得到仔细描绘的并不是真实的山水景物,而是那片山水的抽象概念。[27]欣赏与观看绘画是一种"卧游",意为躺着的漫游,明人常频繁使用这个比喻。这个概念可以追溯至5世纪时的几位早期的绘画思想家,尤其是宗炳(375~443)。[28]一位16世纪晚期的文人曾作文赞颂自己收藏的手杖,他颇为遗憾地表示自己垂垂老矣,不能再去游历山川,感叹每

图41 王履《华山图》册之一 吕洞宾隐居结庵处 纸本设色 34.7厘米×50.6厘米

当拿起一把手杖的时候都会"起霞外之想"。他的文字明白无误地把自己与宗炳的"卧游"联系起来。[29] 画家李流芳（1575～1629）画有一套册页，签题为《江南卧游图册》。[30] 他所引用的是"纪游"绘画的悠久传统，以明初医生与绘画理论家王履描绘自己游华山之经历的一套册页为代表【图41】。[31] 实际上，旅行，尤其是被称为"游"的一种无明确目的的旅行，对于明代精英文人有着巨大的吸引力，深深地抓住了他们的想象力。颇值得去统计一番，看看究竟有多少明代人把做梦也当作一次漫游。譬如徐渭所写的一段文字，他曾梦见自己行至一座深山，来到一所道观前。[32] 李日华也在日记中记下了自己的一个梦。他梦见自己登山游览，发现了巨石上镌刻着的一行大字，是五百年前一位著名书法家所题写。[33] 唐代诗人杜甫的诗文集的编纂者有一次梦见了这位自己呕心沥血多年的诗文集的作者。梦中，他与杜甫联袂而行。在这里，他们二人并非是在梦中的场景里相坐对谈，而是在移动之中，携手同"游"。[34] 实际上，可以说在明代文人精英看来，梦其实是一次旅行，本质上而言属于"游"的一种。最为人所熟知的梦要数古代哲学家庄子的梦。在庄子的著作中，我们会看到"游"被认为是最高的价值之一。在那个著名的故事里，庄子有一次醒来，恍惚之间，不知道刚才究竟是自己梦见自己变成一只蝴蝶（蝴蝶是一种忽起忽落，运动起来没有特定规律可循的生物），还是自己本来就是一只蝴蝶，只不过刚刚进入梦乡，发现自己变成了庄子。在陆治（1496～1576）所绘的一幅画中【图42】，这位正沉浸在梦境中的思想诡谲的相对主义哲学家看起来一动不动，不过，但凡受过教育的观者都会与画中人默契神会，仿佛自己也能够逍遥漫游。

在明人的写作中，满是描写这种随意运动之乐，或是郊游远足之乐的华彩辞章，这其中常常还要与物品为侣：[35]

> 一小舟，朱栏碧幄，明桹短帆。舟中杂置图史鼎彝，酒浆莼脯。……遇佳山水处，或高僧野人之庐，竹树蒙茸，草花映带，幅巾杖履，相对夷然。

弃舟登岸、策杖而行是乐趣的一部分。有一位作者将自己的游记命名为《游欢》。[36] 与"游"近乎同义的词是"流"，意为漂游、流动。图中所示是一件极为特殊的根雕家具，曾经为许多重要的文化评判人所

图 42　陆治《幽居乐事图册》之一　"梦蝶"　绢本水墨　29.4 厘米 ×51.4 厘米

图 43　根雕坐具"流云槎",制作时间可能在 16 世纪初,257 厘米 ×320 厘米 ×86.5 厘米。最初的主人为康海（1475~1540）,及至为晚明著名书法家赵宧光（1559~1625）所有时,于其上刻下"流云槎"三字铭文

拥有过或鉴赏过【图43】。上面有一行铭文：流云槎。这个名字既是指其盘根错节的形状，也是指当人或坐或倚在上面的时候所呈现出的超脱万物的冥想状态。[37]

也许，漫无目的的运动之所以对明代的文人精英具有如此大的诱惑，得以被他们一次又一次地图绘出来，乃是因为它对许多人来说都是可望而不可即的。明代的开国皇帝曾制定严厉的法规，任何没有获得"路引"（即旅行许可证）而擅自离开所居之地百里（约58公里）之外的普通百姓都将被处以杖八十的重刑。尽管明代的文人精英并不被这些严厉的条文所约束，他们仍然为了愉悦而遵纪守法地移动。[38] 官员的宦游在用于送别仪式的绘画和诗文（物化为书法）中得到大量的体现，这是一种目的明确的旅行，"游"只是其表面形式。分别与重聚是双宿双栖的现象，是一个永不完结的义务互惠之圈。在一本杰出而充满原创性的文化分析著作中，人类学家石瑞（Charles Stafford）详细研究了分与合的各种隐喻究竟是以怎样的方式在中国的过去和现在构造出大多数的行为实践。他认为，对公开的送别活动的苦心经营，"与其中的依依不舍的情感亲密性或社会亲密性成反比"。[39] 明代上层阶级的大宅院的正门是整个宅院的焦点，是送别家人的地方，就象征着这一点。无论是存世稀如星凤的明代大宅门【图44】，还是之后的朝代有较多遗存的精致宏伟的大宅门，都

图44 存世凤毛麟角的明代大户人家宅门，1612年建于山西丁村

图 45 文震亨《玄翁诗意图册》 纸本设色 1644 年 25 厘米 × 44 厘米

证明了这一点。[40] 送别仪式的重要性,以及其视觉与物质的纪念,全都鲜活地体现在 1626 年的一套册页之中。这套册页由著名的苏州城的文人精英赠送给一位深受时人爱戴的知府寇慎(1616 年进士),赞颂其于苏州抗洪救灾中的英明领导,以及其在苏州为官期间的仁爱公正。最重要的是,寇慎把苏州城从当时权倾天下的太监魏忠贤的魔爪中解救出来。寇慎在苏州知府任上为官五年,而后于 1626 年离任,丁忧奔母丧。在精心准备的送别寇知府的仪式中,寇慎被赠以一件描绘苏州十景的册页。册页的作者都是苏州本地的职业画师(较低等的身份),不过册页的题名却出自文震孟之手,他是当时文氏家族的领袖,也是苏州文化英雄文徵明的重孙,同时他本人又身为官僚系统的核心人物"大学士"。[41] 1644 年,文震孟的弟弟文震亨创作了一套小册页,描绘了一幕临别的景象,相比送别寇知府的那套复杂的册页,文震亨画中平易的景象更容易理解【图 45】。不过,与寇知府的册页一样,文震亨的册页也绝不能被当成"离别与重聚的文化圈"中的一员对自己真实情感独一无二的个人表达,这个文化圈支撑着男性精英文人对自身身份的感受。类似的这种离别绘画是明代绘画中的一个重要类型,有时甚至会赠送给来明朝访问的外国人。[42] 大多数的明代行旅绝非如送别图像及其所附题跋文字所显示的那样,是一种充满留恋和诗意的自我发现之旅。要么是官员的公差,要么是商人的生意，人们手中拿着刻印出版的旅行线路指南，上面往往会枯燥地标示出旅行所经的不同阶段和里程数。[43] 政府机构有人数众多的信使，这种驿传服务所费不赀，他们负责传送官方文书，同时也为官僚机构的人员传送创造便利。1629年，政府大规模削减驿传信使，使得成千上万的人失业，并迫使其中不少人成为反对政府的叛匪。除了驿传系统外，明朝的旅行还极为依赖于运河与桥梁等基础设施。前者由国家负责，后者往往由地方乡绅或大家族出资兴建，以此作为彰显其社会影响力的方式。明初有一部朝鲜的汉语教科书，名为《老乞大》，其中就有几段旅行者的对话，语气十分焦虑，对于断塌的桥梁以及出没的劫匪深感不安，此外还涉及作为交通工具的动物缺少食物这类长年存在的问题。[44] 对于地位显赫的人而言，旅行中不可或缺的是一种极为独特的有关舟船的物质文化。譬如身居高位的官僚书画家董其昌漂浮在水上的书斋"书画船"。董其昌将这叶小舟作为一个独具特色的移动的书画创作和书画鉴赏的场所。[45] 在旅行所用的移动物品中，要重点提到的是移动的家具，比如可折叠的圈椅以及社会等级的主要标志物轿子【图46】。后者常常成为贫苦阶级"憎恶"的中心。时人曾如此评述到，倘若乘轿经过某个福建乡村时没有下轿，一定会有村民向轿子扔石头。[46] 在明末，

图46 黄花梨折叠圈椅 16世纪或17世纪初 高104厘米

上层阶级所遇到的一个与之类似的恼人问题是日趋庞大的仆从，当两顶笨重的大轿在街上迎面相遇还未擦肩而过时，两队的仆从必定会发生口角。[47] 对于"游"的狂想之所以在明代精英文化中如此突出，无疑是因为太难以获得了。

不过，"游"或"流"只有在合适的人身上才会成为好的行为，或是好的狂想。正德皇帝试图享受游之乐趣的欲望遭到大臣的激烈反对。[48] 对于统治阶级而言，更糟糕的事情是，一些低等级的人未经监管而私自移动。在明代，对那些时常卷入犯罪行为或违法暴力的不受欢迎的人有许多种称呼，从"无赖"到"游侠"，多种多样。几乎所有的称呼都暗示出某种漂泊无根的边缘色彩。好些词都有"游"或"侠"的字眼，而这两个字原本都是精英男性文人主体性中的宝贵成分。"流"甚至还是明朝律法中的一种刑罚，意为把某人从家乡发配或流放至遥远的地方。[49] 与朝廷作对的一些尚不成气候的武装匪徒在明代文献中常被称作"流寇"，譬如16世纪早期在河南由王唐所领导的武装起义。[50] 意义尤其模糊的是"游侠"，他们既是一种理想典范同时又是一种威胁，他们的剑与拳随时准备打抱不平。本书在之后的第六章将会讨论明代文化中的暴力想象，那时游侠们会再度登场。[51] 相比起"游侠"，朝中的一些官员在1498年对于新年时游逛于北京街头的女性的抱怨之声稍嫌平淡了些。这些官员抱怨说，游逛的女性会导致混乱的男女杂处，而作为天子所在的首善之区，北京理应成为整个国家的指针和道德标准。女性在新年时走上街头，到各个城门摩挲门钉，是一种仪式，是春节的重要民间习俗之一，意在驱走"百病"。但是在官僚系统看来，这种仪式使事情变得更糟而不是更好。[52] 对于精英阶层敏感的神经而言，最使其不悦的是"游"与"乐"之间的清晰联系，尤其是女性的游与乐。当《金瓶梅》的主角西门庆计划着扩建位于家族祖茔旁的一处乡间地产的时候，他准备兴建"三间卷棚、三间厅房、叠山子花园、井亭、射箭厅、打毬场"等一片"耍子去处"，他的爱妾潘金莲回嘴道："明日你娘每上坟，到那里好游玩耍子。"[53] 到明末，在文人写作中司空见惯的景象，是精英男性的漫游之乐被嘈杂的游客所彻底破坏，迎合这些游客的，是那些兜售旅游纪念品的小商小贩和画纪游扇面的职业画家【图47】。在这里，我们可以看到明代所产生并且活跃至今的阶级分野，一边是孤独而满腹经纶的"旅人"，另一边是大批伸长脖子呆滞观望的人，他们是所谓的"游人"。[54] 宗教节日尤其会成为令人极度不安的那些高度视觉化的运

图 47 佚名《货郎扇贩图》 册页 15世纪晚期 绢本设色 27.9厘米×27.9厘米。尽管属于描绘儿童于园林中嬉戏购物的"货郎图"模式,但这幅小巧的图画却很好地抓住了遍布于明代旅游景点的流动货摊的特点

动形式所猖獗的场合,譬如华丽的节日彩车在狂欢队伍的包围中游街穿巷。[55]李日华 1610 年的日记中对类似的一次游行有详尽的描写。游行队列的中心是数十座装饰华丽的"抬阁",年轻男女在抬阁上表演各种故事场景。在李日华笔下,这个奢靡无度、"无赖辈结党横肆"的场面,使得"一国若狂""骚然不宁"。他哀叹道,这个城镇远离郡邑,政府对此无能为力。他不满地说,今年这个春节,年轻无赖制造出长达数周的混乱,他们还挖苦和羞辱那些试图控制他们的地方官吏。[56]节日的抬阁、彩车由纸和竹子做成,在节日游行中不停运动,也因此而生命短暂,明代的史料中几乎没有图绘出它们的样子,但却在文人精英观者所撰写的文字中得到生动的描摹,这些文字混杂着惊恐和赞叹,使我们明白这并不是在面对着一种单一而同质的"物质文化",而是面对着多种多样而又互有关联的文化群,它们既是物质文化也是视觉文化。随着明朝的演进,精英阶层益趋从这类节日中退出,这看起来与彼得·伯克(Peter Burke)分析过的同期欧洲精英阶层从"大众文化"中的抽身而退相互平行,但实际上明代的情况并不像欧洲那么平静,那么规律。[57]在日记紧随其后的几页,李日华讲述了一位同侪文友如何对自己使了个小圈套(假装有一幅画要卖),从而得以站在李日华的宅门屋檐底下观看元宵灯节的壮观场面,当时的街道上就挤满了"游逛"的狂欢男女。[58]

  移动是宗教仪式的中心。1500 年,一尊道教神祇"玄武"的塑像从华北运至一个名叫芦苞的南部城镇。这是芦苞居民举办的一项新的宗教仪式所必不可少的部分。[59]大体而言,神祇所作的就是旅行,持续不断地与其信众分开而又重聚。当神像抵达后,惯常的活动是"游境",巡视他们所负责的区域的边界,佑护这个区域是他们对上天的责任。[60] 16 世纪中期的一位文人撰写了一篇文字,名为《长兴县城隍神灵验记》,为我们观察明代的节日狂欢提供了相当详尽的材料。其中提到了城隍神像是由一条画船来运载的,要被大家抬着沿街巡游,也就意味着神乘着画船沿街巡幸。[61]福州是一个沿海城市,这里的离别常常发生在水边,因此,在某次节日庆典的仪式中,无数纸做的精巧的舟船被放入大海。通过这种方式,被称作"五帝"的神祇将为即将出海直到翌年回还的人驱除灾难,保佑平安。[62]在存世的明代图画中,这类移动中的神祇世界被人们用图形从想象的世界转化为形象。通常展现的是神祇在宗教法师的召唤下"降临"的瞬间,只有正确的祈祷仪式才能够使他

图 48 《水陆道场神鬼图像》中的"泰山大王",1465～1487 年,木版雕印

们来到面前。图中所示是一幅 15 世纪的木刻版画【图 48】,不甚精致,描绘的是水陆斋仪的场面,水陆斋仪的作用之一是安抚各种无辜惨死者的冤魂。图中,泰山大王在随从簇拥下降临凡界,听取信众的祷告。[63] "水陆法会"被誉为"中国佛教仪式中之最为壮观者",其实质就是一种降临和离开、召唤和送走的仪式,所有一切都与运动有关。尚未得到启蒙的魂灵被召唤到一起,出现在一群早已获得启蒙的神祇面前,被涤去所有的污秽,然后送走,以获得永生。在这里,视觉与舞蹈这两种媒介是仪式的中心,远超过指导性的文字描述,无疑也远超过佛教经典中的任何文字。[64] 尽管要甄别出现存的图像中究竟哪些是专门为水陆法会所制作的还有些困难,但我们已经知道有几幅卷轴画以及一些版画是用于这个仪式(可参见图 145 的例子)。

人们常常说，明代中国有三种主流"宗教"（religions），即儒、释、道。一旦不能纳入"三教"之中，常常会被一股脑归为"中国民间信仰"（Chinese popular religion）。但是"三教＋民间信仰"这种模式在最近的学术研究中遭到越来越多的挑战，目前的学术界普遍认为，更为有效的方式是将明代的宗教与信仰看作一个统一的、复杂的生态，或者是一道由各种不同实践方式所组成的风景，其中既会有职业的宗教徒，也会有时不时参与一二的信众；既会有文本，也会有图像。这些不同的宗教实践方式所关心但并不是唯一关心的，是如何妥善对待死去的先人、如何获得保佑和庇护从而免于被邪恶力量所伤害，以及如何对以各种方式显灵（常常是什么都没有）的更高级的力量进行顶礼膜拜。社会中身份各异的人，包括皇室在内，都在大量资助各类宗教组织和个人，但他们不一定会觉得不同的宗教都是不同的。政府当然试图通过对削发出家的各种规定，去掌控佛教僧众，但是其掌控力很可能是有限的。政府当然也在支持佛教和道教藏经的出版流通，他们还和地方有钱有势的乡绅一道，出资营建各种宗教建筑。各种不同的宗教活动以及这些活动所必需的视觉与物质文化用品就在这些建筑之中如火如荼地展开。在学者们看来，大明帝国的宗教景观还应该包括人数众多的穆斯林、一小群犹太教徒以及从晚明开始进入中国的基督教徒，自然还应包括非汉族的少数民族所从事的宗教活动，譬如蒙古人。有关这个问题的概述可参见太史文（Stephen F. Teiser）的一篇论文：Stephen F. Teiser," Introduction: The Spirits of Chinese Religion", in *Donald S. Lopez, ed., Religions of China in Practice* (Princeton, NJ. 1996), pp.3-40.

【图49】是一幅高头大卷，描绘极为华丽，这是一幅"诰命"，绘制于1493年，颁发给弘治皇帝的张皇后（1470～1541），以宣布其被授予"真人"之衔。在图中，这位皇后真人出现在众多道教神仙组成的仙仗之中，脚踏祥云，似乎在天界飘浮。[65] 图中并非静止的圣像，而是

图49 佚名《张皇后授箓图卷》局部 纸本设色描金

图50 "九龙壁"。1392年建于山西大同的这面琉璃照壁是为了屏蔽鬼魅,不让邪气进入明朝开国帝王的第十三子代王朱桂的王宫

移动不息的神祇。神仙们出现在这里,仿佛列队欢迎虔诚的张皇后加入神仙的行列。和善神一样,凶恶的力量也是不停移动着的。为了阻挡不祥的邪恶力量窜入室内和宫院之中,不论是在民居还是在宗教建筑中都出现了一种装饰华丽的"影壁",譬如北方重镇大同现存的一铺14世纪的九龙壁,就是当时藩王宫殿中辟邪所用【图50】。如果神灵能够"来

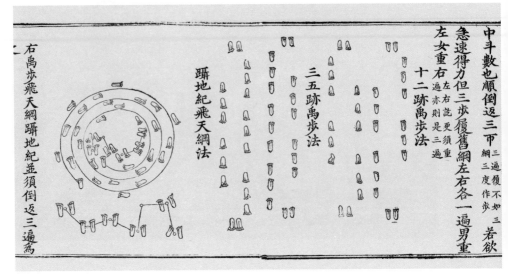

图51 北宋年间（1116年）编订的《太上助国救民总真秘要》中的"禹步法"，编入1444年刊刻的《道藏》，木版雕印，版心尺寸12.7厘米×35.4厘米

到"信众面前，那么那些极端虔诚并深受宗教训练的信徒也可以"去往"神灵所在的世界。15世纪中期宫廷道藏中的一幅版画图示出了所谓的"禹步"【图51】。在现代人眼里，大禹是神话中的第一位帝王，也是文明的创始人，"禹步"即以他为名，是一种秘密仪式。修炼者脚踩着星宿运动，使自己的身体穿越整个浩瀚宇宙，正如收入禹步图的《太上助国救民总真秘要》这部道教经书所言，修炼者由此得以掌握达到"太上"境界的"总真"，并因此而"助国救民"[66]。

　　至少在绘画图像中，明代的皇后享有自由移动的特权，超越了性别限制以及其他的身体限制。然而有关女性的运动，尤其是对女性运动的控制，实际上是明代文化的中心问题，正如上文我们在对于游乐女性的焦虑不安中所看到的那样。在石瑞看来，女性是中国文化中"分离与重聚"这一理论模型的核心，女性在婚姻中的运动对于亲缘关系的产生至为关键。当人类学家从对过时的"父系亲缘模式"的强调中走出来，认识到"血缘"是一个过程而不是一个范式的时候，他们开始将亲缘关系视为一种"非"自动获得的东西，是一种需要被生产出来的东西，而正是女性（不论是过去还是现在）才能生产出如此多的东西。[67]在婚礼中，女性端坐在轿子这种独特的男性文化产物之中，身穿特殊的服装，周遭环绕着各种物品。显然，正是在婚姻中，女性从父亲的家庭移动到丈夫的家庭这一运动轨迹得到最为公开同时也是最为视觉化的展现。发生在婚姻中的运动是受人尊敬的女性仅有的"好"的运动（神仙的运动则有另外的标准，明代人想象世界中的女仙之所以会呈现出情色化，或许就与此有关）。甚至在悲剧性历史人物王昭君的故事中也是如此。这个故事发生在很久以前，但依然流行于明代的舞台。王昭君由于种种原因被嫁给游牧部落匈奴的单于，那里不仅远离国土，也远离文明。在一幅以昭君出塞为主题的绘画中【图52】，内心充满恐慌的王昭君拉开车帘一角，偷眼向外，而她那穿戴皮毛衣帽的未来夫君正领着她深入荒芜的不毛之地。[68] 她或许是一个令人怜悯的形象，甚至可以说是悲剧的女主角，但她是一个善良的女性，因此才可以走向异域。

　　白馥兰认为，"要想理解中国如何看待性别关系，我们不仅要关注制约女性身体运动的那些物质性的边界，同时也要关注女性所创造出来的穿越这些物质用品、社会物品以及道德物品之边界的道路。"[69] "昭君出塞"的图像提出了一个让我们的讨论更进一步的问题，也即事物的边界是如何被观念化和图像化的。"昭君出塞"使我们回到相对两极化的"内""外"位置的问题之上。早期的西方学界敏锐地将明代的建立视为对异族蒙古统治的"本土化"反应，但或许更有助益的是将明代的建立视为本尼迪克特·安德森（Benedict Anderson）所说的"古典共同体"（当然，这个词也并不完全合适）。所谓"古典共同体"，"将混杂与等级而非纯化与平等视为政治秩序的中心"。[70] 这种政治体的特殊之处在于，将自己视为宇宙的中心，对于转化和吸收其他的政治体充满渴望；并且拥有充满渗透性的边界，在边界两边，主权都在衰减；同时还施行一种将不同种族相互通婚赋予崇高地位的性别政策。我们当然可以在地图上把帝国的边界用一根线条加以表示【图53】，无疑，以"九边"的概念来划分北部边界在观念上也富有深意。（相比之下，"长城"是很晚才在人们的想象中出现的概念。）[71] 不过，还有一些对于边缘与中心的竞争意象的强烈暗示（尤其是在物质文化的记录之中），与安德森的模式更加一致。在明初的深宫大内，除了汉人女子之外，还有朝鲜女人、蒙古女人和安南女人，当时曾有流言称，永乐皇帝的生身母亲就是朝鲜人或蒙古人。[72] 与千方百计试图彻底抹去蒙古人作为异族征服者的痕迹大相径庭的是，在明朝建立之后的第一个世纪中，蒙古人源源不断地迁入中国，汉人对这些蒙古移民十分友善，还将他们招入军队之中。[73] 蒙

图52 仇英《人物故事图册》之一 "明妃出塞" 16世纪上半叶 绢本设色 41.1厘米×33.8厘米

86 | 大明：明代中国的视觉文化与物质文化

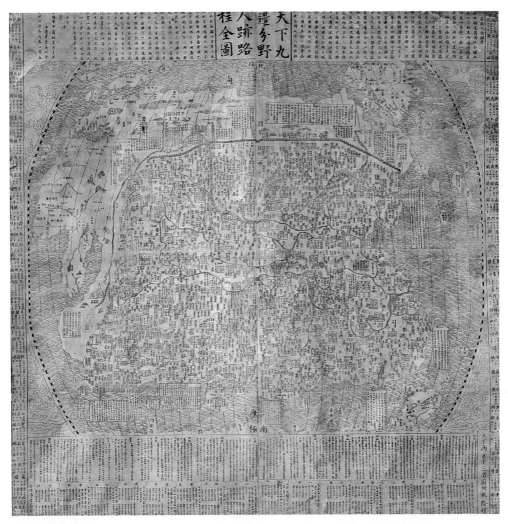

图 53 《天下九边分野人迹路程全图》，1644 年，立轴，木版雕印于纸上，124.6 厘米 ×124.6 厘米。这幅坊间刻印的地图印制于明朝亡国的那一年。图中用城墙状的图标展示出明帝国的北方边境

古人后裔鲁经（约 1501～1565）是军衔很高的将领，他同时也是西北边陲重镇兰州一处主要道观的慷慨赞助人。[74] 另外，在明代宫廷中，朝鲜的食物与服饰十分流行。[75]

实际上，与人们所习惯的刻板形象不同，明帝国可以说具有一种令人吃惊的 "渗透性"（permeability），而且这种 "渗透性" 至少在最初的时候是受到欢迎的。1369 年，一群西域僧人 "自中印度来朝"，就承认了世界对这个新王朝所拥有的转变能力的认识。[76]（同样的观察见于另

图 54　一匹有藏文的花缎局部，15 世纪

图 55　上图局部

一个例子：1371年，新王朝举行了第一次进士科考试，在189位参加会试的举人中，竟有3名朝鲜考生和1名安南考生。[77]）明初的帝王极力想保持蒙元王朝奠立的对西藏佛教上层僧侣的赞助关系。其明证便是1407年在南京由五世噶玛巴所主持的"普度大斋"，前文已经提到过，在仪式过程中，出现了神迹般的毫光、花雨以及罗汉、菩萨、霓虹与白鹤的幻影。这是一次盛大的事件，自然少不了铭记此事的物品，明代宫廷画家制作了一幅50米长的巨幅长卷，分别用汉文、阿拉伯文、回鹘文、藏文以及蒙古文加以题记，由噶玛巴携回西藏。[78]在明代的文献中，会看到对来自卡姆（西藏西部）地区的统治者派遣而来的"朝贡使团"的规模过大有所不满，15世纪80年代，这里的朝贡团人数已超过1500人。不过，这些文献的作者并没有觉察到，把如此众多的人群带到文明的中心是一件多么令人吃惊的事情。派遣这些使团的统治者是佛教萨迦派的僧官，他们向明朝贡马，明朝则回赐以黄金、丝绸、纸币、佛像、礼仪法器与宗教服饰，通过这种朝贡体制，他们被纳入明朝的藩属国之中【图54、55】。他们被赐以印信与文书，被封为"王"，这是一个与明朝的皇族朱氏家族并列的世袭异姓王称号。[79]由于地域遥远，这种互动关系无法像明朝中央政府所希望的那样被有效监管，极有可能的是，明朝政府把"来"与"往"，尤其是"停留"这样的行为也当作明朝与西藏以及当时世界上其他地域维持相互关系的一部分，而体现在来、往、停留中的相互关系，却并不受到明朝宫廷文献的关注。1485年，明代文献中还出现过这样的不满之声，当时在京城里活动着很多由明朝政府慷慨资助的异域僧侣，但其中有很多实乃"中国人"（在这里，文献中使用了"中国人"这个词，其用法几乎与现在一样）。为此，皇帝下令将这些僧人的资助减少了一半，并对任何假冒异域僧侣者处以严刑。这个事件一方面意味着至少对有些中国人而言，能够自由通行具有很强的吸引力；另一方面也暗示出在北京的寺庙之中，"混血社群"越来越多，种族性不再如明代政府所期望的那样清晰易辨。[80]并非所有远道而来的客人都与佛教有关。1408年，文莱王逝世于南京；1419年，波斯帖木儿王朝国王米尔扎·沙哈鲁（1404～1447年在位）遣使访华，使团中有一位画家盖耶速丁·纳哈昔（Ghiyasu'd-Din Naqqah）；日本画僧雪舟等扬（1420～1506）因为在北京礼部衙门的院墙上留下墨宝而著名，从海难中幸存下来的朝鲜人崔溥则留下了详细的旅行日记；泰国使臣窝门拉（Womenla）作为外交信函的泰语译员来到中国，葡萄牙神父克路士（Gaspar da Cruz）则于1556年在广东邂逅了一位不知姓名的"富有且容易相处的威尼斯商人"；此外，来自澳门的雇佣军炮手高卡乌斯·特谢拉（Goncalves Texeira）和安东尼奥·德尔·卡波（Antonio del Capo）从1630年起就战斗在中国北方边境。在明朝人看来，所有这一切都是中心施于边缘的巨大引力的典型例子。[81]这种引力，或者说明王朝的强大力量，表现在身体与物品的运动之中，当时人称为"朝贡"。敏锐的外国观察者则觉得这种"朝贡"是对无边的明朝主权过分自负的信心。正如16世纪初期波斯名著《中国纪行》的作者所写的那样，他曾去过中国，因此深有体会，他说："在中国人的想象里，从东至西整个广袤无垠的土地都在大汗的掌控之下，世界上再无像他们这样的大帝国。"[82]不过，明朝的引力足够真实。朝鲜人崔溥具有很深的汉文造诣，书写汉文不在话下，并且还深深浸淫于这种语言所表现出来的古典文化的道德权威之中。对他而言，他的故乡是"大明"的一部分。他明确地告诉与他进行笔谈的人，自己并非来自"外国"[83]。《老乞大》中有一个情节，尽管出于臆想，但基于真实的情形：一位北京的朝鲜客商试图寻找在北京定居的朝鲜亲友和同乡。[84]

在1400至1450年之间，明朝宫廷与东西亚国家的宫廷之间发生了一次紧张的外交对峙，伴随这种对外交涉，出现了中泰混血、中国爪哇混血、中日马来混血以及中国高棉混血的商人和译员。[85]为了确认对其领地的世袭特权，获得明朝颁赐的文书和印信以确认其地位，"大明帝国"南部边陲的酋长们【图56】同样需要把从边缘到中心的朝贡行为演练一番。[86]这种行为在同时对双方都进行了界定。在1565年的陈全之笔下，这些边陲之地乃是一片"诸夷杂处之地。"[87]至少在政治理论上，明帝国的边界并非是由坚不可摧的防御工事所界定的，而是由学校来界定的，由国家支持的儒学学校以其特殊的建筑将明帝国包裹起来。体现在儒家思想中的边界，并不是为了御敌于千里之外，而是为了将帝国的道德和文化统治力延伸至远方，从理论上来说，要一直延伸至土地的尽头，正所谓"圣人之教无分远近"。[88]让人吃惊的是，对于儒家学校的建筑，文献中有大量极为详尽的记载，人们对这些建筑报以极大的热情。因此，当我们看到那些抵制明朝权力的人往往会采取的方式就是攻击儒家学校的建筑，便不会再感到惊讶。这些建筑熊熊燃烧的屋顶好似一条火红的花穗装饰在帝国的南部边陲，好像是被遗弃的军营一般。譬如，15世纪60年代在平定广东土著瑶民的战事中，采取的策略

图 56 佚名《头目宝圭由德胜像》 15世纪晚期~17世纪初 《少数民族像册》之一 纸本水墨 44厘米×30.8厘米

是"既平且教",学校的建筑是执行这个策略的核心部分。[89]

朝贡体制和儒家学校网络在"行政地理"中具有重要的意义,但"行政地理"远非唯一的一种地理。马丁·刘易斯(Martin Lewis)和卡伦·威根(Kären Wigen)让我们注意到"使文化体模糊不清的边界","当世界上两个主要的文化体相遇在一处,其边界线往往就是这种使双方都变得模糊不清的边界,它并不是一条清晰的边界线,而是一个拥有自己的动态混血文化的宽阔地带。"[90]西北边镇兰州就是这样一块宗教与文化的混血地带,对兰州的一项研究揭示出这里的人口包括汉人、穆斯林回民、土耳其人、藏族人以及蒙古人,大家生活在同一个空间里,分享着共通的物质文化,譬如祈祷时所用的转经筒,我们已经很难认为它在这里只是为藏传佛教所用的法器。[91]崔溥从中国境内回国的旅途中,越到边境,他便越能感受到中朝边境地区存在着的多语言、多文化状况。与之类似,葡萄牙冒险家伯来拉(Galeote Pereira)则对16世纪中期桂林的多样文化惊讶不已,他在这座城市看到了"众多的鞑靼人、莫卧儿人、缅甸人和老挝人"。[92]

如果说人们可以移入明帝国,那么人们便也可以移出明帝国。尽管明朝的法律禁止向外移民,但不少人仍走出大明去创造与走入大明的人同样的混血文化空间。在大明统治时期,华人移民社群开始形成,在亚洲历史上发生着重要作用,其影响一直延续到今天。众多城市,如泰国的北大年(Patani)、爪哇的万丹(Banten)、柬埔寨的金边(Phnom Penh)和菲律宾的马尼拉(Manila),到16世纪后期都已有数量可观的华人。不断变动的中国旅人和中外混血的社群很可能是数个世纪之后的我们还可看到的那些可称之为"混血物质文化"(即住宅和织物等)的推动力量,可惜大部分年代久远的物品都被东南亚的热带气候所摧毁。海洋考古提供了一些极为令人着迷的例证,向我们揭示出在16世纪,航行于这片区域的商船的建造风格混合了中国与东南亚的造船技术,使我们不再能够为这片流动的文化碰撞地带打上任何清晰固定的种族标签。[93]到17世纪,还有数量可观的中国人穿越太平洋远赴墨西哥和秘鲁。甚至从1618年起,在墨西哥普埃布拉(Puebla)出现了一些来自中国的工匠,为当时统治这里的西班牙殖民者制作亚洲风格的家具。[94]

和人口流动一样,数量巨大的货物也在这一片宽广的边界地带来回移动,使得"明朝在哪里?"这样的问题很难回答清楚,远不像是历史地图中那些国界清晰的图像所告诉我们的那样。不论在明朝之"内"还是之"外",物质文化的运动方式都不止一种。它可以以礼物的形式移动,用来确认对于营造政治与社会秩序来说至关重要的以"给予"与"得到"为中心的互惠原则。[95] 礼物在不同社会等级中流转往复(不可避免地也包括在不同空间中的运动)是个广为人知的常识。在一篇小说的假想环境中,一位腐败的高官受赠以奢侈的礼物,这些礼物被称为"可憎的无意义的礼物……一旦机会合适还会被再转赠他人",人们认识到,赠送出去的礼物可在接下来再次流通,通过赞助的渠道重新流通出去。[96] 在人们的想象之中,货物在帝国内部移动就好比是在一个身体中运动,首都是腹部,运输被视为国家最重要的功能。[97] 每一个人都知道物品正在往里源源不断地移动,"军需、丝绸、陶瓷、土产、白银、金属、草药、贡物,各类商品从邻国、外省和海外倾入首都。"[98] 明代北京的一位朝鲜商人曾希望能得到"倭绢",这种日本丝绸在当时是大量流通的货物之一。[99] 这便给了我们一个看待异域奇珍以及各种舶来品和新鲜玩意儿的理论框架,无论它们是高品质的高丽纸、高丽折扇、西洋眼镜,还是向日葵、马铃薯和火鸡这样新奇的动植物,所有的一切都在晚明的园林中蔚为时尚。[100] 有明一代,构成现代中国人日常饮食与日常生活之中心的一些新的植物首次进入中国。这其中包括烟草。死于1622年的姚旅是当时最早的一批吸烟者,他将烟草形容为一种"从管中入喉,令人醉,亦避瘴气"的东西。[101] 对中国人的生活同样重要的还有一些新的事物,如花生、辣椒和玉米,它们全都是美洲大陆的特产。对于异域事物的兴趣与在想象中探寻外部世界的欲望携手同行。崔溥发现,当他在15世纪80年代晚期于北京停留期间,许多造访他的文人精英对于朝鲜了解颇多,他们很渴望见到自己,后来还点名道姓地询问起一些曾经出使中国的朝鲜使者的近况。[102] 若干代人之后,对外部世界的兴趣在李日华撰写于1609年至1616年的日记里得到了详尽的记录。根据李日华的记载,在1609年的一次雅集中:

> 坐有宦闽广者,因谈海事,海中诸岛国无数。大略喜市易。广则香山澳,闽则海澄县,日本则大唐街,皆诸夷贸易通处也。近有吕宋国人引致红毛番入东海市易,其人红发黑脸,脚板长二尺余,本罗刹种也。国于西北陲,胡虏戎夷,无不畏之。

李日华绘声绘色地描写了这些"红毛番"(荷兰人)如何被巨大的

岩石切断了与外部世界的联系，但他们建造了海船，航行到非常远的地方。李日华对这些海船相当吃惊，这种船容量很大，可以承载一千人，有着巨大的船帆。他还详述了他们究竟是如何横渡大洋，以图占领日本。他们横行海中已有十来年，最近情形尤其紧张。李日华继续写道：

> 岳之律云：利玛窦乃香山澳主所遣以侦探中朝者，为近日有扫除香山澳之议故也。澳中有寺，玛窦曾为寺中僧。[103]

同一年的晚些时候，李日华又参加了一次与四位友人的聚会，其中一位名叫蔡五岳的友人是香山（今广东中山）的知县，他说，"澳中多半是佛郎机国人，近与红毛番争互市之利"。[104] 1613 年，一位友人拜访了李日华，闲聊中向李日华描述了菲律宾的情况，讲述了西班牙人在教堂中举行的宗教仪式、佩剑方式以及所用的银币。[105]

虽然交谈是（非常准确地）获知活动在中国海域的西班牙和荷兰敌寇之动向的方式之一，而通过物质文化，通过观赏和把玩各种物品，李日华也形成了其对遥远的世界另一端的个人看法。无论他观赏和把玩的物品是一尊西藏金铜佛像、一个日本漆香薰、一个日本香盒，还是许多件日本漆器、一把极锋利的日本刀，或是刻以水草图案、"极精雅"的日本铜箸，他都在其中展开这种对异域的探究。把物质文化视为一种文化的思想，使得李日华能够去欣赏一枚"色灰白、硬如石"的巨蛋的自然之美。1610 年，一位商人曾试图把这枚巨大的"海卵"作为奇珍卖给李日华。将物质视为文化的想法也使李日华得以接触到可能是从欧洲的威尼斯舶来中国的玻璃器。这对"帝青宝耳环柱"是两只深蓝色（帝青宝色）的带足的耳杯：

> 此海南番舶所携，乃夷国炼化物也。世间琉璃玻璃之属，皆西洋诸夷销石为之，非天然八宝也。[106]

如李日华般受过良好教育的精英阶层都意识到物品也在从中国向外移动（许多大字不识的人无疑也有这种意识，正是他们将物品带出了中国）。[107] 在明朝立国之初，海外贸易从理论上而言属于非法勾当，禁止擅离国境，违者处以严刑，倘若向外走私武器，一经发现，罪以死刑。[108] 尽管如此，走私和非法贸易依然盛行，大约从 1500 年开始，

图 57　木胎螺钿漆盒　15 世纪或 16 世纪　42.3 厘米 × 7.7 厘米

中国迈入学界称之为方兴未艾的"世界经济"的步伐骤然加快。[109] 所谓的"倭寇"之乱（之所以说是"所谓的"，是因为大多数作乱的海盗实际上是中国人）在 16 世纪的大多数时间中席卷各个沿海省份，与试图（非法）移动物品、跨洋出境有密切的联系。从 1524 年开始，持续至 16 世纪 60 年代的贸易禁令堪称明代中国的"禁毒令"，国家同样花费无算，结果同样不成功。1561 年的《筹海图编》是对倭寇之乱的最为详细的叙述之一，书中列出了日本倭人极力想得到的物品：丝绸、丝锭、棉布、丝棉混纺品、刺绣、红线、水银、针、铁锤、铁锅、瓷器、古铜币、绘画、书籍、书法、草药、毛毯、搽脸的白粉、竹器、漆器，以及酸醋【图 57】。[110] 从 16 世纪初期开始，欧洲商人——起先是葡萄牙人，后来逐渐有荷兰人和英国人——频繁出入中国各大港口，带走华丽的纺织品，作为其远航最为重要的物品【图 58】。与此同时，大量白银——起先是银锭，后来是考古学家屡有发现的欧洲银币——源源不断地进入中国[111]，用于购买丝绸和瓷器。当时，丝绸与瓷器堪称第一个全球品牌【图 59】，考古发现了大量特殊的青花瓷碎片和整器，如今

图 58　花绢　15 世纪或 16 世纪

已经可以完全肯定为明朝瓷器（在 14 世纪，明朝的青花瓷流传极为广泛）。证据还出现在全球各处。出现在布拉格医院的考古遗址和奥托曼苏丹的珍宝室中，出现在伊斯兰教的东非清真寺和秘鲁大教堂的圣器室里，还出现在加利福尼亚、南美、南非，甚至澳大利亚的海南沉船中。[112]还需要记住的是，在明代，至少在整个 15 世纪，传统的陆路贸易路线

图 59　一对釉下青花和釉上五彩制成的斗彩碗,万历年间。碗身有宝石粘贴而成的花纹,在奥托曼帝国境内加工而成

图 60　中国产的描金花笺纸,约 1470 年。笺纸上的文字是波斯书法家苏丹·阿里·夸以尼(Sultan-Ali Qaini)所写,抄录的是诗人海达尔(Mir-Haydar)的诗篇,《伊朗大布里士》(*Tabriz*),1478 年

仍然很活跃,商旅将中国的奢华物品携入伊斯兰世界。在纺织品和瓷器之外,最重要的一类物品是高质量的纸张:中亚帖木儿王朝和伊朗一些精巧可人的手抄本就是书写在装饰华丽、绘以泥金山水或花鸟的笺纸之上【图 60】。[113] 对李日华及其同仁而言,物品的运动,无论是礼物、货物还是贡物,都在创造出一种空间秩序的同时也创造出一种道德秩

图61 沈周《夜坐图》轴 1492年
纸本淡设色 84.8厘米×21.8厘米

序。在这个意义上来说,明代的世界是一个物品的世界,是一个由不停移动的物品所创造的世界。

然而,凡事都会有限制。倘若说运动造就了一个世界,或者说运动的物品创造了一个内外井然的文明秩序,那么相反地,"静止不动"以及对运动的拒绝就会潜在地变得十分重要。用于葬礼的纪念性祖容像采取的均是刻板僵化的正面姿势,使曾与自己一同生活在尘世中的父母得以升华为逝去的遥远祖先。此外,"静坐"给予了个体的精英男性文人以一定的空间,使其可以聚合其主体性的全部力量,以强化他在世界上的中心地位。《夜坐图》【图61】是沈周作于1492年的一幅自我写照,在世界史上,这一年还回荡着另一个重要事件,即哥伦布发现美洲大陆。在沈周的画中,画家引领着画中的自我进入一个幡然开悟的状态之中,同时也意识到一动不动的静乃是具有更高道德境界的位置。沈周采取了"一种自我净化的手段以及一种与万物声气相通的方式",修行者本人"束手危坐",不论是画中的沈周形象还是画画的沈周本人都变成一动不动的了。[114]显然,画中沈周的题款罕见地在画中占据着支配地位,写得很长很密,文人观者可以在题款中想象出沈周拿起毛笔题写这段文字时身体的运动。文字,以及书写,不仅仅是人们在明代国土上来回运动时所能看到的东西,它们同时也是一种核心的身体经验,这种身体经验对运动推崇备至,视其为视觉文化和物质文化真正的生产者。

第三章　街头的词语：文字的文化

在明代人看来，词语，或者至少是通过书写而物质化的词语，首先是由运动而创造出来的。约成书于公元100年的东汉字书《说文解字》记载了文字起源的传说，在这个传说中，正是对鸟兽爬行痕迹的观察启发了远古圣贤仓颉创造出最早的表意符号"八卦"，然后由八卦导出了书写，最后，文明得以诞生。[1] 在明代中国，文字处于文化的物质层面和视觉层面相互作用之中。在探讨文字在明代文化中所扮演的角色时，本章将会关注于明朝的"公众性文字"（public text）。这个词来自于爱尔妮·比尔曼（Irene Bierman）。她在对中世纪开罗法蒂玛王朝（909～1171）的纪念碑铭文的研究中提出了这个概念。尽管出自极为不同的语境，这个概念却包含着一些颇具启发性的洞见，使我们得以思考在法蒂玛王朝五百年后的明代中国，究竟是谁在观看文字，他们所看到的是什么文字，是以何种形式呈现的文字，又是在何处看到这些文字。比尔曼提出了一个重要的观点："当书写下来的东西无法被人识读——或者即便能够被识读——的时候，其颜色、物质性和形式便成为交流的主要方面。"在她的理论中，文字的意义并不只是在语言学层面上，而是同时也依赖于"发生意义的场合与地点"，尤为关键的是，它被视为"随文字的观者、文字的书写者、文字的用法和实践之间的关系"的变化而变化。因此，同样的文字在不同的时间对于不同的观者而言意味着不同的东西。她这个理论讲的更像是一个"文字的社区"，文字的观者中既有识字者也有文盲，而正是后者才可以充分欣赏展示在大庭广众之中的文字的"意义"而用不着去一字一句地识读。[2] 如此一来，我们便不需要投入太多精力去搞清楚明代究竟有多少人能够阅读这个令人困扰的大问题上。根据艾尔曼的计算,"粗通文墨"需要认识两千个汉字,而"通晓经典"则需要再掌握一万个汉字。倘若我们将那些识不到两千个汉字但却绝非大字不识的人排除在外不加考虑的话,则可能会大错特错。[3] 即便有人不识一字,他也会相信文字具有一种近乎神圣的价值,他会小心地收集和处置那些虽然废弃但表面写有文字的东西。

操不同方言的人彼此沟通常常要通过文字,说汉语的人与习用汉字的其他语种大家庭(朝鲜语、越南语、日本语)的成员进行日常交流的时候也需要以文字为媒介,在这种情况下,对文字的强调有增无减。15世纪80年代因海难而来到中国的朝鲜人崔溥一而再、再而三地通过用手指或筷子写下汉字而与人笔谈。[4] 为了把握住公众性文字的各个复杂层面,我们需要对明代的书写都发生在哪些场合、采用哪些形式有所了解。通过将注意力导向明代的书写中那些很少被关注的物质形式及其视觉影响,或许可以就此开始我们的探究之旅;作为一个可能比地球上之前任何地方的任何朝代都更加充盈文字的历史语境,明代何以同时在许多层面上与所谓的"现代性"之关键要素的东西发生关联的?[5]

可以肯定的是,在大明的范围之中,书写的出现频率之高远胜于以往,其中的绝大多数来自政府。[6] 在城市主要建筑物门前以及寺庙和官府的庭院里,刻满文字的石碑巍然耸立。每一座桥梁、每一条大街的入口都会写上桥梁与街道的名称。[7] 16世纪90年代,河南爆发了大饥荒,国家设立了赈灾的食物供给站。这些供给站"建立了新的营房,插满旗帜与标识以使饥民一眼就能辨认出来"。[8] 城市居民则会发现,当他们行走在街道上的时候,根本无法避开张贴在各处的告示、公示以及榜文。明代人生活中这些不可或缺的东西,本身也是生命短暂之物。只有一件明代人所习见的"榜"留存至今,它因为被偶然糊在一座佛塔的内壁中而得以幸存。【图62】这面榜尺寸很大,横长276厘米,纵高94.5厘米,单字高度约为6.75厘米,无论是在刚刻印出来之时还是在现在,看起来都一目了然。[9] 虽然存世的实物不多,但文献记载告诉我们,明代曾大量流行各种榜文,其中最著名的一种称为"教民榜文",以明朝开国皇帝的名义签发流布。在明朝建国之初,信心满满、充满热忱的年轻的官僚体制希望利用公开张贴和展示的文字来进行社会控制。甚至在偏远的乡下,人们也在"耻辱榜"上对那些作奸犯科的村民的名字公开示众,以警诫他人。年轻的方孝孺(1357~1402)是新王朝冉冉升起的政坛明星,他在主政某一个地区的时候就曾利用墙上的告示来褒扬善

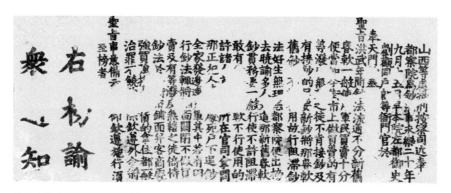

图 62　1422 年颁布的有关钞法的榜文

图 63　托名仇英《观榜图卷》局部　16 世纪　34.4 厘米 ×638 厘米

举、严惩恶行，以此作为控制人们思想和行为的工具。[10] 显然，这种手段主要考虑的是文字的视觉力量，至于文字的辨识和阅读层面则退居其次。无论写的是什么内容，榜文一经张贴就彰显出一种国家权力。譬如在一幅 16 世纪的绘画【图 63】中，描绘了一个张贴科举考试中榜者名单的场面，即使有些人不识字，无法阅读榜文上的名字，他们也能明白榜与观榜意味着什么。画面前景那些与焦虑的举子的坐骑站在一起的马夫便是如此。[11] 明朝刚一建立，大街小巷的墙壁上就出现了各种书写的文字，提示出大明的存在。前文所述唯一存世的明朝榜文（参见图62）颁布于1422年，是一道关于纸钞的法令。1467年，关于学校的新法规"榜谕天下"。[12]《老乞大》中虚构的朝鲜旅人从一位中国人那里听说，"官司排门粉壁，不得安下面生歹人"，因此无法留宿朝鲜客人。[13] 榜文的地位如此重要，以至于无论是造反者还是官府都晓得如何来利用它们。1489年，北京改进了安全措施，要求"每家每户将审查证明张贴于门外"，提醒居民"警惕那些操外地口音或穿外地服装者"。为了掌控墙壁上的空间，甚至还出现了一场战斗。1511年，某位警觉、守法、移动得体的明朝读者可能会站在政府贴出的榜文前，要求造反的匪徒前来投降。而造反者的首领刘三也会模仿明朝官府，暗自贴出另一些榜文，禁止教师和学生私自逃离被他攻占的城镇。显然，倘若你想与认字的人进行交流，你可以贴出写满文字的告示。不过，另一个例子提出了一种极有趣的可能性，在明朝的通缉告示中，不仅有文字，还配以图像。大致在同时，臭名昭著的造反者赵疯子被抓获，因为一位少年觉得这个人和张贴在省城的通缉令上的人相像。[14] 类似的例子大量存在于许多不同的情境之中。1538年，全国各地的儒学学堂中贴出了通告，对科举考试试卷中的语言质量深表不满。与之同时，北京街头满是文字，再次严申禁止白莲教这一异端宗教以及潜在的叛乱力量，为此还逮捕了一名白莲教的领袖。[15] 大量的证据显示，这类文字并不限于全国主要城市。16世纪初期，费尽千辛万苦、通过无数关卡来到广东的旅人发现，欢迎他们的是一道用大字书写的官府榜文，严禁向广东输入四类禁书，包括科考程文、戏文以及佛教和道教的经书。[16] 在16世纪的中部大省湖广，有人曾记载了在乡村张贴的一种榜文，上面只写了一个大字"去"，说明这里并不欢迎陌生的旅人过夜。[17] 还有山东。在16世纪70年代，山东专门建造了一些经过特殊设计的亭子，里面张挂上告示，上面写着善行与恶行，我们可以称之为"点名批评"。这种告示在16世纪70年代里从未中断过。[18]"乡约"是明朝进行社会管控的主要形式之一，通过对人进行公开羞辱，其功能得到了进一步强化。不服从"乡约"的人，家门口会被钉上一张告示，上面写着对其进行道德教化的日程。[19] 在这里，文字是进行惩罚的刑具，即使是那些不识字的文盲也能充分理解这种惩罚的威力。如果说张贴文字是国家进行控制的工具，那么它同样也是抵抗国家控制的工具。1626年，皇城的北门

图 64　佚名《皇都积胜图卷》局部　约 1600 年　绢本设色

赫然被贴上一幅榜文，历数皇帝最为宠幸的宦官魏忠贤（1568～1627）的罪行，同时还一一点出被认为是阉党成员的官僚的名字。[20] 实际上，城门【图 64】是各类张贴物的首选地点。曾镇守开封城的明朝各代将领的名字都被以大字刻在开封各个城门的城墙上。[21] 家家户户的门口可能会在年节时装饰着喜庆的对联；在婚礼时贴着由丐头所出具的收条，告知乞丐们此户已给喜钱；在孩子出生时张贴喜报，在老人逝世时张贴讣告；还会装点着官府颁发的关于家庭地位的牌匾，其中包括褒奖守寡的贞节烈妇模范生活的官方纪念牌。[22] 朝鲜旅行者崔溥注意到，在一位热情款待自己的人家的宅院前，有一个金碧辉煌的石牌坊，"其上大书'丙午（1486 年）科张辅之家'之标"。[23]

　　作为政治矛盾和社会斗争的场所，或者只是一个有诸多有趣的东西以供阅读的地方，明代的街道充斥了嘈杂的文字之声。有些文字很长，譬如极端廉洁、谨严的官僚海瑞（1514～1587）的乡约。不过，让今天的人们记忆犹新的一些事情可供我们揣想一下中国的公共空间所能合理承载的纯文字体量。"文化大革命"时期的"大字报"是那些我们至今能读到却无法亲眼见到的明代中国公共文字的现代化身。由于无法见到明代众多的公共文字，我们便难以去探讨一些重要的问题，比如所用的字体以及印刷文字与手写文字的关系。但是我们应该坚信，当书写的文字向大众传递意义的时候，"书写的指示维度"（也即文字"说"了什么）在很多方面都要让位于通过其物质与视觉层面来传递身份、确认等级与地位。[24]

如果说在明代的文献中，有大量的记载涉及公众性文字的社会与政治层面，那么相对而言，在涉及商业层面的时候，文献记载则要少得多。一位晚明女性的头巾在她的画像中被精细地描绘出来【图65】。头巾刻意系成如此的式样，以便让我们能看到制造这条头巾的作坊的名字。头巾上写着"张云泉记"，这个名字还出现在1603年入葬的一位男子的墓中出土的丝绸上。[25] 在一幅16世纪晚期描绘南京街景的绘画中，大街上正在举行民间社团的游行活动【图66】。不过，从视觉上来看，这幕场景却飘满了细长的店铺招幌。有珠宝店、皮货店、酒店、当铺，甚至还有"东西两洋货物俱全"的大店面。[26] 荷兰一处图书馆保存着一张明代传单，这是目前所知唯一一张遗存至今的明代宣传品。它们曾在明代的街头撒落得到处都是，可惜生命短暂。仅存的这张传单是一处书坊的宣传页，在宣传自己的同时还警告大家不要去购买与之竞争的另一处书坊的质量拙劣的盗版货。[27] 这种商业语境在当时一定是人们所关心的大问题，可惜到如今几乎已经全部失去，即便在当时的文献中也鲜有提及。对当时的文人而言，更吸引他们的是另一些传单，比如1625年在桐城城门口散发的传单，抗议官府拘捕一位文人，他被公认为是阉党阴谋的受害者。现在的我们已经无法知道这些传单究竟是否是印刷品，如果是的话，印制这种传单的速度究竟有多快？[28]

这种传单是一种粗劣的、草草而成的产物，它是一种底层的呐喊，而当时更主要的方式是通过书写文字来使国家权力呈现于民众面前，二者相去甚远。与上文所讲的无处不在的榜文一样，明代的物质文化中到处可见皇家的文字，第一章讨论过的作为纪年标准的皇家年号就是其中之一。无论是王朝伊始就开始流通的纸钞【图67】、重大买卖中都要用到的银锭【图68】，还是哪怕是最穷的百姓也会在这个高度货币化的社会中遇到的铜钱（参见图22），上面都会有王朝的名称和皇帝的年号。因此，国家的权力在每一笔商业交易中都会现身，无论交易是大还是小。体现皇家权力的文字通常用的是与沈度（1357～1434）和沈灿（1379～1453）的楷书有关的字体，后来的文献称，他们二人在永乐年

图 65　佚名《李氏夫人遗像》,立轴,1608 年,绢本设色,166 厘米 ×102 厘米。画中人可能为工部高官刘东星之妻李累封。李氏殁于 1608 年,旋即归葬山西故里。在明代,山西是一个相对贫瘠的偏远省份

第三章　街头的词语:文字的文化

图 66 佚名《南都繁会图卷》局部 约 1600 年 绢本设色

图 67　洪武年间发行的大明通行宝钞一贯文

图 68　银元宝，1588 年

间因为其清晰易辨而又充满力量的书法而应召供奉于内廷。根据近代金石学家刘心源（1848～1915）的看法，瓷器上皇家年号的书写原型就是他们二人的书法（参见图 4），皇家定制的珐琅器和漆器上以同样书风书写的皇家年号也与他们有关。[29] 王正华对这个问题有过更为全面的研究。她注意到，宣德皇帝本人的书法风格极力模仿的是沈度的书风。在当时，这种字体无论在奢侈的官窑瓷器还是大众手中流通的铜钱等种种物品之上都能看到，是一种标准的书风。无论是对识字或不识字的观者而言，这种书风都强有力地暗示出它们是"皇家"的标志。[30] 实际上，在物品上打上皇家印记的冲动在明代可能要超过以往任何朝代。这不仅是因为明代相对而言离我们更近，有更多证据存世，所以给我们造成明代比之前的朝代在更多的物品上写下更多文字这种印象。也许这并不仅仅是一种印象，实际情况也确实如此。在北京的监狱里，由探监的亲友递送给犯人的食篮上要写上犯人的姓名和住址，这些文字的作用自然是为了让各自的食篮能够被识别出来。（这暗示出有些人只能够认识少数一些必不可少的字。）一位来自中亚的访问者记载了这个现象，说明他对此感到颇为惊讶。[31] 建造南京城城墙的墙砖上，仔仔细细地印上每块砖的制造者和供应人的信息，以便进行质量监管。[32] 甚至在火炮和刀剑上也常要铸以题记铭文。此外，明代的官兵还会在所用的武器上刻上自己的名字。实际情况的确如此，我们之所以知道，是因为在 1453 年有一次未遂的暴动，数枚羽箭射进了紫禁城内，每枚羽箭上都有其所有者的名字（当然，弓箭的主人并不是这些暴乱的罪民）。[33]

在明代，写有文字的物品常常拥有一种真正的力量。这面 16 世纪初的铜牌是一种通行证，佩戴者可凭此出入皇宫大内的禁地【图 69】。笼统言之，明代庞大的官僚系统是一个文字的帝国，通过巨大的文书堆成的纸山而运转，这个文字的帝国比古代以及当时世界上任何地区都更广泛地触及社会各个部分中的生命。明代的每一个农民都清楚，被要求出示文书证明是一件很可怕的事情，无疑，他们也习惯于拿着一纸文书在手中挥舞，因为文书给予了他们力量。崔溥注意到，在一些敏感的边界地区，妇女出门打水也要随时把通行证带在身边。[34] 这类文书都是由政府机构签发的，早在明朝第一位皇帝的统治时期，就有对市井无赖以假冒的公文冒充官吏欺压农民（很可能是不识字的农民）这一恶行的控诉。[35] 政府有一个巨大的文档归类运行系统，理论上来说，这个运作系统会将国家每一个家庭的状况与所拥有的土地记录在册，与之相应，每个家庭除了诸如地契、房契以及每个人的相关文书之外，还会拥有一份政府颁发的文书，上面记录了家庭的详细情况【图 70】。在真正

图 69 在皇城中值宿的锦衣卫校尉所带的铜牌,12.9 厘米 ×10.5 厘米。此牌出土于南京明故宫遗址,是出入皇城禁区的通行证

的房产交易中,地契必不可少。同样,当从土地神那里"购买"一块墓地时,"地契"或称"买地券"也是不可或缺的。在流行于朝鲜的汉语教科书《老乞大》中,列出了一份卖马的契约,显示出这类买卖契约在日常生活中曾大量流通。[36] 土地税的征收以白纸黑字的证明文书为准,而文书证明的颁发又以种族身份等基本的因素为参照。科大卫(David Faure)向我们展示出在 16 世纪的珠江三角洲,新的种族身份围绕着不同的纳税目的而一再反复,不停变动,也就是说,围绕着不同的文书而反复变动。[37] 他还指出,如果我们将体现在文书中的权力看成是一种从外部强加的结果,那么理解起来就会比较简单。他进而认为,国家的登记系统,"远非将皇家权威强施于地方社群之上这么简单,而是体现出国家对一种已经存在的地方社会组织的认同"。[38] 文书与米歇尔·福柯所说的权力有关。它们使很多事情得以发生,又使很多事情无从发生;它们首肯了很多东西,又禁止了很多东西。对于上层阶级而言,由政府颁赐的头衔确保了其社会地位,这些头衔得到无比的珍视,工整地书写在官方的委任状和诰命之中,世代珍藏于家族里,子孙永保。它们并不像我们想象的那样随着其拥有者的辞世而陪葬于墓中,而是精心保留下来,以应未来所需,即使当初颁发它们的明王朝都已经崩溃。[39]

图 70　1371 年签发的户籍证明，纸本水墨，33.9 厘米 ×35.8 厘米。这份文书是徽州府祁门县（今安徽省）一名叫作江寿的男子的户口，标明了他的赋税和劳力义务

有时，人们会被要求把诰命交还给政府。1626 年东林党人的同情者就是如此。[40] 在其他的任何一种语境中，文书也都是必不可少的，而其幸存于世的比率却与其在明朝的盛行成反比。在一本书的封皮上，新发现了两份极为罕见的 16 世纪中期的文书，我们从而得见，不论是商贩还是旅人，都需要持有政府签发的准许证。第一份文书是雕版印刷的，时间是 1556 年，留出了填写姓名的空白，从而使之成为世界上第一份官方指定的空白表格。第二份文书制于翌年（1557 年），全部是手书，并加以钤印，以保证其权威性。[41] 新近发现了一些明代案件的文件残片，涉及税务与财政的违法行为，这些残片也使我们得以一窥如今已几乎荡然无存的这类反映个人情况的文书的盛行程度。[42]

"书法"是明代艺术体系的中心，具有高度的文化声望。随着人们越来越习惯于在绘画的表面留下各种题跋，书法得到越来越深的理解，深受重视，也得到了深入研究。不过，如果把"书写"限定在"书法"的框架之中，而不是把"书法"视为"书写"和文字呈现的诸多方式之一，其有效性就颇为值得怀疑。出自皇帝之手的书写尤为具有声望，是有关统治权的礼物系统中的关键组成部分。比如，1406年，永乐皇帝下令将其父皇所写的一首《瑞谷诗》刻在石头上，把拓片制成挂轴，作为皇家礼物分赠诸王、六部尚书、仆射、大学士、翰林承旨、翰林待诏以及太学的大臣。[43]在整个明朝，以皇帝的一篇手迹（也可能是由词臣代笔）作为赏赐是哪怕那些从未读过其中文字或无法认识其中文字的人都能透彻理解的行为。皇帝的手迹往往是高悬在重要建筑物门口的一块牌匾。明代现存最早的例子之一是1479年赐给河南一所私立书院的匾额。[44]1521年，广东进行了一次佛教寺院的清理整顿行动，那些拥有"御赐牌匾"的寺院免遭清洗，它们受到了皇帝手书的保护。[45]1533年，嘉靖皇帝（1522～1566年在位）赐给臣僚自己所写的一首诗。[46]1581年，万历皇帝年纪尚幼，他特别不喜欢学习，可能也只认识一些实用的文字，不过他仍然懂得（也可能是其僚属所为），倘若他在主持国家祭祀仪式的时候有片刻时间停下来"亲手"题写两句诗，将会给人强烈印象。[47]至晚到17世纪20年代，皇帝仍然真心想成为书法家，或者至少可以说他们一如既往地充分理解拥有御笔手书到底意味着什么。尽管天启皇帝（1621～1627年在位）书艺不佳，从未曾掌握草书的精髓，他却仍然为自己最为宠幸的宦官王安题写扇面，拥有天启皇帝的御笔是其地位最清楚无误的标志。王安本人也拥有一个庞大的赞助网络，像毛细血管一样四处蔓延，在这个网络中，王安本人也为其在官僚圈中的熟识者题写扇面。至少对于获得王安扇面的一些人来说，他们觉得值得拥有这些标志着大人物保护力量的书法。[48]扇子上究竟写的是什么已不再重要，重要的是究竟是谁写下了这些文字。

倘若书写行为以及书写所呈现出的面貌是权威与国家权力的标志，那么同样，它们也是范围广阔的视觉与物质文化的重要组成部分，其中包括那些被直接用来抗拒权威与国家权力的书写。明代有许多壮烈的殉国者。其政治生涯与个人生命惨痛地断送在王安这样的宫廷宠宦手中。高级官僚魏大中是其中一位。他被继王安之后为司礼监秉笔太监、更为遭人憎恶的魏忠贤投入大牢，受尽折磨而死。在大牢中，受尽凌辱的犯人写下了生命中最后的文字，这份遗言【图71】是一张自我辩白，他向家庭中活着和死去的人道歉，自己因为仕宦生涯的坎坷而不曾好好规

图71 魏大中《遗书》手卷 1625年 纸本水墨 尺寸不详

划死者的墓地,又不曾好好照顾活着的人的生活。和太监王安一样,魏大中也不是一位从艺术角度而言具有书法家名望的人。不过,他们两人也都相信,亲手所写的一小片墨迹拥有一种强大的能动性,即便他们二人死去,留下的手迹同样能够使他们的无形的手永远延伸下去。实际上,意识到"书写"能发挥如此之多的作用,是因为其在明代乃至数个世纪之前就已经处于文化权力的核心。在明代,文字还具有神秘的、符箓性的保护功能,扮演着咒语和魔法的角色。这一整套功能与作为政治声明、朋党效忠书,或是作为文化资本之储藏库与文明价值之化身的书写交相渗透,无法分割。

类似【图72】这样的碑帖拓本将书写的好几种层面集中在一起。这件拓本来自一块石刻,出自被公认为代表书法经典之最高峰的一位书法家已经遗失的一幅手迹,而书法这种形式本身即是视觉艺术与物质艺术系统的最高峰。这个人是王羲之。其最初的手迹写于公元356年,拓本大约制成于宋,也就是说,明代之前四百余年。这是一件为历代藏家所宝爱的古物。在日记中,李日华提到一位友人许松寉"令杭贾持法帖来看",其中就包括同一幅《黄庭经》的五代拓本。看到这幅五代拓本,让李日华开始讨论他所见过的这幅王羲之《黄庭经》的不同拓本,以及另一位友人购入一件《黄庭经》拓本时支付的"重购"。[49]用现代学者的话来说,《黄庭经》的经文"简练而充满意象",[50]它本是王羲之所信仰的宗教传统中为辅助观想修炼而使用的一种神秘的冥想记忆,我们现在将这种宗教称为道教。书写是道教传统的核心,它实际上是对在更高层面上活动的神祇所说的话的转写和记录。[51]并非只有远古时代充满好奇心的先民才这么做,16世纪文化景观中的许多大人物也都曾书写过宗教神咒或者抄写过嘉靖皇帝宫廷中出现的神灵密语,在明代诸帝中,嘉靖对道教的虔诚独一无二。[52]在明代,与道教有关的书写形

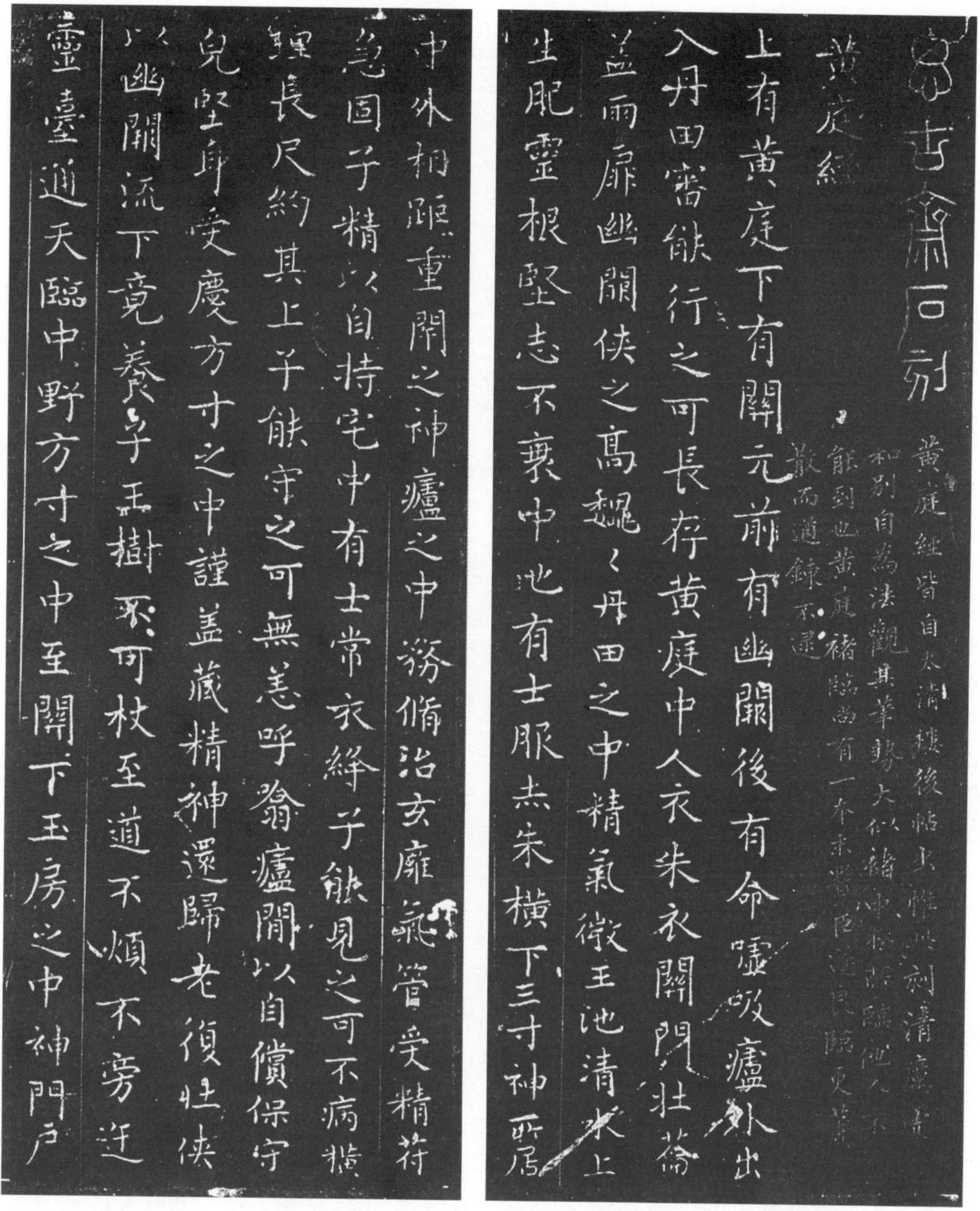

图72 王羲之《黄庭经》明拓本。王羲之的书法原作写于356年，此件拓本拓于明朝之前的一件石刻，25.8厘米×10.3厘米

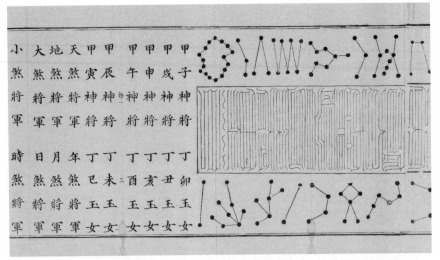

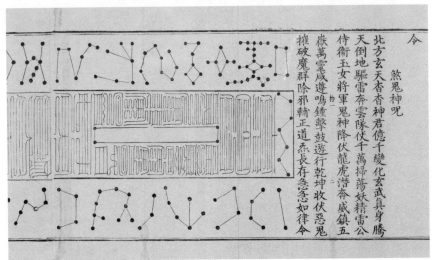

图73 《太上玄天真武无上将军箓》中的"煞鬼神咒"一段，
1444~1445年，木版雕印，35厘米×113厘米

式不仅有用毛笔书写的，也有雕版刻印的，二者均大量存在。能够召唤出神灵的宗教法师是职业宗教信徒，除了他之外，没有人能够真的去"读"类似于【图73】所示"煞鬼神咒"或是道教仪式中的神符这样的神秘文字，当然也许神灵自己也能"读"吧。[53] 不过，道教文字的"不可读性"并不妨碍它们成为一种"公众性文字"，因为大家都知道究竟什么是最重要的。小说《金瓶梅》中，令人捉摸不透而且冗长的道教神咒被大声朗读出来，然后烧掉，作为小说主人公的新生幼子之保佑仪式的一部分，这些咒语肯定超出了新生儿那位识字不多的父亲西门

图 74　明佚名《观音大士像》局部，纸本水墨。观音的衣裙乃是由抄录自《法华经·普门品》中的经文组成

庆的知识范畴。不过，某种程度上而言这恰是神咒的关键所在，肉眼凡胎的读解能力无足轻重。神咒文字被描摹出来，便已足够。[54] 同样的情况也出现在明代的一幅观音画像当中【图 74】。菩萨的身体由一个个小字组成，合起来便是一篇经文，这些文字并不是为了"读"，而是为了"做"，为了"施法"（perform）。大量的文字和图像是盛大的"水陆法会"表演活动的中心，在佛教礼仪中，堪称最为壮观者。具有辟邪护身功能的文字（陀罗尼）被大量印制，不为观看而只为施法。[55] 1599年，低级官僚王坚安葬了自己挚爱的妻子冯氏，据王坚所述，冯氏乃

图75 带有吉祥文字的红绸衣局部,用金线绣出"万寿福喜"等字样,文字底下还有暗花寿桃纹。出土于万历皇帝的定陵

是在王坚外出公干时被自己的小妾折磨致死,年仅34岁。在妻子的墓中,王坚陪葬了很多物品,其中有一件衣袍,王坚亲手在上面写下了一篇701字的题记,讲述了令人痛心的故事的来龙去脉。题记中还有一些习见的套话,用来表达来世仍然能够再续前缘的心愿。[56] 明代纺织品中出现了大量绣有汉字的织物,譬如万历皇帝(1573～1620年在位)极为壮观的陵墓中发现的一个例子【图75】,上面绣有"万寿福喜"等字样,它们同样是在庇护的层面上来使用文字。在这里,织物穿在身上,文字将身体包裹起来,恰与之前观音画像的例子一样(参见图74),文字的线条被用来构成一个身体。佚名的观音画像或许与将文字视为书法艺术的文人鉴赏观相去甚远,但我认为,太想在"艺术"与"魔术"两个层面对各种各样的文字用法进行区分,并不是正确的做法。如韩庄(John Hay)在一篇常为人所引用的论文中曾经提出过的那

样,在书法中,身体很早以前就被视为微观的小宇宙,从中反映出宏观的广袤宇宙的价值,在明代的文本世界中,文字与身体的联系非常明显。[57] 文徵明曾记下了自己购买姜立纲(活动于约1470年)论书法短篇的体会,他写道:"观其点画形体,端庄严肃,士大夫品其有正人君子立朝之象。"[58] 如果再进一步,便是所谓的"书如其人"。有时,身体也能成为字的一部分。在明代宫廷的一些礼仪乐舞中,表演者的身体排成一排(和晚得多的毛泽东时代的大型集体舞一样),组成一些吉祥文字,如"天下太平"。这些都在明代藩王朱载堉(1536~1611)所编的乐舞著作中图示出来。[59] 不过,文字与身体的联系也能够以一种喜欢吹毛求疵的、文徵明所不认同的方式呈现出来。文徵明也许会理解殉难的东林党人周顺昌(1584~1626)之子的行为,他把自己的舌头咬破,蘸着舌尖鲜血写下一篇纪念文字,要求昭雪冤情,让那些残害父亲的人血债血偿。[60](这是一种已经仪式化的抗议形式,让人想起明初的方孝孺等先例,第六章将有详述。)文徵明也许会分享李日华的镇静,后者曾被请求在一卷用高僧鲜血书写的佛教经卷及罗汉图后题写跋文。[61] 不过,文徵明大概不会赞同某位叫作葛子清的人的做法。根据袁宗道(1560~1600)的描述,葛子清是一个"市侩"(买卖的居间人,这种人其实就需要上文提到过的雕版印刷的官方证明文书),他把著名的唐代诗人白居易(772~846)的诗文通体文在身上:"自颈以下,遍刺白乐天诗,每诗之下刺一图,凡三十余处,人呼为'白舍人行诗图'。"[62] 一个通体文身的市井无赖,身上刺满经典诗文,想想看,这对于明代视觉文化的精妙与文雅给人的过于刻板的形象而言不啻是一种有益的矫正。这并不是仅有的一个将文字施于身体之上的例子。当囚犯进入京城的监狱系统时,每人都要在脸上打上一块烙印,作为其服刑程序的一部分。根据一位观察者的记载,那些即将被处决的死囚,脸上会打上朱红色的印章作为死刑标志。[63]

葛子清皮肤上的文字是汉字,但千万不要以为明代的公众性文字千篇一律全都是汉字。除了视觉形式清晰可辨的汉字以及只有"神灵"才能译解的符咒文字之外,在明代还存在着其他语言(或毋宁说是其他图形)的文字。重要的一点是,这些文字同样无法被绝大多数——不管有没有深厚学养——的人所阅读。有一种特别引人入胜的方式,借助于此,"其他"文字能够在明帝国的公众性文字中至少占据一角,这就是争论很多,如今已经得到很多研究的"女书",流行于中国中部的某个乡村社群之中。"女书"是女性之间进行神秘交流的文字,在现存所有的实例中,最早的为19世纪,不过有的学者相信这种文字传统的起源较早,至少可以追溯至明朝。[64] 无论从哪一种意义上而言,我们可以肯定,那些通晓文墨的中国女性不仅可以是读者,也可以是作者,这种现象随着明朝的推移而益趋壮大。她们可以在众目睽睽之下进行书写。1419年,波斯帖木儿王朝的一位使者记载,永乐皇帝有两位女性书手,她们"面如满月",侍立在皇帝旁边,一字一句记下皇帝对大臣说的每一句话。[65] 清代时曾将几种文本放在一起,称为"女四书",其中就包括明初徐皇后撰写的《内训》。[66] 在汇集科举考试金榜题名者生平事迹的插图本书籍《状元图考》中,有一幅图画【图76】,画中,一位未来杰出成功者的母亲指给他幼小的儿子看一面大屏风上的汉字,用这种办法来教他认字。女性作者和女性书写者,不论是一位著名艺伎留在墙上的题记、出版的女性诗集,还是守寡的女性在地契上落下的名款,都随着明王朝的发展而越来越广泛地呈现出来。[67] 至16世纪末,再没有人能忽视有文化的知识女性的存在。

至于那些明代公众性文字中真正的"外国"文字,由于国家的原因,明代政府不得不至晚在1407年就开始专门招募一批人数众多的译员,设立"四夷馆",用于翻译外交信函及其他。到1579年,"四夷馆"已经能够处理十种不同文字的文件:鞑靼(蒙古文)、女真、西番(藏文)、西天(梵文)、回回(波斯文)、百夷(傣文)、高昌(维吾尔文)、缅甸(缅甸文)、八百(掸文)、暹罗(泰文)。正如柯娇燕(Pamela Kyle Crossley)所说,有能力(即便只是理论上的能力)使用这些文字与当时已经是次级政权的蒙古人进行交流,对于明代的权力的象征意义而言非常重要,重要到与实际需要翻译的蒙文外交文书的数量完全不成比例,或者也可以说,重要到与明朝译员的翻译能力不成比例。[68] 明朝译员的活动被永远铭刻在诸如1382年成书的《华夷译语》等文本中,呈现在并非专门人群也会稍加浏览的语境之中【图77】。有证据显示,在15世纪初,一份蒙文的《蒙古秘史》(如今已经佚失)被放在内阁供人阅览,这里是明朝政府的中枢机构,王子朱荃(1378~1448)曾记载说见过此书。[69] 可以肯定,已经消亡的元朝政权曾经使用的各种文字在明朝使用得更加广泛,有纪念碑铭文也有各种其他的公众性文字,大大超过现在的状况,让我们记住蒙古霸权真正存在过。一封珍贵的1453年的外交信函幸存于世,所送交的是今天的伊朗南部的一位小王

图 76 《状元图考》中的"教子图" 1643 年　版心尺寸 24.2 厘米 × 15 厘米
(译注：原书图版引用有误，与正文描述相对应者应为《状元图考》中的"状元彭教"。且指字教子者不一定为女性。图后文字为："……未能言时，父兄戏指斋堂题额语之，明日试问之，即能历指以复。")

第三章　街头的词语：文字的文化　│　**119**

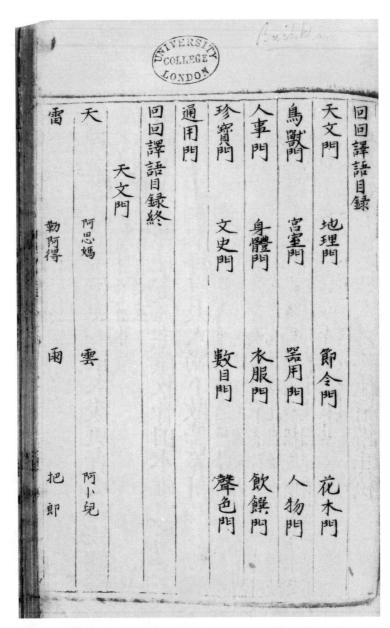

图77 《华夷译语》，1549年。这本书中囊括了朝鲜语、傣语、高昌语、马来语、占城语、回回语、安南语、泰语、日语以及琉球语。全书以回回译语开篇，图片中的这一页展示了回回语中的"天"以及其他天文现象的名词。这部书为手抄本，抄写于雕版印刷的一本《世说新语》反面，高26.5厘米

侯,用汉文和蒙文双语写成。这只是曾经从明政府大臣们手中签发出去并经许多无法阅读其中文字的低级官吏和信使之手的成千上万封外交信函中的一件。[70] 用曾经征服中国北方的前代统治王朝的其他语言所写的文字也在明代保留下来,比如西夏文和女真文,主要保存在明帝国边境的混居地带。女真文、藏文与蒙古文相互对照的题记依然出现在 15 世纪位于西北偏远地带的永宁寺。1408 年的一块皇家石碑上,用汉文与藏文题写了碑文。而汉文和蒙文的涂鸦文字并存于边陲重镇呼和浩特(现在的内蒙古自治区首府)一所寺院的墙壁上。[71] 纪念碑的题记文字尚不止以上这几种北方语言。生活在西南边境的有数百万之众的民族操着我们如今称为"彝"的语言,其最古老的题记出现在成化年间,其后还有 1531 年、1546 年以及 1596 年的题记,均出现在云南省境内。[72] 明代有些人,尤其是生活在首都北京的人,对于外国话很感兴趣。拥有功名的精英文人也参与其中,但或许并不是冲在最前面,不过,如果用整体眼光来看明代的话,很重要的一点是,我们不能再将文人的观点当作标准。1467 年,明朝政府对"四夷馆"的译员做出了硬性规定,禁止他们私自教习学生学习外国语言。政府法令称,之所以有人想学习外国语言,是因为想在政府谋取一官半职。一种新的生活等待人们去谋取,尤其是对于城市中的普通人来说,很可能算得上是一种体面的生活,这就是游走在由朝贡而相互交织的世界的边缘,或者是从事合法或非法的对外贸易。譬如,当 1500 年左右,中亚商人阿里·阿克巴尔(他可能是一位讲波斯语或某种土耳其语的人)接受明朝官员审讯时,一定会有译员在场。当时,他的一位随从与一位西藏人在大街上斗殴,他们全都被投入了北京的大牢。[73] 万历朝一篇名为《日本考》的文字,是一次纯粹的民间私人产物,可能意在为商旅阅读,书中在词汇部分摹写出了日文的书写形式。[74] 不过,除了语言的实用性之外,同样不能排除时尚界和思想界的好奇心所产生的影响。[75] 哲学研究从未在明代丧失活力,与此同时,被时人认为处于明朝统治之下的异邦国度也进入一个创新的时期。朝鲜文人申叔舟(1417~1475)以先后十三次赴中国旅行而著名,他向明朝翰林院的学士请教关于改进今天称为"韩语"的一种新的字母的问题(朝鲜政府于 1446 年正式颁行了这种文字。)[76] 明人很可能也意识到了越南的"喃字"的存在,尤其是那些生活在中国南缘边境地带的居民。地位卑微的平民究竟对其他的语言知道多少,我们很难弄清楚。不过让人吃惊的是,当朝鲜人崔溥和他的随从被中国官员引领着穿行在沿海省份浙江的村庄时，村民们向他们大声嚷嚷着一口夹杂本地土话的怪里怪气的日语。[77]

正如前一章讨论过的那样，明朝的首都挤满了来自异域的宗教僧侣，有些寻找真理的人可能会想和他们交谈。"西域"语言在当时具有很高的声望。宫廷赞助了好几项藏文出版计划：1410年甘珠尔大藏经的出版（这些经文被认为是佛陀所写）；1431年佛教众神谱系《诸佛菩萨妙相名号经咒》的出版；以及1620年甘珠尔大藏经的再版。[78]进入17世纪，李日华记录了一个给自己留下深刻印象的西藏和尚，后者能讲好几种流利的西域语言。[79]李日华的同时代人、趣味的评判人文震亨，在其《长物志》中写道，西藏佛像能够给私家佛堂带来一种精雅之气。[80]同样的精雅之气应该也适用于大量明代瓷器上书写的悉昙体梵文或藏文。它们往往是供人祷祝的诗句，可读为："幸运的白昼，幸运的夜晚，祝愿你无论白昼还是夜晚都幸运。依凭三宝，好运连连。"[81]

在明代的中国，存在着一些重要的穆斯林社群，以及一些上有清晰可见的阿拉伯文字的清真寺（此外还有穆斯林上层人士的墓葬，比如受人景仰的三宝太监郑和位于南京郊外的墓）。[82]明代还有一些规模不大但依然很活跃的犹太人社群，他们所使用的文字中不仅有希伯来文，还有犹太—波斯文。聚集在开封的犹太人社群已经得到了深入的研究，不过，在明代的宁波和扬州尚可能存在其他的犹太人社群。以开封的犹太人为例，特殊的社群身份的标志物就是他们的文字，而且只有在那些无法识读这些文字的人眼前，其意义才能够得到充分展现。一副悬挂在17世纪犹太人聚会场所的（汉文）对联写道："天经五十三卷，口诵心维，祝皇图于巩固。圣字二十七母，家喻户晓，愿社稷以灵长。"[83]开封城内非犹太人的精英文人还可以通过一些墓碑与特殊场合而意识到希伯来文的存在。犹太人社群的一些汉文石碑是由占人口大多数的汉族文人所撰写的，亦由汉文书写，字里行间透露出这些汉人至少很熟悉这另一种文字系统的主要观念。

对于异域文字，以及无法辨识的文字的独特品位，为另一个现象提供了一种可能的解释。在16世纪初的一段时期之内，集中出现了一种相对来说数量庞大的瓷器【图78】，器身上用阿拉伯文和波斯文写着一些咒语和摘自《古兰经》的经文。过去的解释是将这些瓷器与外销至西亚伊斯兰世界的贸易瓷联系起来，或者认为与明朝宫廷中信奉伊斯兰教的穆斯林太监有关。[84]这两种解释都很重要，不过同时也值得

图78 桌屏,瓷板釉下彩,款"大明正德年制",45.8厘米×34.7厘米。瓷屏上的阿拉伯文抄自《古兰经》中的第72章"精灵"第18至20行,读为"一切清真寺都是真主的,故你们应当祈祷真主,不要祈祷任何物。当真主的仆人起来祈祷的时候,他们几乎群起而攻之,你说:'我只祈祷我的主,我不以任何物配他'。"

去考虑一下这种可能性,即像图80这样的物品可能仅仅是一种当时的流行时尚,用抖动的异国文字来增加瓷器的魅力。这种现象在正德年间(1506~1521)达到顶峰。存世的正德以后的瓷器中依然还有一小部分带有八思巴文,这种文字首创于元朝,主要用于纪念性铭文的书写。[85] 将近一个世纪之后,我们得知与第一次来到中国的欧洲传教士进行对话的中国人对传教士带进中国的书籍非常着迷,这些书籍与晚明时期流行的异国舶来新奇之物的风尚相当契合。(虽然传教士们往往会将对新奇事物的兴趣误解为皈依基督教的慧根。)西班牙人马丁·德·拉达于1575至1576年写下自己的见闻,对于一位明朝高官对陌生文字的兴趣给予了如下评论:"他极为吃惊地得知我们也和他们一样拥有文字,

第三章 街头的词语:文字的文化 | **123**

也同样用印刷术来印制我们的书籍……为了让自己相信这一点,他派人来要求我们送给他一部印制的书籍。"传教士们送去一部祈祷书,他们那位没有留下名姓的中国接洽人十分喜爱那些绘以图像的书签,上面画了十字架和圣母,于是便将这些书签留下。他还爱听这种陌生语言的发音,在听完传教士所作的祷告后问了一些问题,"他请他们解释一下其中的内容,聆听的时候十分高兴,还表示要背下来"。[86]意大利耶稣会士利玛窦(1552～1610)于1582年来到中国,一直待到去世。他向中国友人展示的一些书籍的片段被收录进1606年出版的一部墨谱。[87]利玛窦位于北京的墓地的墓碑【图79】乃是用汉语和拉丁文双语写成,在晚明以至清朝,成为来皇城旅游的观光客的游览景点之一,正如这幅拓本所证明的那样。[88]

图79 利玛窦的墓碑 1610年 纸本拓片
142厘米 ×62厘米

因此,异国文字在明代人想象世界中的重要性,与能够阅读这些文字的人数完全不成比例。一种无法被阅读的文字在一个脍炙人口的有关精英文人之壮举的故事里扮演着关键角色,这个故事几乎是文人群体的创立神话,对于利玛窦本人来说,这个群体就是欧洲人意识中的"literati"。这个故事可见于一幅木刻版画【图80】,画幅上部用大字标出"学士醉挥",故事常全称为"李谪仙醉草吓蛮书"[89]。在这个传说中,伟大的诗人、真实的历史人物李白不仅是唐代宫廷中唯一认识这种诡异文字的人,而且他自己还可以用同样的文字撰写回复的国书,即使在这个时候他已是酩酊大醉。书写是一种表演,这是书法艺术美学的关键所在,不过这个例子更直白地指向男性文人的一种狂想,想象着在另一种语境中的成功表演,这另一种语境就是科举考试。(上层女性也能读写,

图80　吴世美《惊鸿记》第十五出《学士醉挥》,万历年间金陵世德堂刊本

16世纪的一位散文作家为我们形容出其挥毫练字的妻子的模样,但女性并没有在科考场上挥毫的希望。[90] 在皇帝注目下成功地在经义与词赋考试中胜出是每一位男性文人梦寐以求的时刻,这种观念渗透在明代文化的各个地方。金榜题名者的科举考试试卷被其家庭重金赎回,作为圣物一般精心保存。比如,山东青州博物馆藏有1598年状元赵秉忠(1573~1626)的试卷。试卷末尾有万历皇帝的印玺,试卷后有赵秉忠的小像。[91] 对于那些无法达到李白醉酒后的神奇灵感的人来说,可以借助于一些实在的辅助物。随着明朝的演进,市场上越来越多地涌现出一种公开出版的考试写作指南以及试题集粹【图81】。除此之外,还要算上一种关于考试作弊的独特的视觉与文本文化,比如在外袍里面抄满"四书五经",或者是专门为偷带进考场小隔间的用极细小的字体印刷的文本。[92] 早在1477年,就出现过以皇帝名义颁布的诏书(按常理而言,这份诏书实际上应该是国家的首席主考大臣所拟),对于科考文章凌乱不堪的写作风格以及不懂避讳的现象深表不满,凌乱的写作风格所受到的正是公开出版的试题集萃的影响。[93] 到16世纪,科举程文汇编这类书籍大量流行,成为在机械复制时代围绕印刷和文化产物所进行的激烈争论的一个部分。科考举子所提交的试卷手迹在不久的将来会被印刷出版,并辅以考官的点评。根据艾尔曼的统计,有一百万之多的潜

图81 王志坚(1567~1633)《四六法海》,1627年,木版雕印于竹纸,25厘米×15.8厘米

在读者会对这类范文汇编感兴趣。他继而详细举出了印刷出版的程文汇编在数量上的不断增长：嘉靖朝44年间出现了33种，万历朝47年间出现了41种，天启、崇祯两朝总共23年，竟然出现了47种。第一部由皇家主持的真正意义上的科考时文选本成书于1587年，另一部成书于1592年。[94] 有人将社会上十分流行的由商业书坊编印的科考图书作为那个时代富裕与繁荣的标志——一位16世纪晚期的作家对这个时代大加赞叹，并将之与他年幼时的情景进行了对比，在他还处于孩提时代时，被迫手抄借来的书籍。[95] 而他一位同时代人的立场则截然相反。在以一位古物学家的立场来观察印刷的起源和历史的过程中，他哀叹文化的衰退，将之归咎于出版者所面对的商业压力，认为其恶劣影响更甚于古代暴君秦始皇的"焚书坑儒"。[96]

图82 《大明会典》"序", 1585年, 木版雕印, 版心尺寸 26.5厘米 × 15.2厘米

毫无疑问，明代的文化复制日趋增长，印刷活动也益趋繁荣，已有数百年之久的木版雕印技术得到充分的发展，一切都非往昔可以比拟。16世纪中期，出现了一种专门为印刷书籍所使用的标准"字体"【图82】。正如何谷理（Robert E. Hegel）所写的那样："到万历时期，所有的书籍实际上都是用这种字体雕印而成。"他认为，标准化既降低了刻印的成本，也使书籍更容易被受教育程度不太高的读者所阅读："在读一篇长文的时候，标准字体阅读起来更快且更容易，这个事实是字体标准化所带来的重要结果。"[97] 胡应麟计算出，在他所生活的时代，一部手抄的书籍比印刷版本贵上十倍，一旦一本书被雕印出版，手抄本便无人问津。[98] 然而有证据表明，手抄本书籍在印刷时代继续流传，被人所赏鉴。有时候，这是迫不得已的事情，原因很简单，因为其工程实在过于庞大。明代初年，庞大的百科全书《永乐大典》以手抄稿本的形式面世，因为容量太过庞大，尽管宫廷中一直有声音主张将之付梓，而

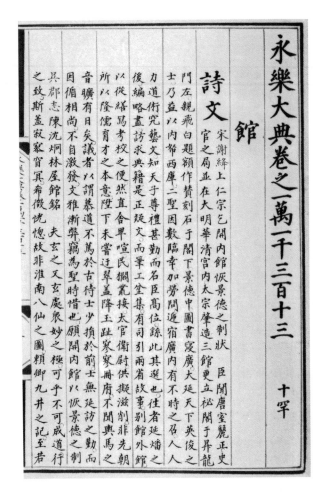

图 83 《永乐大典》稿本，1402~1422 年，版心尺寸 35.5 厘米 × 23.5 厘米

一直到 17 世纪，这部书仍然只有手抄本【图 83】。[99] 一位文人面对这部庞大而笨重的书稿哀叹不已，对这项计划的毫无意义而感到悲痛。这部书太大了，人们只能望书兴叹。[100] 手抄本的流通，往往远离庸俗读者群的俗眼，同时也创造出了一些小范围的阅读团体，正如小说《金瓶梅》，其最初的一个手抄本在 1596 年的一封信中曾被提及，可见是先以手抄本的形式流通，直到 1596 年之后才得到雕印出版。[101]

如果一部印刷书籍一册难求，手抄本便会应运而生【图 84】。1483 年，太监王敬与军官王臣打着为宫里买书的旗号来到苏州，他们命苏州府学的学生抄写书籍。因为这些书要上呈皇上，学生们不敢拒绝。但是王敬与王臣让学生们抄写的书籍越来越多。于是，一位名叫赵汴的学生公开咒骂王敬与王臣，最终他和另外二十位学生都被逮捕。[102] 不过，手抄本

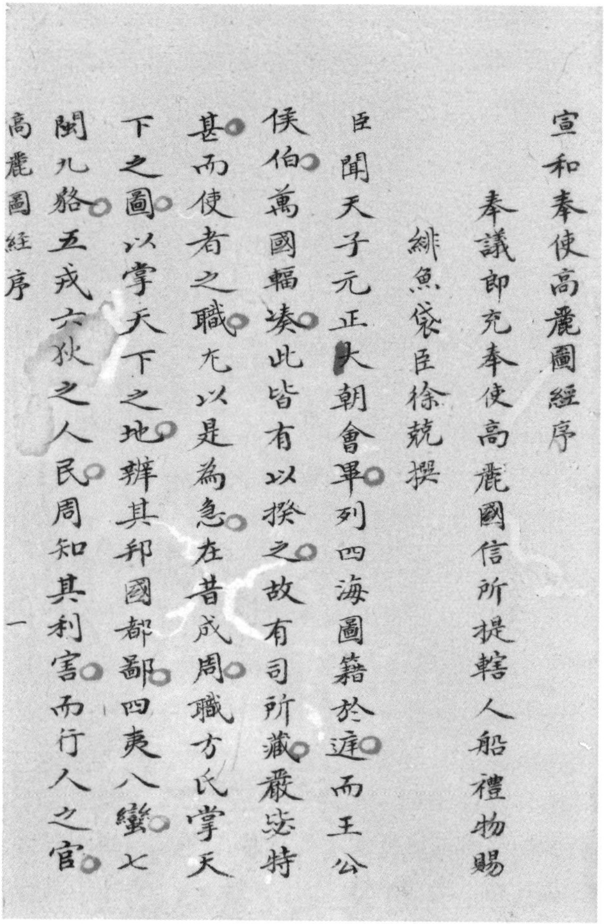

宣和奉使高麗圖經序
奉議郎充奉使高麗國信所提轄人船禮物賜
緋魚袋臣徐兢撰
臣聞天子元正大朝會畢列四海圖籍於庭而王公
侯伯萬國輻湊此皆有以揆之故有司所藏嚴密特
甚而使者之職尤以是為急在昔成周職方氏掌天
下之圖以掌天下之地辨其邦國都鄙四夷八蠻七
閩九貉五戎六狄之人民周知其利害而行人之官
高麗圖經序 一

图 84 《宣和奉使高丽图经》，可能为明代抄本，高 25 厘米。《高丽图经》撰成于 1124 年，是北宋出使高丽的使臣徐兢所著，至明代已经成为极为珍贵之书，主要以抄本的形式流传

并不只是为了弥补印刷书籍的不足。可资证明的是一些留存至今的精美手抄本，它们抄写于印刷术发明五百余年之后。一位明代戏剧鉴赏家在去世后与一部手抄的《琵琶记》葬在一起，而这部戏剧当时的印刷版本已经有很多。〔103〕归有光（1507～1571）为一位书籍抄写者撰写了小传。职业抄书人李元寿是“四书五经”的小型手抄本的制作者，他得到了高级官僚的赞助。〔104〕在这里，“写”是一种技艺，它岌岌可危且惴惴不安地沿着一条界线前行。对于明代文人精英的自我意识而言，这条界线相当重要，因为在它的两边，一边是高尚的业余行为，无拘无束；另一边则是注定低等的职业生涯，由金钱而驱使。在 1483 年苏州的事件中，正是因为被置于如此的险境，才使得苏州的学生如此义愤填膺。在这些人看来，圣人的文字本应为他们提供慰藉和意义，而不是用钱雇来的抄手。

还可以举出更多的例子，来说明在上层阶级的男性文人生活中，文字的地位并不只是一串银钱而已。在明王朝建立后不久，14世纪70年代，一位文人因为惹怒天颜而被皇帝投入阴暗的大牢，在充满恶臭的牢狱中饱受折磨和摧残。某一天，这位受害者在经过一次毒打之后沉沉睡去，做了一个梦，醒来后他记录下了自己的梦境。梦中幻境最令他感到安慰的景象里，出现了他的精神自我，这个自我会在极度迷狂的状态下拜访他的肉身，然后他的两个身体一起徜徉在念诵和校订一篇美妙且至今尚未有人知晓的古代经典文献的快乐之中。他与文字相游戏，是古代经典的积极读者，他标出异文，逐行点句。正是这种与文字的紧密相连才使得他度过痛苦的牢狱之苦。[105]毫无疑问，理想的明代读者是一位积极主动的读者，在阅读时，朱笔和墨笔从未离开他的手，充满快乐地享受着校勘书籍的乐趣。[106]然而，这种理想也面临着来自商业世界的压力。及至明朝末年，善于经营的出版商开始出版一种华丽的"评注"本【图85】，使用彩色套印（图85是朱墨套印）的新技术去印制书籍，注释、评语等种种文人学士的读书手段历历在目，一个都不少。

印刷术在"公共空间"（public sphere）的产生中所起的作用，长久以来就是"早期现代欧洲"这个观念的创造过程中最重要的一环。可是让人瞠目的是，这种观念至今拒不承认至明代已有数百年历史的印刷术在中国也能发挥类似的作用，就像伊丽莎白·爱森斯坦（Elizabeth Eisenstein）的著作，莫名其妙地将此一笔抹杀。[107]与明朝同时代的欧洲人，例如瓦尔特·雷利（Walter Raleigh）和蒙田（Michel de Montaigne），都深知中国在发明印刷术中的领先地位（实际上，蒙田清楚地提醒欧洲人放弃在印刷术发明权上的毫无道理的傲慢），可是显而易见的是，经历数百年之后，已经变得越来越精深的学术却反而认识不到这一点。[108]不论在明朝的中国还是同时代的欧洲，以物质形态呈现在人们眼前的书籍都为精英阶层的成员们提供了可以聚在一起的空间。像李日华这样经济宽裕的人可以足不出户就读到最新出版的书籍。譬如1611年的某一天，"书贾载新镌诸书来求售"。[109]晚明大批无须工作且受过良好教育的人则可以去书铺选购。1627年，在江西省府的一间书铺中，一位东厂特务听见一位学生边翻看《三朝要典》边不屑地大声哼了几句，要知道这可是一本关于最近宫廷政治的倾向性明显的党派言论的书籍。从这个插曲中我们可以感觉到，明代的书铺有些像是一个潜在的社会空间。[110]在一种没能留存下来的生命短暂的物品中，文字

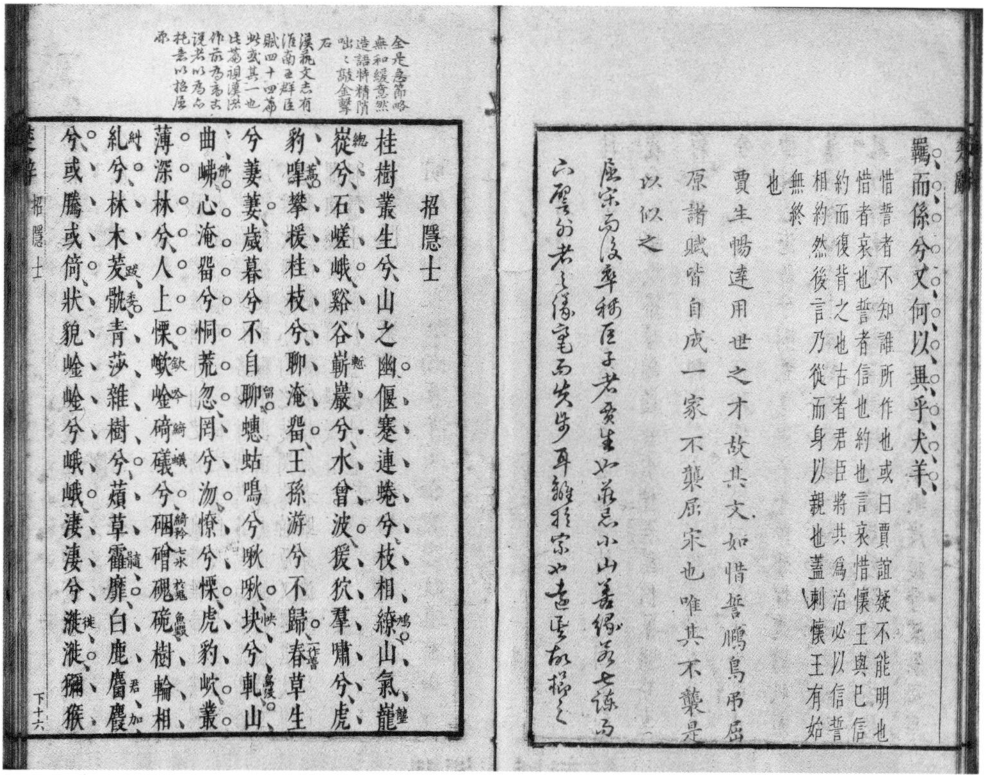

图85　三色套印本《楚辞》，万历四十八年（1620）吴兴闵齐伋刊，21.2厘米×15.8厘米。《楚辞》是2世纪前后编订的诗歌集，这本三色套印本用朱红色和蓝色进行了点句和注释

还创造出一个精英文人可居游其中的想象性的空间，一个想象中的明帝国。这个空间通过报纸呈现出来，最为人所知的是官方报纸"邸报"（1628年之前一直以手抄形式流传，而之后用活字印刷），以及其他商业印刷品。[111] 16世纪初，在写给岳父的一封信中，文徵明提起他们两人一位共同的友人在朝中得到提升，他刚从邸报上得知这个消息，而此时文徵明正身在故乡苏州，与京城有千里之遥。[112] 一百年之后，李日华在日记中多次提到阅读邸报之事，他对于山东省降生一头双头牛的新闻感到十分忧虑，在查找各种史书之后，他发现这是一个不祥之兆，常与南北分裂时代有关。[113] 福建的食品和军需品的供应问题（附有统计数字）、山西出现的连体双胞胎——所有这些都是他从同一种资源中所获得的新闻。[114] 邸报是获取宫廷内部政治信息的地方，譬如1620年

震惊朝野的"红丸案",万历皇帝被怀疑在用药期间遭人投毒害死。[115] 人们在读过它之后肯定是随手扔掉,因为几乎没有一份这类邸报留存至今。"报"是明代"公众性文字"的重要组成部分,其阅读者大多是身份较高的人。而人们也许会问:仆人能否阅读?这类报纸是否会被那些读完之后随手丢弃的文人扔到仆人的世界之中?

与生命短暂的印刷的"报"相对应的,是手写的信件【图86】,精英文人的自我意识会在这里展现出来。我们知道,人们会保留着发送出去的信函的副本。[116] 不过我们同样也有大量的幸存下来的信函原件:婚礼的喜帖、答谢友人赠鱼的短笺、解释自己为何没有参加一次讨厌的社交活动的优雅的托词、申诉一帮乡下农民并威胁要打爆他们的头的激烈言辞。这些信函之所以能够流传至今,主要是因为写信的人具有很高的社会名望,有人是文化领袖,有人是政坛精英,或者干脆就是出于崇拜其书法。毕加索在餐巾上的随手几笔就会被珍若拱璧,与之类似的是,出自文徵明之手的任何几行字都价值连城。这些信函是艺术品市场中的贵重商品,以重价在鉴赏家中不断转手,他们并不在意或根本无意于信札的内容,也不会花力气把他们著录在其藏品目录或过眼要录中。

不过,恰恰是在这些信札从普通书信摇身一变为艺术品市场中的奢

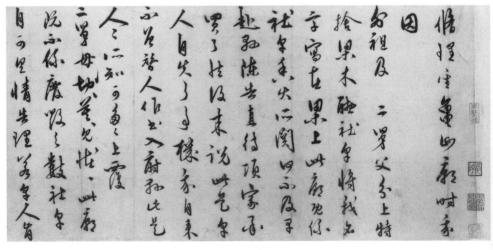

图86 王守仁(1472～1529)《与郑邦瑞书简》,手卷,纸本水墨,24厘米×292.8厘米。这封信出自身兼著名将领、官员、哲学家于一身的王守仁之手,写给其侄儿。大约写于1523年至1525年之间。书信中所谈之事涉及王氏家族捐资施舍地方寺庙以及家族中一位女性成员的病情

图 87　泰山摩崖刻石，1590 年

侈商品之时，书法作为精英文人自我意识之大本营的角色也正受到来自其他方面的威胁。书法在某一种情况下会转化为石头上的刻字。在名胜古迹刻上题记是历史悠久的做法，常常出于皇家的敕令。1531 年，嘉靖皇帝将这个传统发扬光大，下令将其父所作的一首诗刻在自己做藩王时封地的一座大山上。[117] 不过在一百年之后，这种行为逐渐开始失去控制【图 87】。在前一章，我们曾提到过一位愤怒的士人，他抱怨说其漫游之乐被拥堵在各处的旅游者彻底破坏。这同一位士人也曾对在山上到处题名的"俗士"大声咆哮，主张应该出台法规来制止这种行径。[118] 毫无疑问，错误的书写所造出的废物并不是好的东西。即使是"书法"也遭到了攻击，或者至少可以说处于失去文化力量的危险之中，这就是复制技术。17 世纪的高档出版物逐渐远离标准印刷字体，因为这种字体既被小说也被科举考试的课本大量使用。高档出版物花费了巨大的努力以求在木版上复制出毛笔书写的效果。与印刷书籍不同，高档出版物努力

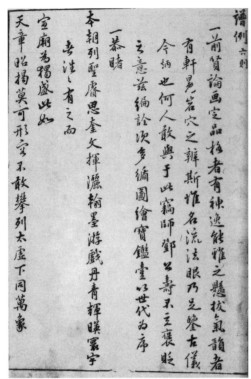 

图 88　顾炳《顾氏画谱》，杭州双桂堂 1603 年刊本，版心尺寸 27 厘米×18 厘米。图中所示为"谱例"一页，显示出明代的出版家已经可以自如地用木刻来模仿用毛笔书写出的流行书法风格或是任意一种书风

图 89　缂丝，16 世纪或 17 世纪，243.6 厘米×37.9 厘米。缂丝中是宋代作家、著名书法家米芾的一首诗

使自己看起来更接近于手迹【图 88】。费时费力、工艺极端复杂的缂丝常常把丝绸转化为书法的复制品【图 89】，文人精英无拘无束的自发性美学在这里被限制在工匠艺人所专精的煞费苦心的技艺之中。在明代，书法的复制至少被一小部分人当作明代公众性文字内部的一种类似于"熵"的东西——写得越多，影响越小。它意味着文化本身在"缩水"，在人们眼里，这个文化正越来越快地变成一种过于物质、过于视觉的文化，无法再体现出人类社会和宇宙秩序的等级。在分类行为中体现的等级阶差也进入了商业化鉴赏活动之中，商业化的赏鉴意味着对一切事物的赏鉴几乎都可以在印刷出版的书籍中找到指南。1603 年出版的《顾氏画谱》堪为明证【图 90】。书中以易于辨识的图像印出了一百多位画家的典型画风，早自绘画传统初始的六朝，晚至当代。[119] 它助长了一种鉴赏中的流行风尚，即对编目、品评和分类乐此不疲，鉴赏越来越广泛地被想象成一个理想的明朝社会的缩影。语言、书写，乃至文化，都

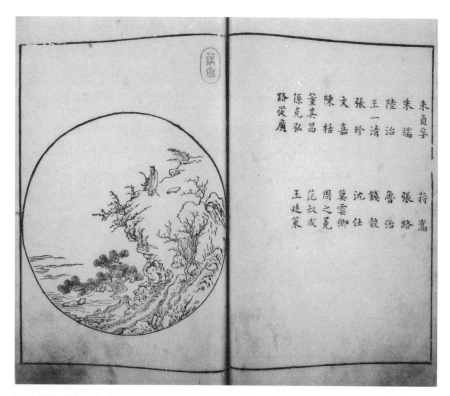

图 90　顾炳《顾氏画谱》，杭州双桂堂 1603 年刊本，版心尺寸 27 厘米 ×18 厘米。图中的双面跨页右边为目录的结尾部分，左边为托名顾恺之所作的一幅画的版画复制

可以被视为一种进行归类的工具，其主要功能在于将世间万物归为不同的类别。继而，不同的类别决定了视觉文化和物质文化中的某些主要方面得以建构的不同方式。对这些类别的探究将是更大的探索的关键组成部分。

第四章　中国大百科中的图画：图像、类别与知识

这个金漆药橱【图91】制成于万历（1753～1620）年间，是明代御药房的遗物。高不满一米的橱体内，竟然藏着140多个小抽屉，存放着各种药材，每个抽屉上面都小心翼翼地贴着签条，写明所贮药材的名称，其精致程度让人过目不忘。从这个药橱出发，我们可以去思考明代中国对于整理（sorting）、分级（classification）和归类（categorization）的理解，这既是对物品和图像进行品评和归类的方式，也是"数字"得以席卷整个视觉领域的方式，暗藏着理解弥漫在明代文化中的某些独一无二的特质的线索。"成组"或"成套"的东西，无论是一套墓俑、一套器皿、一组图画、一组罗汉塑像，还是一套用于"水陆法会"的绘画，某种程度上都可以说是明代文化中的"清单"（list）被视觉化和物质化的结果。它们以数字关系组合在一起，每一个单体都得到妥善的安置，从而为不同情境中的明代艺匠和作家提供了放飞想象力的基本原则。

御药橱最大的特点，其实就是密密麻麻的小抽屉。抽屉是一种多功能的家具，其功能之一是对物品进行排列，把它们归纳为不同的类型。不过，抽屉早就出现在古埃及的家具中，并非中国人的发明。中国文献中最早对抽屉的一些描述，讲到的都是其存放和整理信息的功能。据说北宋杰出的历史学家司马光（1019～1086）就曾经造了一个特殊的小橱，他把自己正在编纂的编年体史书《资治通鉴》按照不同主题分成不同的类型，一一放入小橱的不同抽屉里，这有助于他更好地理解历史变化的基本模式。在12世纪的南宋，一位名叫李焘（1115～1184，字仁甫）的历史学家正是以这种方式展开自己的写作："昔李仁甫为《长编》，作木橱十枚，每橱作抽替匣二十枚，每替以甲子志之，凡本年之事，有所闻

图 91　药橱　木胎黑漆戗金　万历年间　94.1 厘米 ×57 厘米

必归此匣，分日月先后次第之，井然有条，真可为法也。"[1]

  在众多明代寺庙中，北京的智化寺最让人肃然起敬的地方，是寺中一个巨大的八角形经橱，经橱上有 360 个抽屉，每个抽屉都用来安放一部佛经。这是 1462 年天顺皇帝的御赐之物，用来纪念"土木堡之变"中死于蒙古人之手的太监王振。[2] 并非只有勤奋的人才用抽屉，那些慵懒的人也对抽屉青睐有加。在明代最末几年，以生活放浪而闻名的李渔（1611～1680）便不吝言辞地对抽屉所带来的便利大加褒扬，他称抽屉为"容懒藏拙之地"，因为抽屉让他能够更好地掌控生活中那些令人烦心的东西：

> 抽屉……有之斯逸，无此则劳，且可藉为容懒藏拙之地。……且若有神物侯乎其中，以听主人之命者。至于废稿残牍，有如落叶飞尘，随扫随有，除之不尽，颇为明窗净几之累，亦可暂时藏纳，以俟祝融，所谓容懒藏拙之地是也。[3]

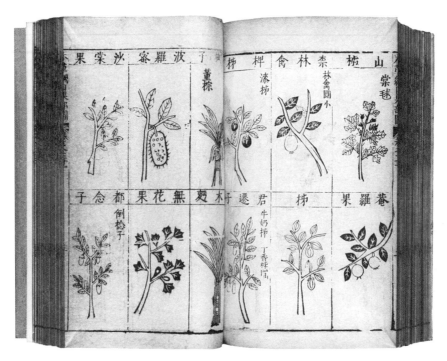

图 92 李时珍《本草纲目》 1603 年出版 木版雕印 版心尺寸 26 厘米 ×16.5 厘米

尽管抽屉可作为一种工具来把物质世界区分为"垃圾"与"非垃圾",也即玛丽·道格拉斯(Mary Douglas)所说的"位置恰当的事物"(matter-in-place)和"位置错乱的事物"(matter-out-of-place)两种类型,不过对于李渔而言,抽屉所扮演的更是一种分类工具的角色。[4]

御药橱中贮藏着的,是世界上最为博大精深的一种分类系统之下的物品——明代药典的各种药材原料。这是一种经过李时珍(1518~1593)等医药学家所整理之后的自然世界。在 20 世纪,伟大的李时珍被誉为"中国药物学之父",他的肖像印在纪念邮票上,其生平事迹则被拍成传记电影广为传颂(参见图 196)。《本草纲目》是李时珍所编的一部包罗万象的图文并茂的著作【图 92】,用他本人以及同时代人的话来说,这部书构成了"格致"的基础。"格物致知",简称为"格致",意为"对事物进行深入探索以扩展知识"。"格致之学"在明代重获新生,形成了与王守仁这个名字紧密相关的"心学",盛行一时,强调自省式的冥想和主观唯心主义。有研究认为,明代的"格致"之说恰恰是在明代大量的百科全书式写作中得到了充分的展现。这种百科全书式的写作,期望通过对世间万事万物进行整理和归类,从而达到"格致"的目的。正如艾尔曼所言:"对古物进行百科全书式的整理的做法,也波及药典的编纂。……中国'药物学'的整个传统在一种新的逻辑之下进行了重新分类,从而透露出李时珍对'格致之学'的关注。"艾尔曼让我们注意到杭州书坊主人胡文焕,他编纂出版了"格致丛书"。到18世纪,这部丛书在流通中至少产生了两百个版本,堪称"耶稣会士进入中国之前对自然知识之兴趣的代表"。究竟该直面本心还是该关心外在世界,一直是明代思想界所争论的核心命题:"关于'格致'的众声喧哗实际上是内在主义者和外在主义者的对立。对于博通经史的文人而言,则是一个核心问题。"[5]1600年前后,耶稣会士来到中国,带入域外新知,此时,"格致"一词与外国知识发生互动,尽管这个词植根于百科全书传统,现在却开始用来对应拉丁文"Scientia"(科学),显示出新的趋势:"儒家经典学说与自然研究,尤其是医学与历法,从此不再水火不容。"[6]

百科全书式的知识是明代出版业的大宗,其中也包括配有丰富插图的出版物【图93、95、97】,它们图文并茂,深入社会各个层面,不

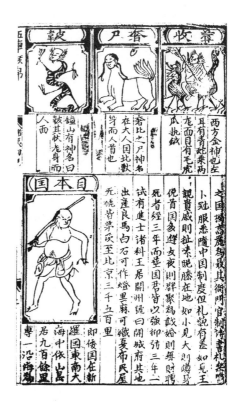

图93 1597年出版的类书《五车拔锦》中的一页 上列为各种传说中的怪物 下列为日本国人形象 木版雕印

论是学富五车还是粗通文墨，甚至是大字不识的人都有机会见到。典型的例子是《居家必用事类全集》，其开篇即言："其书事兼四民，录及九流。"[7] 书名中有"类"这个字，词典中释为"类型、类别和种类"。把"类"与"书"相连，就成为"类书"，构成了现代汉语中"百科全书"一词的重要组成部分。不过，"类书"这个词的所指要比"百科全书"复杂得多，它直接触及中国百科全书问题的核心，或者说，触及现代世界究竟如何来理解中国的百科全书这一问题。如果我们不对分类的基础，以及蕴藏于整理与分类行为背后的文化假设进行深究，那么将李时珍的草药学与欧洲同时代有关自然世界的著作两相对比，可以清晰地把我们所面对的问题呈现出来。[8] 欧洲世界所熟知的一部"中国百科全书"其实是一部杜撰出来的书，或者说是乔治·路易斯·博尔赫斯（Jorge Luis Borges）的发明，它使米歇尔·福柯绝倒，并启发福柯构想出一部探究分类的名著《事物的秩序》。在博尔赫斯虚构的这部中国百科全书中，有一个令人哑然失笑的清单，是对各种动物的分类，从（a）类"属于皇帝的动物"一直到（n）类"从一条漫长的道路出来，长得像蝴蝶一样的动物"。福柯正是从这份清单出发，通过研究他视之为连续性的"认识"，也即意义得以形成的系统，从而把分类的概念进行了相对化。[9] 笔者之前曾进行过一项研究，讨论了将物品分为货物、一般收藏品以及古玩的方式，这几种方式互有重叠，我试图用这种分类的视角去思考一个问题：在明代以前的宋元时期，物品的等级秩序究竟通过怎样的方式才变得有意义？我的研究试图证明一个看法：通过分类，形成了不同类型，不同类型之间会相互"增殖"，而不是通过排除被视为多余和复杂的类型而减化为我们现在所说的"秩序"。恰恰是类型的"增殖"，才是世上种种模式和意义的强有力的创造者。[10] 所谓的"万物"便是理解这一点的关键。"万物"是一种古代的范式，雷德侯（Lothar Ledderose）在其对一种中国式创造性的研究专著中对此进行了讨论，他认为这种创造性是基于"众多人口而需众多产品"的内在需求[11]。北宋哲学家邵雍（1011～1077）的一段话依然为明代的思想家所阅读并引发他们的思考：

> 有一物之物，有十物之物，有百物之物，有千物之物，有万物之物，有亿物之物，有兆物之物。为兆物之物，岂非人乎？[12]

这段文字中有一个简单的等式：多等于更多。作为一种原理，它既体现在邵雍晦涩的哲学见解中，也出现在其他领域，比如在1349年成书的《岛夷志略》里，竟然有数十种罗列远销东南亚地区的中国贸易瓷器的方式。"多等于更多"也是一种给予明代的百科全书事业无限活力的原理，我们会看到，它创造出了一种对清单、对繁多的数目、对多样化、对重复性，以及对不断扩大"增殖"的各种语词名目的迷恋。对于植根于亚里士多德的一种早期现代欧洲哲学传统而言，这似乎并不具有任何深刻意义，而是混淆与无序的表现，就像处于"那"另一个传统中的中国人也同样会将欧洲视为世界上思想最贫乏、狭隘并缺乏好奇心的哲学传统一样。需要强调的是，中国文化并不比同时代世界上其他地方"更加"注重分类的概念。福柯的观点并非是说"他们"（中国人）进行怪诞的分类而"我们"（欧洲人）充满理性地对事物进行组织。福柯的观点要精深得多。他指出，西方学术界［尤其是自埃米尔·杜克海姆（Emile Durkheim）和马塞尔·莫斯（Marcel Mauss）以降的法兰西思想传统］长久以来形成这样一种幻想，把"分类"视为某种解开中国思想之谜的万能钥匙。当我们拿着这把钥匙来专门面对明代视觉文化和物质文化的某些特殊之处时，绝不要以为它能够对所谓"传统中国文化"的所有问题都给出完美的答案。我希望以一种更为可行的方式，去观察"分类"概念在物品与图像领域内所呈现出来的状况，从而避开苏源熙（Haun Saussy）所说的因为过分紧密地建立在一种"以礼仪为中心的对待文本的方式"之上而产生的循环论证的陷阱。这样一来，也就呼应了苏源熙所倡导的研究方式："由陌生学科出发，不仅追问中国以礼仪为基础的分类方式如何反映出普遍的人类倾向，还要追问中国的礼仪秩序是如何兴起、何时兴起、在何种情境下兴起，以及通过何种媒介得以形塑出来的。"[13]

不幸的是，中国的百科全书中并没有博尔赫斯那漫无边际的丰富想象力所营造出来的诡谲而美妙的分类。不过从另外一点来看，他在著作中证明了他曾阅读过不少中国史料，譬如在一个故事里，他提到了一所"小径分岔的花园"，还有"几卷用黄绢装订的手抄本，那是从未付梓的明朝第三个皇帝下诏编纂的百科全书的逸卷"[14]。所谓的"几卷用黄绢装订的手抄本"，无疑就是《永乐大典》（参见图83）。这部浩大的皇家钦定知识大全由2169名编纂者编辑汇总而成，完成于1405至1407年，总裁官是姚广孝（1335～1418）。早《永乐大典》几年，在1401至

1404年间,曾编过另一部百科全书《文献大成》,然而永乐皇帝朱棣对此不甚满意。作为替代,于是有了《永乐大典》。[15] 此前已经谈及,由于卷帙浩繁,《永乐大典》采用了抄本的形式。这部巨著最终由于明末战争和满人入关所引发的变动而分崩离析,流散到世界各地的图书馆中,就像另一个充满博尔赫斯式想象的惊人图景一样,"有一幅和这个帝国的面积一样大的地图,每一个点都与之完全吻合",而"西方荒漠"中的"片纸残章"是其仅有的遗存。[16] 尽管吸引着人们展开无尽的想象,但这项浩大的工程并不足以作为明代百科全书的代表,因为典型的明代百科全书恰好与之相反,容量小得多,采用雕版印刷,流布广泛,且不少仍保存完好。关键之处在于,和偶然邂逅博尔赫斯的读者所想当然的完全不同,被称为"中国百科全书"的并不是一种东西,而是数十种不同的名目,它们五花八门的名称堪称对物质世界之多样性的隐喻,而它们所力求再现的正是这个丰富的世界的丰富性。

有一种甚至比印刷术传播得还广泛的简易的技术,赋予了明代的分类系统另一个日常的框架,这便是算盘,其字面意思是"用于计算的木盘",英文写作Abacus【图94】。这是明代中国才有的新鲜玩意儿,1436年的一本叫作《新编对相四言》的童蒙识字课本中,出现了

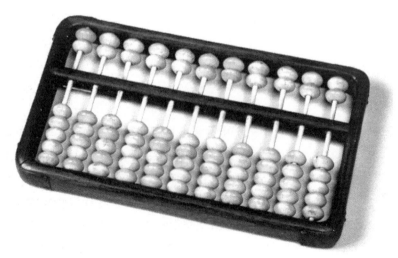

图94 明代的算盘　木框　算珠为象牙制　15.1厘米×27.1厘米

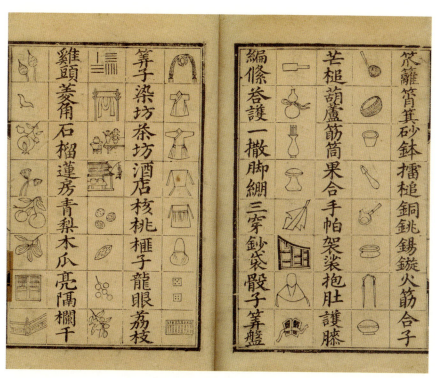

图 95 《新编对相四言》一页 1436 年 木版 版心尺寸 31 厘米 ×19 厘米 书中左页右下角可见一把算盘 这是最早见诸图像描绘的算盘 算盘图像的右边给出了它的名称 算盘

目前所知最早的算盘图像【图 95】。在上文所引述过的邵雍的议论中可以看到,"数"具有一种真正的宇宙象征意义,在中国古代的古典学问中,"数"是一门重要的古典学问。我在此使用"numerology"(数字占卜术、数字命理学)来指代中国古典学问"礼、乐、射、御、书、数"中的"数",以区别于以回溯性结构为主的"数学"。因为明代人大概不会意识到要在对数字的"科学性"使用和与预言术、占卜术相关的"占卜性"使用之间做出明确区分。在明代,有一部分文人精英对数字之学感到十分忧虑,他们担心对数字的操控与商业的直接挂钩,会使算盘的发展得到强化,如此一来,保持在"四民"中对"士农工商"进行严格区分的社会秩序将会面临崩溃的危险,要知道商人是处于"四民"之末的。[17] 不过,精英们的忧虑并未能阻止数字观念以多种多样的物质形式和视觉形式散播到多种多样的明代文化产品之中。

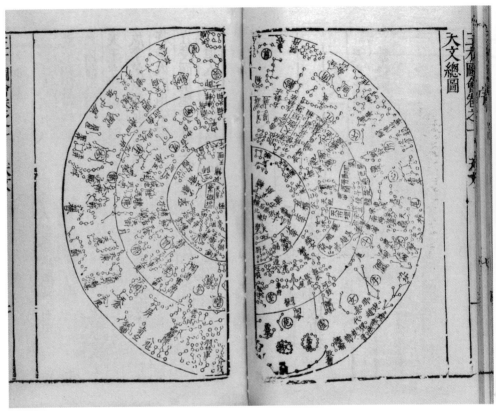

图96 《三才图会》中的"天文总图" 1607年 木版雕印 28厘米×16.1厘米

数字化的分类在明代盛极一时，乍看起来似乎不可理喻。"岁寒三友""八仙""竹林七贤"，或者"十八罗汉"等，名目繁多，全都是用数字化的分类来统括一群装饰性的形象，它们出现在各种各样的明代器物中，实为前所未见，尽管它们的源头都可追溯至更早的时期。

中国瓷器的最早一批爱好者们自然会想知道到底哪些是"真正重要的类型"。问题在于，倘若我们循着上文所述的多样性的论点，每一个类型可以说都很重要。有的类型历史悠久。在本书第二章中，我们曾经谈到过天、地、人"三才"（我解读为时间、空间与能动性）。对明代的读者而言，这三者在《三才图会》这部类书的第一幅插图"天文总图"【图96】中被想象成了图形。"三"是八卦中的三条线段【图97】。八卦是宇宙间最早的形象，所有的人类文化都由此衍生，其最显著的标志就是三条线段。如果三条线段都是直线，代表三"阳"，如果三条线段都从中间断开，则代

图97 章潢所编《图书编》中的木版插图"先天八卦方位图"与"后天八卦方位图" 1613年 版心尺寸22.5厘米×15厘米

表三"阴"。阴阳为两级,象征着不断转化的二元性,诸如明与暗、热与冷、男与女,而无须表现出具体的事物形象。物质与视觉文化中喜好用双关语,三阳可以表现为"三羊"(羊与阳谐音)。在明代的特殊节令中,带有"三阳开泰"(三头羊开启了至点)这个主题的织物会在冬至这一天在宫中由宫廷内眷穿戴上身。万历皇帝(卒于1620年)的陵墓中曾出土了一件珍贵的实例,此外,在世界各地的收藏中也还有一些存世的珍贵实物,譬如纽约大都会美术馆的一件【图98】。毕嘉珍曾对"三阳开泰"做过一个经典研究,在对明代图像学的研究中,类似的工作还比较缺乏。她的研究展示出这个视觉题材与另一主题"岁寒三友"有密切关联。后者出现于宋代,将松、竹、梅作为一个整体描绘在一处。这些题材都蕴藏着季节变换与宇宙轮回之意。它们不但创造出了能够有机会保留下来的物品,譬如大量的陶瓷与凤毛麟角的织物,还创造出了如蜉蝣般生命短暂的特殊物质

图98 《绵阳太子图》 14～15世纪 刺绣
213.3厘米×63.5厘米

形式,这些东西没有机会留存下来,比如"九九消寒图"。"九九消寒图"与欧洲的"圣诞日历"(Advent calendar)原理相同,其具体方式是勾描出81片梅花花瓣的轮廓,每天画上一瓣,一直到冬至之后,新年降临。有一些15世纪和17世纪的例子,反映出明代的北京曾制作和使用这类事物。在宫廷之中,会张挂画有绵羊太子的图画,而礼部则会印制"九九消寒诗图",这种图由表达四季祝福的诗句组成,每句九个字,每个字九画,一共八十一个笔画,每天描一笔,直到九九八十一天后全部完成。[18]

三与九两个数字看起来有明显的关联。明代人口按照纳税与杂役的不同情况被分为三种等级的户口,每一种又可以再次划分为三种,由此形成"三等九则",这是一种根源于古代传统的纳税形式。[19]在明代的汉语中,把人分成"三等九则"(亦称"三等九格")是"偏心"的一种通俗说法。[20]不过"三等九则"这种纳税分类所沿袭的是上古的"三纲五常"。[21]"三纲"是三种纽带关系(君与臣、父与子、夫与妻),而非三种不同类型。"仁义礼智信"这"五常"是一个整体,显然也不是类型。许多明代的家用百科全书都不忘提醒家中的男性家长警惕"三姑六婆"的荼毒。无论是前者(尼姑、道姑、卦姑)还是后者(牙婆、媒婆、师婆、虔婆、药婆、稳婆)都不能让进屋内。[22]

在前一章我们已经看到过明代社会想象中的"四季"和"四民"。而

图99 《五岳真形图》 1612年 拓片 120厘米×63厘米

笔墨纸砚"文房四宝"则是物质文化所特有的数字分类。这种模式可以用作模型,新的群体可在"四"的名目下不断产生,比如16世纪中期的画家谢时臣曾经创作过一幅"四杰图",画于1551年。画中人都是通过科举考试而晋升官僚系统的男性,分别置身于四季山水之中。[23] 倘若从四字组跃升为五字组,我们的例子便会丰富得让人吃惊。"五"根基于"五行"的概念。"五行"是金、木、水、火、土,它们是关于宇宙的各种知识最重要的创造者,在其背后有着悠久的历史和浩如烟海的学术传统。[24] [同时,我们还应该指出,"五行"也是一个深为怀疑主义所笼罩的概念,譬如王廷相(1475~1544)的例子。作为宇宙相互关联论和五行的主要批评者,他否认"八卦"的发明是为了对自然事件进行解释,而且那些自然事件也不是为了警醒统治者。][25] 因此,毫不奇怪,我们会有"五方"(东西南北中)、"五牲"、"五岳"【图99】、"五瘟",以及五个一组的神灵,如"五帝""五灵""五鬼",它们来自民间信仰,是保佑人们不受五瘟侵扰的神灵。[26] 1539年,为了祝贺一位赞助人的生日,文徵明撰写了一篇充满溢美之词的颂文,称呼他为"五福"临门之人。[27] 作为理解有关食物的物质文化的方式之一,一位明代美食家用到了"五味"这个词,他说:"食品不加盐醋而五味全者,为蚶、为河蟹"。[28] 用白馥兰的话来说,中国的五行"与古希腊思想不同,并不是各具特色、不可互换的五种元素,而是一种独具特点的转化顺序"。五行构成了一个循环,通过其中的五种组成要素,自然万象以及人类本身都得以生生不息。[29] 对五行循环相克相生的理解贯穿于诸多物质文化实践当中,譬如屋舍的建筑和布局,以及屋舍中砖、木等物质材料的使用与安排。[30] 科举考试的举子必须要掌握这些知识,如1559年的顺天府乡试中,策问一门的考题是人间的"五事"(貌、言、视、听、思)是如何与天之五行相互对应的。[31] 五行可以转变为"五伦",只需要在君臣、夫妻、父子三纲之间添上长幼和朋友。[32] 五行对于医学而言尤为关键,所谓的"五脏"(心、肝、肺、脾、肾)并非现代生物医学中的五个独立的解剖器官,而是"一种功能系统,把同一种生理运动的各个不同层面串联在一起"。[33] 人的形状和分类引起了明代精英文人极大的兴趣,这些知识不仅仅是一门专门之学,更是博洽之士的标志之一。"五脏"这个词在明代大量的"笔记"中也成为博学之论的主题,比如周亮工[34] 或郎瑛。郎瑛在标准的微观世界和宏观宇宙之间作了对应,他评论道:"传云:人身一小天地。天形圆而在上,人之首圆应之;地形方而在下,人之足方应之。"进而,他在四季与四肢、五行与五脏之间也作了对应。有必要特别指出的是,他并不是说人体"像"一个小天地,而是说人体"是"一个小天地,二者是不同的。因为我们在此所面对的操作原理并不是模拟性的或是再现性的,无论模拟还是再现,都不是"关联性宇宙论"(correlative cosmology)的运作方式。[35] 在这里,拥有五脏的身体(与五行相关联)与四肢(与四季相关联)之间并不是对立的。这些数字分类不断地被"重复书写",被其他以数字为基础的意义所覆盖、改写,但却从不意味着被彻底"抹除"。[36] 也就是说,"三才""四季""五行"彼此之间并不相互否定。位于下层的词并不一定就是最重要、最基本的。或者说,所有的词都一直存在,只是暂时被覆盖掉了。不论以什么样的角度来看,它们自始至终都是清晰可见的,它们自始至终都是主体,而非陪衬。正如朱利安(François Jullien)所言:"因此,本质的区别在于,希腊思想把外在的秩序(以数字观念和形式为基础）施于万物，而在中国思想里，秩序被视为万物生成过程中的一部分，正是由于秩序，才使得万物的生成成为一个过程。"[37] 在明代思想中，数字以及数字所衍生出的分类也不断地出现在万物生成的过程中。

通过把五行与五色相对应，五行宇宙观深深地影响了文人精英对于明代视觉文化的态度。有人曾抓住这样一个细节，西安城中，起义的农民军领袖李自成正准备推翻明朝政权，他身穿的是一件蓝色的棉袍。也许这并不只是在寻找贫苦百姓的认同，同时也可能是五行中水的象征。起义军选择水，以期以此来覆灭象征明朝政权的火。无论是李自成短暂的政权"顺"（归顺）还是最终征服明朝的满族人所选择的"清"，都以水为部首，以此来与以"日"为偏旁的"明"相对立。[38] 五行与五色相生相克，不但是精英文化和大众文化的常识，还对这两个文化层面的实践都产生了深远的影响。正如一位 17 世纪早期的文人所言："人间之色仅得其五，五色（青黄赤白黑）互相用，衍至数十而止。"[39] 经典文献中说，颜色是不可相信的，文人精英们对此也十分清楚。作为一种视觉现象，颜色会耗尽眼睛的精气，颜色是模仿性的，令人不安，会使人陷入尘世间的表象的罗网，而不是像文人的笔墨那样，以独特的感受抵御着感官诱惑的世界。在人们眼里，"色"这个字既是色彩的色，也是色欲的色，还是"外在表象"的同义语，过于沉溺于色之中会使人的精气消耗殆尽。[40] 当然，这并非是铁板一块的规定，不过赋色浓重的明代绘画【图100】大都可能是地位不高的无名画师所作，至于刻意追求平淡基调的绘画，则是男性文人业余画家保有的领地【图101】，他们对单纯地模拟毫无兴趣。对于女画家，尤其是那些以自身魅力而成为商品的青楼女画家而言，对艳丽色彩的刻意回避被推向了极端，如此一来，纸上呈现出来的淡得几乎看不见的图像就成为女性艺术家本人恰如其分的娇羞内敛而又清心寡欲的品格的隐喻【图102】，虽然她们并非那么的遥不可及。

倘若说许多事物都围绕着一个中心点而循环往复，那么"五"这个数字便也绝不会穷尽明代人对于数字类型的奇诡想象。数字构造出对古代历史的理解，其方式常常是通过对古代名人的分门别类。【图103】这儿，"竹林七贤"正在职业画家仇英所作的一幅扇面上进行严肃的对谈。数字可以用以成为文学新体裁的结构，比如 14 世纪科举考试中所要求的"近体文"，这种文体在后来被称作"八股"（字面意思是八条腿的文体，因为文中一般包括八个部分）。[41] 八卦（如图97所示）由三根短线和三根断线组合变幻而成，它不但是明代有关天文和宇宙的写作

图100 木版雕印本《大方广佛华严经》中的一帧手绘插图局部 1457年 纸本设色

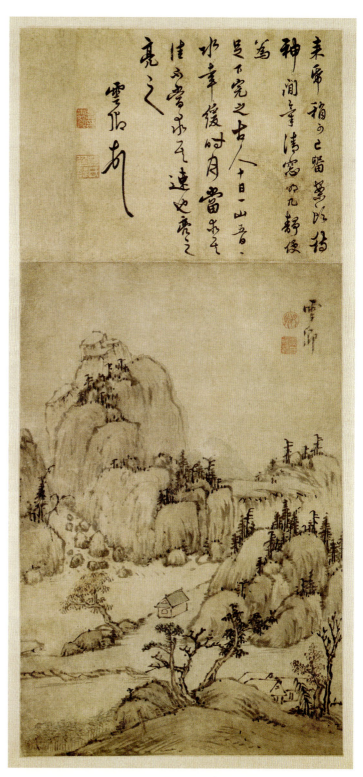

图101 莫是龙《山水图轴》 无年款 纸本水墨 61.3厘米×28厘米 与这幅山水装裱在一起的是莫是龙的一封书札

第四章 中国大百科中的图画：图像、类别与知识 | 151

图 102　马守真《绝壁行舟图》　1576 年　册页　装裱为手卷　16 厘米 ×60 厘米

图 103　仇英《竹林七贤图》　约 1540~1550 年　折叠扇　设色洒金笺　17.9 厘米 ×55.2 厘米

的中心，同时也流布到各种不同类型的明代物品之中。八仙【图 104】是一群道教神祇，要到明代他们才真正组合在一起形成一个图像单元。八宝与八仙扮演着相似的角色。八宝【图 105】是一个出自佛教的母题，在明代迅速地出现在各种物品上，比如小说《金瓶梅》中的绣花女鞋，或者是提供给一位有意购买丝绸的朝鲜商人的丝绸图样，这个时候的八宝，已经和佛教仪轨关系不大了。[42]

一旦我们触及佛教，那么数字类型便会急速攀升。这里有十八罗汉（或十六罗汉，二者所依据的文献不同，常使人分不太清），他们被制成成套的木雕、瓷塑、石刻或金铜造像，大多数初具规模的寺庙之中

图 104　蓝釉装饰瓷板　16 世纪

图 105　铜香炉　炉身装饰着镀金"八宝"图案　底纹为水波纹　16 世纪或 17 世纪　香炉底部有著名的"胡文明"款

第四章　中国大百科中的图画：图像、类别与知识 | **153**

图106 佛弟子铸铁像 1494年

都有供奉【图106】。[43] 这里还有33位（有时达到35位）观世音菩萨化身【图107】。观音是大众心中救苦救难的神祇，在佛教众神之中得到了最热烈的崇拜。清单是可以不停列举下去的。在明代，这份清单"的确"也是不停列举下去的。或者可以说，这份清单是文化实践的一种特别形式，在明代大行其道，其盛行程度前所未有。明代的文本中满是各种清单，尤其是物品的清单。合乎情理的猜想是，这个现象反映出一种"多重性美学"，也即上文所述的"多等于更多"的态度。在汉语教科书《老乞大》中，编纂者假定朝鲜的汉语学习者会想看到不同种类的马匹、各式各样的绸缎以及各种各样的"碎杂行货"。马有"曳刺马、骟马、赤马、黄马、燕色马、栗色马、黑鬃马、白马、黑马、灰马、土黄马……"，绸缎有"茶褐暗花、鸦青胸背、象牙底儿胸背、六花暗花遍金苔子、云肩暗花、和织、和素、红绫生绢、红里绢、绵䌷、丝䌷、销金缎子、披毡、毡衫、油单、罟罟、裁帛、腰线、鸦青、鸭绿、柳

图 107　佚名《法华经·观世音菩萨普门品》部分　1432 年　磁青纸泥金

青、大红、小红、肉红、桃红、茜红、银褐、鹅黄、金色、茶褐、麝香茶褐、酒浸茶褐、紫纻丝、红腰线袄子……","碎杂行货"则有"红缨一百颗、烧珠儿五百串、玛瑙珠儿一百串、琥珀珠儿一百串、玉珠儿一百串、香串珠儿一百串、水精珠儿一百串、珊瑚珠儿一百串……"[44] 我们可以很容易地说,《老乞大》中对这份不厌其烦的清单的热衷正是明代商业繁荣和充沛物品的产物。不过是否也可以说,对于清单的热衷本身即是商业繁荣的基础之一呢?

在一个更高的社会层面上,我们会看到,查抄失势的宫廷宠臣的家产时,在对所籍没的物品(如古玩、青铜器、绘画、屏风等)的登记著录中,充满着一种愤恨的喜悦之情。有许多人对这份家产做了详细的清单,其中最有名的可能是《天水冰山录》,由没有留下姓名的吏员所编纂,记录了皇家的正义天洪是如何在大学士严嵩(1480～1565)于 1562 年倒台之后融解其冰山一样的巨大财富的【图 108】。[45] 明代的宫廷实录中会出现大量官僚的名单,冗长而响亮的官僚头衔可能会使现代读者难以卒读,但对于明代的读者而言,却并非不可能从中找到比我们这些现代读者更多的乐趣。一份 16 世纪晚期的文献,由拱卫北京城的某一个县令所撰写,提供了一份由小字写成的多页清单,列出了负责科举考试的行政部门所必需的各种物品,椅子、灯盏、桌子、碗、杯、水壶,所有物品都仔仔细细地一行一行地列出。而地方政府的其他活动的必需品也都是如此地列成清单,不厌其烦地详录在书中。[46]

《宛署杂记》卷14"万历五年正月，仁圣皇太后、慈圣皇太后谕行大婚礼"

本县领回：
锡茶壶二把，赁银四分；
锡面盆三个，银六分；
锡酒壶三把，银六分；
磁茶盅十个，银三分；
磁花碟二十五个，银六分二厘五毫；
饭碗十个，银三分；
磁汤碗十二个，银三分；
银烛台二座，银二分五厘；
木凳三条，银四分；
大铁锅三口，银九分；
水缸三口，银九分；
木床二张，银八分；
浴盆三个，银六分；
荆笆二扇，银二分；
水桶三只，银四分；
小铁锅一只，银一分；
中床四张，银四钱；
漆桌三张，银四分五厘；
圈椅三把，银三分五厘；
厨桌三张，银四分五厘；
围屏四架，银壹钱二分。
以上共赁价银一两四钱四分五厘。

这份清单中的各种家用什物是宛平县（属于北京市的一部分）所属的部分财物，是1577年万历皇帝大婚时所征用的宛平县财物的报表，由时任顺天府宛平县知县的沈榜所记，收录于沈榜1593年所编定的《宛署杂记》中，这本书中满是这类巨细无遗的清单。（沈榜《宛署杂记》，北京古籍出版社，1980年，141页）

图108 （传）展子虔《游春图》，手卷，绢本设色，43厘米×80.5厘米。明代人相信，流传有绪的这张画是千年之前的大画家展子虔的真迹。此画出现在严嵩的收藏目录中，在其倒台后被籍没进入内府

相比起有幸保存下来的清单，曾经创造出来的清单要多得多。明代的继承法规十分完善，无须像早期现代欧洲那样在逝世时由公证人制作一份遗物清单，在早期现代欧洲的物质文化史研究中，这类遗产清单已经成为重要的工具。我们知道明代确有过详细的遗嘱，如陈继儒的例子。[47] 在日本偶然幸存了一些清单，在土耳其还保存了一份外交文书，是随外交礼物一起的物品清单，从中可以让我们窥见明代宫廷的物品管理实践之一斑。[48] 至少有一个庞大的私人艺术品收藏的分类方式已经被学者们详尽地复原出来。这个收藏以书法和绘画为主，有一套复杂的索引系统，用一首著名诗篇中的字为索引，类似于英文中的abc。明代的艺术分类与著录系统因此而成为几个世纪之后更为复杂、更为重要，同时高度结构化的清代宫廷收藏的先驱。[49]

行文至此，很难不触及这样的结论，即明代的精英作家们同样也是因为好玩而编订各种清单。他们把清单保存在书案上（实际上应该是放在抽屉这种分类工具之中），而时时会拿出来赏玩。文徵明之子文嘉曾记录自己是如何将从倒台的大学士严嵩家产中查抄出的书画所编订成的目录——一份他在江西分宜为官时的工作成果——转化为适合于大众阅读的东西："今日偶理旧箧得之，重录一过，稍为区分，随笔笺记一二传诸好事。"[50]

清单其实也可以包括比较抽象的事物，比如政治家宋濂所列的一份清单，为年轻的儒家学者列出了六种生涯模式：游侠之儒、文史之

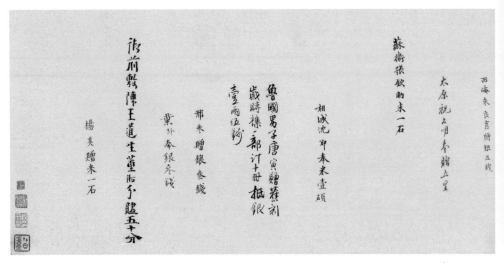

图109　仇英《为朱君募买驴图》后的落款名单，徐祯卿、祝允明、唐寅等，1500年，手卷，纸本水墨，仇英画心尺寸：26.5厘米×70.1厘米，认捐名单尺寸：26.5厘米×104厘米

儒、旷达之儒、智数之儒、章句之儒、事功之儒。[51] 1637年，方以智（1611～1671）拟了一份清单，名为"七解"，"为出身贫寒的年轻后生提供了科举考试以外的选择"。[52] 清单也可以包括顾起元的"赏鉴八例"，谈论了有关著名鉴赏行为的八个故事。[53] 在明代，古代的分类概念"七发"继续被沿用："天下至悲之音、天下至美之食、天下之至骏、天下之靡丽皓侈广博之乐、天下至壮之校猎、天下怪异诡观、天下要言妙道。"[54] 浏览这七个例子的时候，值得去注意的是，其中有两个例子明显以视觉为中心，而另有两个例子是物质经验。清单中还可以包括"世上有三等人怕热，有三等人不怕热"。这是小说《金瓶梅》的叙事中插入的一段枝蔓。怕热的三等人为"田舍间农夫""经商客旅""边塞上战士"，不怕热的三等人是"皇宫内院""王侯贵戚富室名家""羽士禅僧"。[55] 有一份清单列出了捐资买驴的捐赠人名单，这次募捐是为了给一位生活清贫却深受敬重的苏州文士买驴，由他的朋友们于1500年发起。这份捐赠人名单附在为纪念这件事所作的一幅画后作为题跋，画面描绘了那位受赠者以及一头驴【图109】。整个事件堪称一个幽默的故事，是一个明代的小玩笑，年轻的文人们一本正经地模仿着诸如重修庙宇或刻印经文等基于虔诚的宗教目的所进行的募捐活动而留下的功德主名单，或者是模仿"礼单"，即礼品的清单，这类清单记录的是在婚礼

中赠予某对年轻夫妇的礼品,或是其他场合中的礼品。在记载自己于1487至1488年旅华经历的日记中,崔溥仔仔细细地誊写出附于礼物一道赠送给他的那些文件中的文字。他还告诉我们,对于赠送礼物的人来说,亲手书写一份类似的礼单是赠予行为中不可或缺的,绝不会交给抄手来完成:

> 总兵官三使相即馈臣以茶果,仍书单字以赐。单字中送崔官礼物:
> 猪肉一盘。鹅二只。鸡四翼。鱼二尾。酒一罇。米一盘。胡桃一盘。菜一盘。笋一盘。面筋一盘。枣一盘。豆腐一盘。[56]

在小说《金瓶梅》中,我们经常会读到类似的礼单,礼单中详细列出书中堕落的主人公及其狐朋狗友之间的礼物交换。或者是纺织品,或者是珍馐异馔。我们还从中得知,这类礼单会展示给来访者以供其研究。[57] 正如《为朱君募买驴图》中体现出的那样,写下个人捐纳的钱数(大多是小钱,更增玩笑的效果)是一种直白无误的"俗",完全与理想的无欲无求的"高士"形象不一致。在这儿,有一种近乎嘉年华式狂欢的礼仪错位,礼单在这里成为中心,我们可以想见,当每一位捐赠人依次写上所捐数目的时候,善意的呵呵声四下响起。

不过,清单也在明代文化中扮演着一种更为冷静的角色。费侠莉让我们注意到一种新的书写形式,即"由个人撰写并付梓的医案汇编",这是一种明代的创新,在当时属于医学写作领域。[58] 这类文本出自许多明代名医之手,其中还包括一些女性医生。这些医案是名医所经手的各种疑难病例的记录和清单。[59] 费侠莉指出:

> 当有学养的救死扶伤者选择医案作为一种凌驾于方书或治疗手册等其他医学书籍之上的体裁之时,他们便已是在无言地表达对于医学文本和医学权威文献的看法。医案汇编把医学的权威性从代代相传的医学经典和上古名医中剥离开去,转而置放于一个个鲜活的个人之中。[60]

与之类似的是,明代的其他写作形式,比如传记汇编,尤其是一些特殊人物的传记,如将军、特殊政治派别的成员、特定区域的画家,甚至是贞洁烈妇,都把文本权威贯注进个案,也就是一个个鲜活的实例之中。[61] 名单的这一诗意特征似乎与题跋高度相似。题跋是书写在一件作品之后、对这件作品所发表的看法,人们常常把题跋一条一条整理出来,编成专门的题跋汇编,在明代,它们是诸如文徵明这样的艺术家表达艺术主张的工具。在明代的文本中,特殊要比一般更有力量。这也就是清单之所以重要的原因:它们并非是从中可以抽取出普遍模式的原始资料(类似亚里士多德或夏洛克·福尔摩斯所做的那样),而是一种借由"多重性美学",其自身就可以制造和构建意义的力量。在这里,再一次地证明,多等于更多。

但是,清单中的先后罗列可以迅速地转变为品评中的高低排序。覆盖在清单的美学上面的是分级的美学,是品评的美学,颇有一些现代学者将之视为明代文化中一种至关重要的实践,它随着明朝的演进而变得越来越强烈,越来越尖锐。在清单中,一个东西不会比另一个东西更重要,品评则不是如此。[62] 明代文化中有一种所谓的"宏大排名"

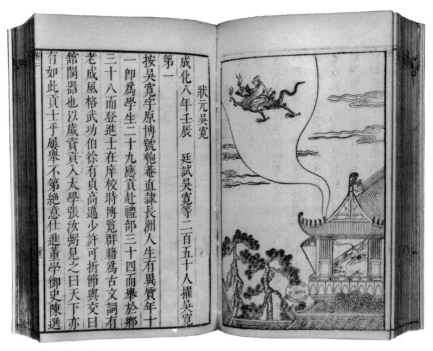

图110 《状元图考》中的"吴宽梦乘龙高升图" 1643年 版心尺寸 24.2厘米 ×15厘米

图111　明代官补　取自1596年明政府册封日本统治者丰臣秀吉（1536～1598）为"日本国王"时赐予的官袍　32.5厘米×39厘米

(master-ranking)，从观念上来说，它是所有其他分类和排序方式所依据的模型，这就是科举考试系统。在这个系统中，所有成功通过考试的举子都被从高到低排列在一份进士名录之中以资表彰。（他们的科场文章也以相同的方式雕印出来，按照名次高低汇编在一起。）[63]依据这种高低排序，新科进士们接下来会按照顺序依次进入帝国官僚系统。官僚系统分为九等，每一等再进一步细分为上下两个等级，一共创造出18级的官阶（九品官阶系统始于汉代）。[64]一旦成为"状元"，也就是最高级的进士考试中独占鳌头的第一人，将会获得无人能想象得到的成功。在明代立国的276年中，一共有24594名进士，平均每年89名（巧的是，明朝恰好举行过89次进士科考试，产生了89位状元）。[65]"状元"是文坛的超级明星。16世纪后期出版了一本汇集明代历次科考状元故事的书，人们可以从中读到令人激动的励志故事，当然也可以仅仅是为了好奇，人们可以由此了解状元们早年的奋斗、梦想、锲而不舍，以及最终的成功与荣耀【图110】。进入"官场"也就意味着进入一个官阶等级会通过物质形式和视觉形式表现出来的地方，官服前胸的补子是其最主要的体现【图111】。此外还体现在女性发髻的细微变化当中——一品大员至七品小官的妻子可以绾流行的"松山"发式，而八品与九品官的妻子则不能。[66] 至少按照律法来说是如此。不过，在同样的文献材料中，一方面记载了上述的法规，另一方面又记录了许多激烈的言辞，表达对上述法规的蔑视和不满。显然，等级愈森严，僭越愈严重。[67]

有的时候，品评人物与品评事物被清清楚楚、明明白白地联系在一起，这并非明代的创新。一位明代的目录学家曾著录了一本书，名为《文房职官图赞》，原作者是南宋文人林洪，他把自己书斋中的十八种不同物品一一授予不同官衔，比如砚台是"石端明"、毛笔是"毛中书"，等等。名为《茶具图赞》的另一本宋人著作也著录在同一本明人著作中（因此也可以被其他的明代读者所知晓）。在这里，用于品茗的十二种物品也以同样的戏谑方式被其主人冠以不同的官职。[68] 王象晋写有一本《群芳谱》，作于1623至1628年之间，其中列出了四百三十三种园艺植物，作者既进行了分类也进行了分品。借用人类社会中的词汇，作者将这些花草分别与皇帝、皇后、大臣以及其他高级官僚的名称一一对应。[69] 接下来提到的事大概纯属巧合，但依旧会让人眼前一亮：就在《群芳谱》编写的同一个时刻，荷兰鉴赏家们也用同样一套王朝等级体系来描述郁金香狂潮中的主角，把这种植物称为"上将"和"大将"。[70]

在明人著作中，既有许多文字专精于品评各种不同水果，还有许多文字醉心于赏鉴与品评各种纸张，或者不同的茶叶。[71] 文震亨所著的《长物志》，通篇都在致力于说清楚某种东西比另一种东西更好，而两者又都比第三种东西高级，诸如此类。这种品头论足的审视，渗透在各种事物之中，无论是鞋袜、香炉，还是豢养在园林中作为玩物的各种禽鸟（比如，养仙鹤没问题，养鹦鹉不可以）。[72] 在明代，发展最为完备的一种分级品评形式是对绘画和书法的品评，这是具有悠久历史的一种品评形式，众多的明代文人都曾涉猎其中。作为其中的佼佼者，何良俊如此写道：

> 世之评画者，立三品之目。一曰神品，二曰妙品，三曰能品，又有立逸品之目于神品之上者。余初谓逸品不当在神品上，后阅古人论画，又有自然之目，则真若有出于神品之上者。[73]

对绘画史中那些最为杰出的典范人物而言【图112】，"逸品"堪称一种超越评价体系之外的"出类拔萃奖"（hors concours）。[74] 元代艺术家倪瓒就拥有如此殊荣，他不仅在绘画风格上为许多文人艺术家所效

图 112 倪瓒
《虞山林壑图》 1372 年
纸本水墨
95.3 厘米 ×35.9 厘米

仿,同时也以其不受束缚的"游"的生活方式而成为楷模。这类人物是艺术的"金本位",是衡量一切的基准,分级系统便由此而展开。将画家分品别类,在长长的名单中的每个名字下,都附以寥寥几行的文字勾画出其擅长的技艺,这是明代艺术写作的流行模式,远比系统的论画著作来得普及。同样,我们也不必认为这是明代文人作家们丧失严谨作风的表现,而应该视之为一种清单所独有的诗学,在这里,一条一条地罗列特殊的细节才是关键所在,它有意排斥从其中抽演出一般的结论。当然,除了我所形容的这种写作方式,明代确实也有批评性写作。李开先就是一个典型,他所编写的"画品"中列举了绘画中的"六要"与"四病",同样为我们提供了一份清单。此外,他甚至还更为典型地在每一"要"和每一"病"后头都列出了一份名单,指出哪些画家的哪类画作属于哪一种"要"和"病"。[75] 在另一份"画品"中,我们得见一位明代作家,他沉迷于增补清单的乐趣之中,为那些在他看来被时人所遗忘的画家制定一份名录。从以下这段篇幅颇长的引文中可以窥见这类写作之一斑,虽然并没有明确谈及等级高下,但是从所提到的画家名字来看,依然暗示出一种修辞,选择谁和排除谁,都寓有深意:

> 画品补遗:《金陵琐事》载国朝金陵画品备矣,然尚有数人焉。宋臣,字子忠,号二水,善画山水人物,远宗马远、李唐,近效戴进、吴伟,极妙临摹,元、宋名笔,皆能乱真,载图绘宝鉴。又有朱希文者,善画梅花,与林旭同时,见陈中丞镐金陵人物志。陈别驾钢,号迟宜子,善画蒲桃。其配金夫人善水墨画,所作番马,峭劲如生。万历中,王元耀者以赀郎官四川藩幕,善画,从文氏父子入门,后学郭熙、巨然、倪迂等,皆有其家法,鉴画亦有独见。旧院妓马守真,号湘兰,工画兰,清逸有致,名闻海外,暹罗国使者亦知购其画扇藏之。[76]

熟读今天的标准明代绘画史的人会对这篇引文中所提到的名字大吃一惊,因为这些名字太陌生了。他们的作品几乎一件也看不到了。今天绝对不会有人知道县佐陈刚的妻子金氏,更不会知道出自她之手的生机勃勃、栩栩如生的番马到底面貌如何。原因很简单,因为我们所读到的这些名字实际上都是"地方名家"。这份名单出自16世纪南京人顾起元所撰写的有关南京城的一册"笔记"。虽说这里曾是明朝最初的都城,并且此后一直是保留着一套中央行政系统的大都会,但这个时候的南京却并不是一个重要的绘画中心,它先是处于被高度褒扬但已经逐渐式微的苏州的阴影之下,接着又被逐步崛起的华亭的光芒所笼罩。这份名单所罗列的名字中,唯一在今天还能让人记起的是最后一位画家,妓女画家马守真。美术史中对她的重新发现也只不过是最近二十年的事情,是女性主义学术兴起之初对古代进行重新挖掘的产物(参见图32、102)。[77] 作为一位名妓,不只是她的画作,就连她本人也是潜在的赏玩之物。明代有不少赞扬并分品著录青楼女子的文字,它们和那些著录卓越艺匠、天才画家或当世名手的名单一样,广为人所传抄阅读。这种聚焦于风月女子身上的目光还一直延伸到娈童身上,他们和妓女一样,也为成年男性赞助人的欲望所服务。[78] 如果说在为明代男性而作的清单中体现出一种快感,那么同样也会有关于快感的清单,本书的下一章将会转向这些快感。

第五章　娱乐、游戏与纵情声色

　　16世纪中叶的某一天,画家陆治完成了一套十开的小册页,册中描绘的是"幽居乐事",我们只知道画册的上款人名为"云泉师",其他则一无所知。册页第一开题为"梦蝶",在讨论明代漫游与闲游的视觉文化与物质文化的那一章已经刊出了图版(参见图42)。其他数开,按照画册目前的装裱顺序,依次为"鹤笼""观梅""采药"【图113】、"暮鸦""停琴""渔父""放鸭""听雨""踏雪"。[1] 人们可以从画中描绘的诸般乐事中对这一文化了解甚多。这些癖好高雅而又节制,令人歆羡,其中有数种同时也是历史典故,与特定的古代人物相关。在册页中,诸般乐事全都集中于某位具体的男性文士一人(在"暮鸦"与"渔父"两开他虽然没有出现,但画面意在表现他是画中景象的观赏者),他身着隐士雅致的素袍,远离尘世的庸俗气氛,不受世事侵扰。他是"高士"(参见图37),也是一种理想,代表着上文已经讨论过的男性精英的主体意识,是对世间万物进行观察的原点。

　　这的确是一种理想,他的乐事是理想的乐事。陆治在册页题名中用的词是"乐",这个词回荡在整个明代的写作中,在一些相反语境中也频频出现。果不其然,这些相反的语境表明,对于这些文字的作者来说,"乐"并不是一件简简单单的好事情。譬如,陆治的同时代人、善写笔记的何良俊正是用同一个词来描述前任大学士谢迁(1449~1531)的闲居生活。从庙堂之上隐退之后,谢迁与孙女们玩纸牌、赌点心水果,以此为乐来消磨时光("戏赌以为乐")。我们被略带刻薄地告知,谢迁从此"不问外事。由今观之,木斋真一愚痴老子耳"。[2] 更为极端的是,明人语境中"春乐"一词,并非指春季踏青或郊游午餐,而是指

图113　陆治《幽居乐事图册》之"采药"一帧　无年款　绢本设色　29.3厘米×51.4厘米

淫秽的场景与过度的纵欲。"春画"（日语中这个词读作shunga）是一种淫秽图像，在明代广为流播，同时又被许多或公开或私下的道德家所谴责和禁止。"乐"这个词以及与之相关的"玩""戏"等词都具有多种含义，它们广泛呈现于明代视觉与物质文化之中，这将是本章所讨论的中心。

　　各种不同的文献材料都支持一个猜想：看与观本身就是一种享乐，无论这种享乐是正当的还是不正当的，都是"乐"。陆治画册中的第一位高士，带着笼中的仙鹤，与此处这位15世纪早期的皇帝【图114】像极了。小太监托着鸟笼，举过头顶，笼中鸟儿叫得正欢，皇帝正在细心审视。这件画作是一系列表现宫廷享乐活动的图画之一，这类图画被称为"行乐图"【图115】。[3]这种"行乐图"是宫廷艺术中一种特定的门类，留下来的宫廷行乐图只是极少数，许多都已经湮没无闻，只能在文字记载中略窥一二。"行乐图"所最常表现的是那些徜徉于田园景色中的古代著名隐士，不过此时却被乔装改换，用来展现皇室内廷之中令人目眩神迷的乐事。如此一来，宫廷行乐图不仅将明代皇帝与古圣贤君、历代名士混同起来，同时也强调出正是因为皇帝宫廷的太平与富足，才使得帝王沉浸在与其身份相契合的各种华巧的闲暇娱乐之中。因此，我们会在商喜传世的一幅大画（参见图137）中看到宣德皇帝（1426～1435年在

图 114 佚名《明宪宗调禽图》 立轴 绢本设色 约1470~1480年 67厘米×52.5厘米 "宪宗"是成化皇帝朱见深（1447~1487，1465~1487年在位）的庙号

位)在宦官内侍簇拥之下于御苑之中狩猎的情景。[4] 这张画如今装裱成一幅卷轴,不过当时应该是一扇可随意观看的屏风。在另一幅画中,皇帝则是一位观赏者,赏观各种元宵节令表演,其中有焰火,有"闲逛"购物以体会市井生活的宫廷内眷,有游行舞队,还有滑稽的杂耍,所有这一切都是为了博皇帝一乐。这些供观赏的宫廷娱乐活动在文献材料中也可见到。根据记载,它们出现于大家一起享受观赏之乐的场合,同时也是皇帝"与民同乐"的场合。譬如,在1412年新年,举行了一场盛大的百官宴会,与此同时,京城官员与平民百姓都得以进入午门之内观赏"鳌山",所谓的"鳌山",就是一个临时性的巨大木构,上面扎满了炫目的灯笼与焰火。一位名叫夏原吉(1366～1430)的高级官员还带着母亲一同来看鳌山,这表明元夕灯景并没有完全严格的性别限制。(宦官禀奏皇帝说有妇人也来赏灯,而天子则称她为"贤母"。)[5] 翌年的宫廷实录则记载了皇帝车驾"东苑"(位于现在的北京),"观击球射柳,听文武群臣、四夷朝使及在京耆老聚观"。从描述中我们获知,击球官分为两队,均由贵胄内戚率领,自皇太孙至诸王大臣依次击射。皇太孙连发皆中,皇帝龙颜大悦,于是命皇太孙对句,皇帝出上句,皇太孙对下句——这是皇帝的奖赏。赐给其他王公大臣的赏赐也都有详细记录。[6] 在1414年新年,皇帝又一次"御午门观灯",赐予百官的御制诗及各种物品就是皇帝"观"之乐的结果。[7] 百年之后的1517年,正德皇帝(1506～1521年在

图115　佚名《明宪宗元宵行乐图》　手卷　1485年　绢本设色

位)出现在位于北方边境的军事重镇宣府(总兵官驻扎于宣化)观赏迎春表演。史书中对正德皇帝评价不高,他离一位理想圣君差得太远。这一次他乃是巡幸边境,以国事之名行寻欢作乐之实。他所观赏的是一场多少有些粗陋的闹剧,其中有披红挂绿的大车数十辆,上面坐了数百名僧人与妇女,妇女手中各执圆球,"车既驰,交击僧头,或相触而坠",至于皇帝,我们从记载中得知:"上视之,大笑,以为乐。"[8] 次年,正德皇帝圣驾还京,为示庆祝,京城燃放烟花,举行了节宴表演。喜欢排场和刺激的正德皇帝一定会同样以此为乐。[9] 明代物质文化中这些转瞬即逝的侧面,尤其是像元宵灯笼、烟花焰火这样的东西,如今几乎已经全部消隐于无形,留存下来的只有些许痕迹,譬如几卷存世的皇室行乐图卷轴,还有一些描述庆典场景的文字以及小说中的版画插图。对烟花的描写是《金瓶梅》的一个显著特色,从中可以看出,为了准备一堂宴会,可能需要雇几个专门为人家燃放烟花的人。从中我们也可得知当时烟花的各项专门名称,如"慢吐莲""一丈菊""烟兰""赛月明""琼盏玉台"等。[10] 确凿无疑留存下来的是一些禁止这类视觉享乐的清教徒式严厉禁令。有的轻,只是禁止在葬礼中办酒席、请堂戏;有的重,譬如在1567年,发生了一系列凶兆,使得皇帝下诏取消元旦百官假日,百姓则禁止"张灯作乐"。1625年,类似情形再度重现。不吉之兆促使皇帝传旨,"严禁民间举放花炮流星、击鼓踢球"。[11]

　　对于明代那些受过教育的男性而言,更恢宏的"乐"并不是花炮流星与击鼓踢球,至少大多数人在公开场合中都不会这么说。关于"乐"这个问题的讨论有久远的传统,可以回溯至两千年之前战国时代的思想家。辩论的焦点是具体可感的"乐"(比如华服与醇酒)与戴梅可(Michael Nylan)所说的"相对之乐"(relational pleasures)——比如"乐贤(在政治活动中得到效忠国家的贤士)、乐与人交(在社交艺术中修身养性)、乐德(在美德中获取快乐)、乐业(在所从事的职业中获取欢乐)、乐天(在上天及其道德请求中得到快乐)"[12]——之间的关系。只有通过时刻关注后者,"损者之乐"这种不断损耗的乐(consuming pleasures)才能够转化为"益者之乐"这种永恒持久之乐(sustaining pleasures)。"有朋自远方来,不亦乐乎?"这是孔子《论语》中著名的开篇,是至圣先师自己的格言,然而在1487年的进士考试中,考官却引述同为经典先贤的哲学家孟子(约公元前371~前288)所说的一句话作为考生策论的题目:"乐天者保天下。"[13] 明朝官员杨东明(1548~1624)来自穷困的河南东北部，与以官僚改革派为主的东林党人有较为密切的个人接触，他在1590年发起建立了一个"同乐会"，后来改称"同善会"，主要做一些慈善事业，诸如修路、架桥、为红白喜事提供资助等。[14]高雅之乐在时人的各种书斋名称中表现得淋漓尽致。在明代的汉语语法中，"乐"近乎一个及物动词，譬如"作乐""乐……"（如上面所引孟子的"乐天"一句）这样的用法，与此相同的用法在明代文人精英的书斋以及宅第中其他建筑物的名称上随处可见，这些名称往往可以借代其主人。从一本现代人编纂的室名斋号辞典中我们将其摘出，附录于下：[15]

  乐山亭　乐白轩（"白"指白居易）乐在堂　乐全翁　乐志亭
  乐病生　乐清轩　乐清翁　乐饥翁　乐善斋　乐琴书处　乐皓斋
  乐闲公　乐寿山人　乐寿堂　乐稼轩　乐余园　乐志圃　乐善堂
  乐最堂　乐无知斋　乐意轩　乐观生

  山、志、清、闲、稼、善、意、观——这些全都是完美无瑕、富有节制、巍然正统的享乐，尤为重要的是，其中的大多数都不是物质性的东西，而是道德情操或人伦品德，与陆治所图绘的诸种"幽居乐事"相互呼应，都是对物质性的消解。它们均是上古战国时代的贤人们企图说服其贵族赞助者所从事的"永恒持久之乐"，他们的思想表述在文字之中，明代的文人精英依然在诵读这些文字，并且引以为典型。因为"乐"是另外一种行为实践，明代的上流阶层可以借此把自己与世俗大众区别开来，那些乐于观看的皇帝，无论愿意与否，都被划入后一种类型之中。因此，袁宏道在一次清晨或薄暮时分游览杭州胜景西子湖后写了如下评论："此乐留与山僧游客受用，安可为俗士道哉！"[16]和"闲"一样，"游"本身也并非是人人都可以承受得起的（这二者是精英阶层对于空间与时间的消费，在明代有大量的图像对其进行了表现），不过如若享受得了这二者的消费群体太过庞大，就像明末不少人所觉得的那样，那么重点就要转向享受的方式了【图116】。大把的钱财或许能买到闲与游，但却买不来受过良好教育的文人所获得这二者的方式。这儿，有一种东西不动声色地把社会顶层的文人精英的乐与社会底层的民众的乐联系在一起，这时的社会实际上已经与本书第一章中介绍过的"四民"相去甚远了。这就是明代的渔夫（他们往往是江边渔夫而非海边渔民），明代有

图 116 陈昌锡 "吴山十景" 之一 选自《湖山胜概》约 1620~1640 年 木版套印 版心尺寸 26.5 厘米 ×19 厘米

图117 钱毂（1508～约1578）《渔乐图》局部 手卷 1578年 纸本淡设色

一专门的绘画类型，通称为"渔家乐"或"渔乐图"，其中往往要描绘渔夫。在上文提及的陆治那套"幽居乐事"册页中，就有这么一开，置于"停琴"与"放鸭"两开之间。在明代这类渔乐图中【图117】，渔夫是明代人想象中的"阿卡迪亚牧羊人"，不羁绊于一地（他们住在自家船上），自由轻松地任意来去，同时也享有社会地位的自由自在，他们的生活被想象为一种享乐与放松。有意思的是，被加以理想化并且被大量表现在图画中的并非那些与土地为伍的农民的艰辛劳作，实际上明代鲜有表现农民在地里埋头耕种的绘画（图27是个特例）。对于那些拥有大量土地的人来说，农民的生活是再熟悉不过的了，因此不会被视作一种享乐。渔夫则近乎被视作自然的一部分，好似他们所捕的鱼儿一样，在这一时期的"渔乐图"中，鱼儿也有所表现，画在贮酒的瓷瓮中。[17]

因此值得注意的一点是，在理想的精英生活方式中，那些被指认为处于中心地位的乐事都与物质无沾。在16世纪前半期，文徵明会把友朋之间固定的社交酬酢称为"浮生平日之乐"[18]，友朋之间的酬酢"往来"常附带着礼物的交换，是互惠原则（reciprocity）与主体意识创造（subject creation）的核心。在写给一位姻亲彭年的另一封信札中，文徵明的言辞甚至更为口语化，将朋友之间的往来称为"谈笑"："请即刻过我一叙……儿辈旦夕出门，幸勿失此谈笑也。"[19]七十年之后，有人认为"不读书，不作诗文，便是全副名士"，钟惺（1574～1624）对此大加批驳。他批评这种观点好比是以自我克制以及断绝各种欲望为代价的长生之术,评论道:"余辈今日不作诗文,有何生趣?"[20] 1557年,归有光(1506~1571)曾把如下文字刻在他最喜爱的一张书几上面:

> 惟九经、诸史,先圣贤所传,少儿习焉,老而弥专,是皆吾心之所固然,是以乐之,不知其岁年。[21]

甚至当所享之乐要比谈笑,比作诗,抑或比研经之乐奢侈许多的时候,表面上所强调的仍然是其中的"非物质性",以及与朋侪共同分享的融融之乐。在1539年为一位名叫王爵(1476~1537)的人所撰写的一篇墓志铭中,文徵明写道,逝者的家族累世从军,而他却独独喜爱问学与为儒。他性格勤勉,精通从医学到音乐的诸门艺术,对每一门艺术的掌握都惊人地驾轻就熟。我们得知他在城南修建了一座独栋别墅,在美丽动人的花竹丛中,他与宾客燕游其中,欣赏音乐与歌舞,起舞歌呼,"乐而忘世"。[22]

正当的乐,目的之一是让人得以"忘世",在明代,有一种癖好便以这种观念为核心,这就是酒【图118】。饮酒,以及酒精消费中独具特色的物质文化,在中国有久远的历史。[23] 尽管富人家的金银酒器到现在大多都已熔为他用,留存于世的绝非当日数量,可是在存世的明代陶瓷器皿中,确有相当一部分是酒器或酒具(常用来温酒,无论是作为酿造酒的黄酒还是作为蒸馏酒的白酒都可以进行加热)。[24] 但是酒、饮酒及其影响绝不只是一堆各式器皿那么简单,同时也与一整套文化实践与文化态度息息相关。在本书第三章,我们与唐代大诗人李白初次邂逅(参见图80),他用怪诞的异国文字写下答复蛮人挑衅的国书的举动让人赞叹。正是饮酒所激发的意气使这位卓越的文化英雄做出如此壮举。他在明代的传人们同样迷醉于豪饮。何良俊记录了许多关于饮酒之必要性的隽语,譬如"酒正使人人自远"或是"宁可千日不饮,不可一饮不醉"。有意思的是,在其文集《四友斋丛说》中,有关酒的这些掌故都出现在《娱老》这一卷,以醉酒般的滑稽来娱乐年岁已高的父母是孝道的表现。[25] 饮酒行为常常被极端地仪式化。当闲游在西子湖边的袁宏道终于得以摆脱蜂拥而至的庸俗游客时,他娓娓道来自己如何"少倦,卧地上饮,以面受花,多者浮,少者歌,以为乐"。同一位作者还为我们提供了一套醉酒的规则,他称之为"觞政",专门讲述在昼夜的各个时段酒醉时如何保持礼数。[26]

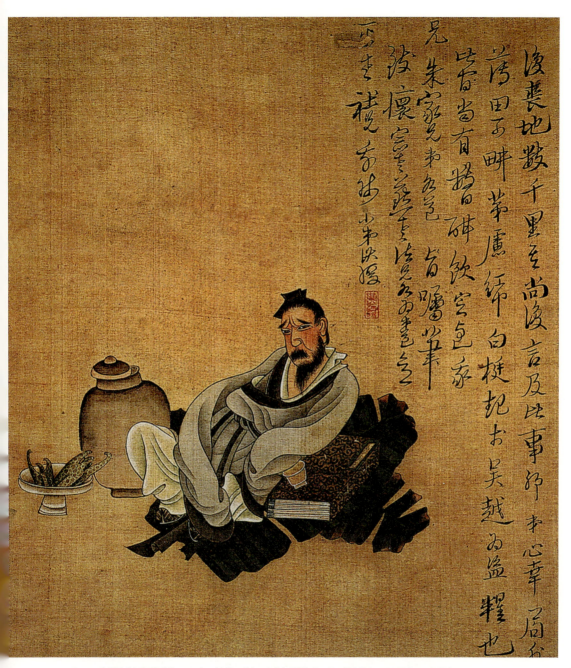

图 118 陈洪绶《自写醉酒像》 1627 年 《人物、花鸟、山水杂画册》之一开 绢本设色 22.2 厘米 ×21.7 厘米

醉得优雅而得体是再理想不过的，正如钟惺所说的那样，倘若酩酊大醉，便不知酒中乐趣了："沉湎委顿，不为不苦，而昏梦号呶，亦复安知此中之乐？"（我们可以从中推想，当时至少有一部分人是钟惺所倡导的这类"适可而止型"的。）[27] 不过，李日华的日记令人景仰地充满着酩酊大醉的场合。如万历三十八年（1610）阴历十一月二十六日，在持续至深夜的宴饮结束之后，直到第二天，李日华都宿醉未醒，无法工作，只得休养（李日华用了"病酒"一词，字面意思就是为酒而生病）。[28] 倘若回忆起万历四十年（1612）十月二十一日的那个晚上，李日华一定会十分高兴。那天，他的一位学生从北京回来，顺道看望老师，他们聚在一起煮蟹饮酒，"大醉"。[29] 翌年的十月三十日，在李日华家中举行了一次雅集，李日华之子李肇亨为父亲献上"红鱼白磁杯"，李日华用这个杯子连饮五十余杯，"颓然竟醉"。李日华颇为自豪地称所饮之酒为"吾家酿法"，客人对此酒赞誉有加。万历四十二年（1614）十二月五日，李日华在日记中写道：

> 集徐节之竹浪馆。节之尊人润卿出所藏文衡山、文水、陈道复、莫云卿诸家轴悬壁间。相与谈笑评骘，以代丝竹。朱山人肖海以手制蒋斝匏樽行酒。余与儿子俱大醉。

大醉之后，翌日的日记只有短短的9个字："以病酒故，不能进勺饮。"[30]

男人们的宴会、畅饮和艺术品鉴赏之间的紧密关系与几位明代鉴赏家所定下的看画的准则格格不入。按照这些准则，看画时不能过量饮酒，必须保持庄重虔诚的态度。但是在那个时代，人们都能够很好地理解艺术品中得到的乐与醉酒中得到的乐之间的联系。当文徵明为其老师兼资助人沈周撰写墓铭行状时，他为我们勾勒出这两种活动是如何相互渗透在一起的：

> 佳时胜日，必具酒肴，合近局，从容谈笑，出所蓄古图书器物，相与抚玩品题，以为乐。晚岁名益盛，客至亦益多，户屦常满。[31]

六年之前，沈周之子先于其父辞世，文徵明为其所写的墓志铭中将其刻画为一位一生沉醉于这两种活动的士人。他描述沈云鸿（1450~1502）"性喜剧饮，而不为乱"，接着又说他"特好古遗器物、书画，遇名品，摩扪谛玩，喜见颜色，往往倾囊购之。"喜欢亲手把自己的收藏展示给宾客的沈云鸿，曾经自比为北宋大鉴赏家米芾（1051～1107）。米芾希望变作一只蠹书鱼，游金蹄玉蹩而不为害，沈云鸿也与之相同："余之癖殆是类邪。"[32] 于是，我们在这儿就触到了明人所说的正当的乐的边界之一，或者至少可以说是一个擂台的边界，其中有许多争论，有关于自我净化的争论，也有关于净化了的自我与其中凝结的社会秩序之间的关系的争论，在这个擂台上，种种争论都被精彩纷呈甚至有时是不怀好意地彰显出来。物品之乐（与研学之乐、雅集之乐或道德修养之乐相对）是否依然是合适的乐？抑或这种乐只是低层次的感官诱惑，应该用别的词来描述？一位名叫陈全之的16世纪评论家无疑持后一种观点，他忿忿地说：

> 人有残缣败素，绘一山一水，爱之若实，售之必千金。至于目与真景会，则略不加喜，毋乃贵伪而贱真耶？求乐之真，今日正在我辈。春雪既霁，春风亦和，或坐钓于鸥边，或行歌于犊外……[33]

但是陈全之关于"乐"之真正源头的长篇大论（上面所引只是其开篇部分）淹没在那些乐于享受物品中乐趣的人的众声喧哗中，他们用与"乐"相联系的另一个词来表达："玩"。有本汉英字典如此定义这个字："To amuse oneself with; To find pleasure in; To play with; To play; Toys; Trinkets; To trifle with; To dawdle."（用某种东西来娱乐自己；在某种东西中找到快乐；和某种东西打闹；玩耍；玩具、小玩意儿；戏耍摆弄某物；打发时间。）[34]

在上文所引的那段描述"喜剧饮"的沈云鸿"摩扪谛玩"古董器物而获得享乐的文字中，文徵明就用了这个字眼。墓志铭这类讣告文字不会说别的，只会表明墓铭主人好的一面。不过"玩"这个字却有一些危险的隐义，最为让人记忆犹新的就是上古经典《书经》（《尚书》）中的一句话，对于受过良好教育的士人来说，这篇经典文字至少是能够部分铭刻于心的："玩人丧德，玩物丧志。"[35] "玩物"是一种负面行为，与最早的一部绘画赏鉴著作《历代名画记》中所说的"明劝诫，著升沉"相对立，后者才被认为是观画的正当理由。[36] 如下事实或许可以更好地让我们感觉到"玩"这个字所透露出的危险信息：按照英语语法，"玩"与"乐"这两个动词都可以轻易地后接一个事物名，但是在明人的室名斋号（因此也代表着士人本身）中，带有"玩"字的名称要比带

有"乐"字的少得多。下面是所有带有"玩"这个字眼的名称：[37]

  玩易堂 玩易轩 玩易郭 玩易楼 玩易斋 玩芳堂 玩菜生 玩梅亭 玩鹿亭 玩画斋 玩石子 玩虎轩

  这12个名字在数量上远不如23个以"乐"为名的书斋，那些书斋的主人喜欢用更为得体的词"乐"，而不是"玩"。不过即便如此，这12个还是在数量上超过了接下去的朝代，在1644年至1911年的整个清代，以"玩"为名的书斋只有9个，与之同时，以"乐"为名的书斋却比明代更加繁盛。这固然只是个小小的抽样，但其中所点明的却是在本书第八章将会触及的主题，也就是说，在以后几个世纪人们的感觉中，明代是最最有趣的一个朝代，占有统治地位的精英阶层全副身心投入自娱之中，最终娱乐着死去（至少可以说王朝在娱乐中死去），这一点既在很大程度上解释了王朝的血光结局，也解释了王朝的魅力之所在。把"玩"与视觉性联系起来并非总是自然而然、无须讨论的。丁乃非（Naifei Ding）曾指出，在《金瓶梅》最为露骨的色情段落中，频繁出现"观玩"这个词，表示的是观看与男性的娱乐之间的直接联系："他（西门庆）用同一种迷狂的目光吞噬着（一种视觉吞噬，即"观玩"，其字面含义是"观看／把玩"）自己的阴茎依次在嘴、阴道以及肛门中反复进出的运动，并由此而惊奇不已。"[38] 正是这种沉迷最后将使他命丧黄泉。不过，即便真的会"玩物丧志"，在这个致命的风险面前，明代的精英阶层也早已跃跃欲试，并早已准备好了庆祝。把以前用作实用的物品转变为娱乐性的物品，这已经为当时许多评论者所注意到。其中的一位所写下的文字是关于墨锭的【图119】。这是一种小巧的固体团块，由高质量的煤烟构成，用胶作为黏合物而凝结在一起，使用的时候加上水，在砚台上研磨，从而为书法与绘画提供必不可少的媒材。到1600年，制作墨锭的木制模具往往要经过精工的雕刻，制墨业这时处于最鼎盛时期，成为一种奢侈品行当，随之而来的是精心印制的墨锭设计图录——墨谱，以及商业对手之间的贸易大战。[39] 针对这个现象，周亮工如此评论道：

  今时玩墨不磨墨，看墨不试墨。锦囊漆匣，羊质虎皮，俗人不识其为白为黑，良可发笑。此新都程于止语，真中今日墨弊。[40]

图119 墨锭 1621年
直径14厘米

在明代的文学中，行文自由开放的"笔记"与"小品"非常突出，在书页中，很可能会不时出现一篇短文，表达出对某种事物的喜好，或许是刚得到的一根鸟笼的栖杠，又或许是一件法书名迹。在这些文字中，肥嫩的春笋与"名画"采用的是同样的语调。[41] 在诸种事物中，"玩花"或许是最完美的。[42] 在这般风气之下，当时最盛行的戏剧之一《西厢记》1498年的插图本中，刊刻者才会标明本书的目的是"爽人"，也即使人感到愉悦："本坊谨依经书重写绘图，参订编次大字魁本，唱与图合，使寓于客邸，行于舟中，闲游坐客，得此一览，始终歌唱，了然爽人。"[43]

"玩"的方式有多种，在明代的各种文本之中，提到次数最多、意思最清楚的"玩"是艺术品与古物的收藏鉴赏。要了解明人如何把玩古代物品，李日华始于1609年的日记可以为我们提供一个绝好的观察角度，日记中相当典型的一条这么写道：

> 雨时作时止，天气颇凉。购得万历初窑真言字茶杯二只，甚精雅可玩。近善鄯国告苏摩罗青已竭，而景德镇匠手率偷薄苟且，烧造虽繁，恐难复睹此矣。然近日建窑造白器物，日以精良。岂人事抟玩之工，亦随造物转移耶？申刻，雷震破昭庆寺钟楼左柱。[44]

第五章 娱乐、游戏与纵情声色 | **179**

在这里，李日华提到了万历初年，即其青年时代所生产的一个瓷杯【图120】，他用的词是"可玩"，字面意思就是"可用以娱乐""可用以玩耍"。在另一处他又用了此词："客持花定（宋代定窑）径尺盘二面来，颇莹细可玩。"[45] 日记中他频繁记述四处游走的古玩商贾把书画带给他过眼，而他用的语句往往都是"某人携某物来玩"，如"客持文徵仲浅色山水小景来玩"，或"客持褚登善《阴符经》行书墨迹来玩"。[46] 日记中至少有一处他还提到自己"玩书法"。[47] 不过，李日华的"玩"有严格的界限。文人精英阶层的艺术创作理论对于沾染上些许精工细致之匠气和高超职业技艺的东西都嗤之以鼻，因此即便一件艺术品的创作已经受到了持久的关注，早已是名迹一件，也必须纳入一个创作者与消费者都以之为轻松玩乐的一套话语中。这种举重若轻的淡泊之感在文徵明的一封信札中一览无余：

雨窗无客，偶作云山小幅。题句方就，而王履吉、禄之、袁尚之适至，各赋短句于上，所谓不期成而成者也。奉充高斋清玩。[48]

图120　遍饰藏文的青花瓷杯　万历年间（1573～1620）

图121　仇英《临宋元六景》　册页　绢本设色　29.3厘米×43.8厘米　画册有仇英的赞助人项元汴1547年的边跋　显示是为项元汴"清玩"所绘

在写给一位顾客的信札中，文徵明又一次表露了这个意思，我们只知道这位顾客名"继之"，将要远行，文徵明奉上"小诗拙画，聊为行李之赠，"此外还"别作得小楷一纸，奉供舟中清玩"。[49]

可供"清（意为清高，而非青涩）玩"的物品，其实也包括与文徵明同时的职业画师仇英所作的一件画作。这是一套仿古代大师的册页，1547年为富商、钱庄老板项元汴所作【图121】。作为一位职业画师、一位被雇用的驻地画家，又是作为一桩"买卖"而为人画画，仇英画作的交易需要其所能获得的各种保证。而最重要的保证便是把这桩"买卖"包裹在一件优雅的外衣之下，要把这次精心准备的交易幻化成一种刻意经营出来的淡泊。这一切只不过是为了博得一笑，只有这样，古代经典中严词警告"玩物"之人将遇到的"丧志"的威胁才可以得到扭转。如李惠仪（Wai-yee Li）所言，至明代，人与物品之关系的评判标准已经根深蒂固，对物品只可以有轻微的接触，绝不能过于迷恋。宋代哲学家朱熹对古代经典的注解成为科举考试的官方定典，他曾说"玩物适情"，从而为各种行为活动定下了一条准则。[50]

收藏被视为古董的器物与绘画是文人精英们获准从事的诸种活动之一。显然,"玩古"是一种严肃的行当,它可以让参与其中的人跨越所谓的"四民"的社会界限。因此,文徵明如此描述一位曾委托自己为其已届成年的两个儿子取字号的家财兴旺的商人,谓其:"能收蓄古器物书画以自适……视他市人独异也。"[51] 法书、名画、古铜【图122】与古玉是最主要的几种古董,随着时间推移,这个行列中又加入了愈来愈多的明初器物以及15世纪初以来的瓷器和漆器【图123】。明代的鉴藏文化如今已经成为学术研究的重点,这儿仅仅需要强调一点,在整个明代,鉴藏始终都是一个仁者见仁、智者见智的问题,从来都未获得众口一词的赞同。[52] 黄佐(1490～1566)曾提出,为了规范"乡约"——一个由文人精英所赞助的社会控制机构,以推进乡村社会中的行为规范——应该严令禁止某些行为,其中有:演戏、赌博、"弄玩骨董"、弹唱、"广收花石""猎养禽鸟"。所有这些都被视为无益的行为,于事业无补。[53] 另一位评论者则讲了一个笑话:"有以好古贫者,披杏坛之席,执虞氏之器,策邓禹之杖,曳东郭之履,而乞于市,曰:'谁与我圜府钱也?'

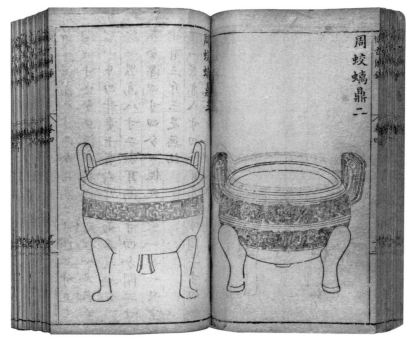

图122 《博古图》中的周代青铜鼎　1588年　版心尺寸 27.5 厘米 ×16.5 厘米

图123 木胎雕漆盒,宣德年间,直径15厘米。制作于明代前期的这个小巧的漆盒用于盛放贵重的东西,譬如名贵的薰香或化妆品,盒盖上装饰着一株牡丹纹样,盒身四周装饰着四季花卉。在16世纪,这样一个明代早期的漆盒也已经成为贵重的古物

有担者杖之李,不顾。担者曰:'仲子李也。'瞠目而谢之曰:'我始以王戎李故弗纳,谓是汉以下物也。'"[54] 文徵明曾为一位年轻的妇人写过祭文,将之颂扬为道德楷模,文中讲述了她如何的恭顺谦逊,在客人到来之后便退出厅堂,为熬夜苦读以备科举的年少丈夫准备糕点、茶水和果品。但是她却并不助长丈夫对书画古物的沉迷,她并不苛责自己的夫君,而是劝谏道:"君好古人之迹,亦能师古人行事乎?"从文中我们得知其夫羞愧赧颜,重又投入苦读之中。[55] "好古"与"敏以求知"本都是孔夫子本人所尊崇的行为(香港最大的艺术收藏家协会、创建于1960年的"敏求精舍"就是以孔子的这个词为名),但是往古所附着的物质形式却仍然会是招致怀疑的玩物。[56]

对于古物以及于古物中所获之乐有另外一些态度,在笔记小说作家郎瑛记载的一则轶事中,我们或许可以抓住一似微弱的回声,这则轶事讲述的是郎瑛之父生前所搜集的三十余面古铜镜收藏的命运,郎父谢世时,郎瑛年方五岁:

> 老母崇信道佛,不知古物价高,多施以铸钟磬佛像,今所存尚有数件,每退想而兴叹。今以所爱之镜,如秦八角江心镜、黑漆古、翡翠色者,然犹在日性癖好古,因漫志之于左,补《考古》之一也。[57]

当我们惋惜古镜之命运多舛,叹息郎瑛之母不懂古物价值,并赶紧为她找借口开脱之前,是否可以停下来想一下,对于自己所做的事情,她可能心知肚明?这是完全在情在理的,恰恰是对于价值连城的古代器物的牺牲才使得她虔诚向教的行为愈加有意义。这很可能是至为理性的行为。相反,其子却是在用文学手法说自己是非理性的,甚至是病态的。在提到自己因为好古之"癖"而痛惜不已时,郎瑛用了一个当时正愈来愈普及的流行医学术语来描绘强烈的、充满个人色彩的主体性的性格特征,这个特征被认为只有极富洞察力的人(往往是男人)才拥有。原本是医学术语的"癖"(原意为消化道淤塞之病)成为晚明文化至为关键的组成部分,乐过于强烈则近乎于病。[58]典型的"癖"是针对物品的,这一点很关键。在为沈云鸿撰写的墓志铭中,文徵明曾记录下老师沈周这位爱子的一句话,沈云鸿用"余之癖殆是类邪"这样的语句来描述自己对于收藏古书的强烈爱好。在为1542年去世的另一位同代士人撰写的墓文中,文徵明提到了其对于花的癖好:"性喜菊,辟小圃,植菊数百本,手自栽接,不以为劳。"[59]文徵明画有《真赏斋图》【图124】,乃是为其一位主要的赞助者所画,这位士人有着庞大的古物收藏,在为这个收藏所撰写的铭文中,文徵明又一次用了同样的语句:"真赏斋者,吾友华中甫氏藏图书之室也。中甫端靖喜学,尤喜古法书图画、古今石刻及鼎彝器物。"[60]"癖"成为一种流行的"病症",无癖便无以成为品位高雅的士人。如袁宏道所观察到的那样:"余观世上语言无味面目可憎之人,皆无癖之人耳。"[61]

在精英阶层眼里,文人雅士的"癖"自然与市井俗众的游乐和嬉戏全然不同。不过,大量对俗众玩乐的严厉禁文却偏偏是在告诉我们,这些玩乐是何等的为人所痴迷。明代关于玩乐的视觉文化与物质

图124 文徵明《真赏斋图》局部 手卷 1549年 纸本设色

图 125　用于消遣时光的双陆棋的棋盒　黄花梨局部有象牙或骨质镶嵌金属构件　7.5 厘米 ×44.3 厘米 ×29.9 厘米

图 126　用于投壶游戏的彩绘瓷壶，磁州窑　15~16 世纪

文化包括两种类型，一类是留有一些存世实物的东西，另一类是那些已然消失殆尽的东西。可以放在前一类中的包括"双陆"和"投壶"这样的游戏用具。"双陆"渊源久远，是一种与赌博有关的棋盘游戏【图 125】，而在"投壶"【图 126】中，游戏者将箭投入一只形状奇特的壶里。[62] 在《金瓶梅》著名的第二十七回中，品行败坏的主人公西门庆正在和一位宠妾玩投壶游戏，不同的投法都有充满色情意味的称谓（如过桥翎花、倒入飞双雁、乌龙入洞、珍珠倒卷帘），并最终演变成一场对投壶游戏的淫秽戏仿，西门庆以一枚李子作为投掷的箭，将

第五章　娱乐、游戏与纵情声色　｜　**185**

妇人裸露出来的性器官作为投壶的靶子，投个"肉壶，名唤金弹打银鹅"。[63] 在另一回，一场全由男性参加的宴饮被投掷骰子行酒令的游戏推向高潮，这是一种复杂的饮酒游戏，包括说笑话、唱曲和以骰子点数匹配骨牌中数字等种种规则。相同的骨牌与纸牌游戏也正是大学士谢迁与其女孙所玩的，以此来打发隐退后的晚年时光。尽管文字记载很多，但是这些游戏可堪为证的存世实例却很少。[64] 有一种游戏，在形式上有些类似于抓子儿游戏（jacks），在《金瓶梅》中玩得很多，叫作"挝子儿"，输家要挨打，也就是被"打瓜子"。用芮效卫（David Roy）的话来说，是小厮们撒疯打闹的一部分。[65] 和明代孩童曾玩过的真正的玩具——比如王思任（1575～1646）在游无锡慧、锡二山时为哄自己的孩子开心所买的泥人、纸鸡、木虎、兰陵面具、小刀戟——以及小说《金瓶梅》中虚构的西门庆幼子玩耍的"追金沥粉彩画寿星博郎鼓儿"[66]——一样，明人的游戏用具、游戏时独特的身姿以及各种游戏伎俩，绝大部分都已经离我们而去了。

　　这些顽皮而有趣的活动许多都可以用"戏"这个字来形容，马修斯（Mathews）的英汉辞典中将"戏"解释为：A play; To play; To sport; To jest（一出戏剧；游戏；运动；开玩笑）。不过恰与上文所讨论的"玩"字一样，游戏、运动和玩笑都是严肃的事情，至少对精英阶层来说是如此。在明人的文字中，"戏作""戏画""戏写"这样的概念盛极一时，而精英阶层又一次用这些概念把文人精英的诸种活动——比如书法与绘画——中所沾染的功利主义引向正途。当文徵明将一首诗题为"题画寄道复戏需润笔"之时，他所要表明的意思是，这是友朋之间的书画互换，而非来自某位主顾的订购。[67] 当李日华在日记中写下"戏于石桥上学钓，因作《天下第一钓者图》以寓意"的时候，他告诉自己，同时也在告诉我们，他无须为五斗米而折腰。[68] 这种带有自己给自己撑腰性质的自娱有的时候也可以扩展为真正的笑。比如，一位年轻许多的朋友赠给文徵明一件礼物，文徵明回信表示感谢，并随信附上回礼，是几颗冰梅丸："偶得冰梅丸数粒，辄奉将意，非所以为报也，一笑，一笑。"[69] 在一件有过大量出版物的描画宫廷宠物犬的画作中【图127】，15世纪前期的宣德皇帝还真的赋予"一笑"这个理念以图画形式。在画中，他把"笑"字下部写成"犬"字，从而达成了视觉双关，可以不甚严格地把"一笑"翻译成"一哮"。[70] 通过把画作圈入一个引人幽默一笑的场合，他扭转了大臣们可能会提出的批评，这些批评会说，一国

图 127　明宣宗（宣德皇帝）
《一笑图》　立轴　纸本淡设色
202 厘米 ×72 厘米

之君应该考虑更为严肃的事情。"无须过虑",天子说道,"这只是散朝以后一个叫朱瞻基的人,并非真正作为皇帝的我。"我们几乎可以听到拼命捂嘴憋住的笑声嗤嗤地在宫廷中四处响起。

或许,并非明代所有的"笑"都如此富有节制,如此为人所赞赏,并不是所有顽皮的倒错都是高尚而得体的。颇堪玩味的是,小说《金瓶梅》那故意隐去名姓的作者就叫作"笑笑生"。明代瓷器中常见一种婴戏图像,幼童们装扮成金榜题名之后衣锦还乡的游行队列【图128】,这是嘉年华式狂欢的一种形式,而狂欢是明代文化中的道德标准捍卫者所欢欣不已的。但是其他一些过分的玩耍却不怎么受推崇。在戏剧中,"戏"字指的是"装扮",就像被称为"戏文子弟"的那些出身良好家庭的子弟所表演的那样,包括男扮女装这样的极端反串。[71] 除去让人热血沸腾、情欲偾张的英雄故事和爱情故事之外,明代戏剧中还有不少粗俗不堪却热闹非凡的荒诞闹剧,其被大众搬演的广度与存世数量之少成为鲜明的对比。[72] 譬如,在年节时的游行队伍中,装扮惊艳的妓女们穿着历史故事与文学故事中各种人物的衣装在大街上列队游行。在

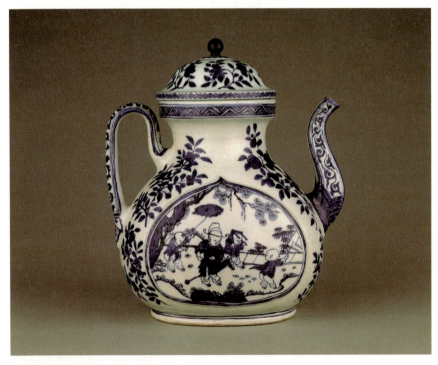

图128 青花瓷罐 嘉靖年间 高29.2厘米

这里,"笑"与"玩"都要放纵得多。明代的节日狂欢以及其所采用的视觉与物质形式在目前的学术研究中还少有触及,相形之下,我们到底是如何得以形成一个有节制的、有尊严的、绝不发出嘎嘎噪声的"明代文人"概念也是一个充满潜力的课题。即便在这儿也有迹象表明这可能只是一种概念化的类型,是到我们现代才形成的,并不为当时各种实实在在的资料所支持。很多人看来,袁宏道堪称完美的文人学者,但他竟会在17世纪初期写下一篇《拙效传》,描写的是四位家仆。这篇文字对下等阶层嘲笑有加,并无太多节制可言,袁宏道对仆人不小心摔个狗啃屎、被热水烫伤、被狗追逐等喜剧性的糗事津津乐道,让我们想起乔治·奥威尔(George Orwell)对《唐·吉诃德》的观察:塞万提斯的原本写作意图或许并不是怜悯,在描写农夫桑丘·潘萨(Sancho Panza)半口牙齿被敲出口腔时,只是为了让他的读者觉得非常好笑。[73] 在邵州城的墙上贴着取笑葡萄牙人所着短装的造谣和下流的传单,意在引来大笑。正如记录此事的耶稣会传教士观察者所深知的那样,这种笑里什么都有,唯独没有的是节制。[74]

这儿,我们便进入了一个阴暗的领域,这里充满着不良游乐、不当玩乐以及鬼鬼祟祟的享乐。在明人的用法中,表达享乐、娱乐和玩乐之意的词都很容易滑向下流龌龊,譬如"春乐",表达的是色情的含义,而"秘戏"则用来题写在内容露骨的色情画册中。至少在精英男性阶层所为的各种资料里的确如此,这便提醒我们,在学术研究变得越来越富有想象性之前,明代的普通大众,尤其是明代的女性究竟是如何来享乐、玩乐与娱乐的,我们所知甚少。即便是那些精英阶层的女性,知书明理,有时还擅长丹青,对此也不置一言。《金瓶梅》这样一部由男性撰写的小说为我们提供了几幕场景,使我们得以瞥见久居深宅的女性在元宵之夜上街游玩、迤逦灯市的情景,与此同时,男性仆人在放烟花的烟火架上放炮仗,以娱乐宅中女眷:"女婿陈经济蹽着马,抬放烟火花炮,与众妇人瞧。"小说里有一段描写了西门庆豪宅中在花园里扎的一架秋千【图129】,是为了"众姊妹游戏,以消春困",书中恰好为这一幕景观配了一幅版画插图。[75] 小说中还常常有对纯由女性所参加的集会活动的描写,这些集会中往往会有女性表演者。[76] 在明代的汉语中,"乐"(读作 le,享乐)和"乐"(读作 yue,音乐)在训诂上有显而易见的联系,写法完全相同,却在不同上下文里具有不同的读音和含义。在古代,这一联系已经零星得到过阐明,最值得注意的大概是在战国时期

图 129 《金瓶梅》第二十五回的插图
1618 年 木版雕印

哲学家荀子（活动于约公元前 213 年前后）的著作中，是作为在一个秩序井然的人类社会里掌控人情欲望的精深理论的一部分。[77] 显然，存在着一个独具特色的有关音乐的女性物质文化，在明代，乐器的演奏具有强烈的性别含义，更为声名卓著的古琴【图 130】几乎总是由男性弹奏，而琵琶【图 131】则总是限定女性来弹奏，且往往是职业演奏者。在《金瓶梅》中，我们偶尔也能够看到弹琵琶的男性，但在小说作者的眼里，他们几乎无一例外都是娘娘腔的轻浮男子。[78] 琵琶这种乐器和小说的女主角潘金莲之间的联系在明代词汇中是相当"自然"的，在小说的文字与插图中，每当潘金莲抑郁烦躁，觉得自己遭到冷落，猜测是否西门庆有了新宠、自己遇到竞争对手的时候，琵琶总是与潘金莲一起出现。[79] 在拨弄乐器，或是在聆听其他女子拨弄乐器之时，女性是否会得到快乐？对于这种女性在社交圈中得到的享乐，我们无法证明，只能猜测。针对这部明代小说中女性之乐的谜团，丁乃非如此写道："或

图130 古琴 木制髹漆 17世纪初 120厘米×19厘米 琴身上镌有1614年袭潞王爵的明宗室成员朱常芳的印章

图131 琵琶 木胎镶象牙 17世纪初 高94厘米

图 132 佚名《宫苑仕女图》 立轴 17世纪初 纸本设色 161厘米×83厘米

许,在《金瓶梅》的故事以及上下文之中,'女性的享乐'只能在这个意义上来解读,即女性的享乐只不过是为了费尽心机地得到男主人的性能力,男主人的性能力是女性之乐的基础,也是女性之乐的来源。这是一种魅影般的女奴隶之乐——无以解读,抑或只能解读为疯狂。"[80] 但是或许,至少在有的场合中,适当的猜测有时能够开辟一条阳关大道,其中,女人与享乐在明代的图像中紧密联系在一起,成为一种男人思欲的对象【图 132】,成为催生出对内闱深宫以及窥探隐秘之所的迷想的东西,成为色情话语中令人血脉偾张的被动的身体,这种色情话语时常令人吃惊地利用战争与打斗的术语。正是这种打斗、战争和武力的术语,将会是下一章的起点。

第六章 "玄武": 暴力的文化

明王朝因武力而生，亦因武力而亡。战争使得王朝建立者朱元璋把蒙古人逐出关外；战争又使得他的后代子孙被继之而起的清王朝建立者赶下宝座。在这两次山崩地裂之间的岁月里，明王朝无疑拥有当时世界上最为宏大的军事力量，这支军事力量的训练方式、作战谋略与武器装备都在不断改进，以保持高效的战斗力。正是在明代，国家花费巨资打造出了数个世纪以来欧洲人眼里中国最为知名的纪念碑（即便不是像现代神话所说的那样可在月球上肉眼所见）——人们称之为"长城"（参见图1）。[1] 这道巨大的防御墙（高度可至12米）把所有的行政中心包裹起来，这也是终大明一朝国家源源不断投入巨资的缘由。1552年，北京的城墙得到意义重大的扩建，把城南郊区的商业区环绕在其中。[2] 正如不同学科的一些学者直到最近才认识到的那样，中国文化中对权力中"武"的一面的经营与重视在很大程度上变成了文化盲区。[3] 在抗击满洲入侵的过程中，明朝军事力量的衰落是历史学家眼中清朝崛起的主要原因。明朝军队打的胜仗很少被称颂。明军的胜利其实有不少，1575年祁阳王对西藏战役的胜利便是其一，在一件留存于世的珍贵画卷中被骄傲地表现出来【图133】，却没怎么得到学界的关心。[4] 一直到最近十年，相比起政府的军队，更少有人关注的是处于国家政策层面之下的那些力量与武力，它们是这个帝国中无论高贵还是卑贱的众生的生活经验。许多学者都很乐于依赖诸如耶稣会士利玛窦（Matteo Ricci，1552~1610）这样的外国旁观者所做的观察。利玛窦提到，在中国几乎看不到"老百姓的打架与施暴"，而值得注意的是，一旦遇到军队与兵士，利玛窦绝不会口颂赞美之词。[5] 直到现在，才有

图 133　佚名《固原发兵图》局部　手卷　约 1600 年　绢本设色　此图是巨幅手卷《平番得胜图》的第一段　描绘的是万历年间在甘肃边境平定西番叛乱的战事

大量各类资料被披露出来,对于一些以往不受关注的现象做出描述,譬如恰在利玛窦居留于明朝的那个时期,在中国的一些大城市中出现了肆虐的城市流氓,在某些省有占山为王的土匪,父母秉持不打不成才的教育方法,甚至还有可说是针对所有明代百姓中最为脆弱的女婴的暴力行为——杀婴(这种暴力自然是利玛窦的"文化盲区")。[6] 想去了解一个更为暴力的明朝渐成趋势,本章意在为此再添一把力,将会对与生活中这一阴暗面搅在一起的各种物品与图像做出审视。

当然,如果有一个参照系的话,利玛窦的说法也有自己的道理。倘若可以做个对比,比较一下在早期现代时期的中国与欧洲,武力对于统治阶层,对于位居社会最顶端的那些人的影响,数据会让人大吃一惊。1368 至 1644 年,明代共有 16 位皇帝,其中确凿无疑有 2 位——且极可能是3位——的大限之日乃是由武力而导致的（1399~1402年在位的建文帝、1628~1644年在位、死于自缢的明朝末代皇帝崇祯，极可能的是1450~1456年在位的景泰帝）。比较一下英格兰，15位君主中有5位［若算上简·格雷夫人（Lady Jane Grey）便是6位］，而同一时期统治苏格兰的12位国王与王后中竟有7位，当然这被公认为是个极端的例子。[7]或许，苏格兰是个粗野的地方，但是法兰西、葡萄牙和瑞典的国王，勃艮第公爵和俄罗斯沙皇，更不用说乌兹别克的可汗、日本的大名和印加的皇帝，都在这一时期中有死于非命者，且多是死于两军阵前。用当时的标准来衡量，明王朝内部的太平有序着实会令人惊讶。这显然给当时来访的外国人以深刻的印象，无论是与利玛窦一样的耶稣会士还是与15世纪的日记作家崔溥一样因海难而滞留的朝鲜人。但是这些外来者的记述中有一点却不应当太当真，在他们对明朝的想象中，战争、武力与争斗的文化杳无踪迹可寻，明代百姓也从不会为这些事费脑筋。倘若有一种文化，妓女们会身着将士的军服在街头欢快地游行、宫廷画家能享有皇家卫队的军衔、宫廷乳母只从军户中遴选、鉴赏家们收藏来自异域的精美宝剑并为之撰写大量文字，而上年纪的士人则在茶余饭后津津乐道于新近发生的流血事件，无论如何，都不能说在这样一种文化中"武"毫无价值。

明朝庞大的军事建制并不只是用来检阅的。对于喜欢阅读名言警句的读者来说，明朝的军队的确会让人想起这句话："虽然你有妄想症，但并不意味着他们不会冒出来抓住你。"（Just because you are paranoid it does not mean they are not out to get you. 译者注：据说是美国前国务卿基辛格的名言。）终其一朝，明帝国都是各种企图侵犯和征服中国的人所算计的对象。其中有一些，明帝国可能已了然于胸。譬如，明朝的智囊文人显然聪明绝顶，他们敏锐地觉察出西察合台汗国的统治者帖木儿最后一场战役的目标就是征服大明。1404年秋天，这位中亚血腥的战争狂人，英国戏剧家马洛（Christopher Marlowe，1564~1593）笔下的帖木儿大帝（Tamburlaine），起兵征讨讹答剌（Utrar，位于现在的哈萨克斯坦），并于1405年2月17至18日死于当地。据估算，他亲率的军队有20万人。[8]不过，明朝政府对于西班牙国王菲利普二世在16世纪60年代至80年代短短20年间所收到的不少于8条征服中国的计策则一无所知。大部分的计策出自宗教人物之手，尤其是那些参与出人意料地轻易征服菲律宾岛的人。这些出谋划策者中包括1565年的马丁·德·拉达（Martín de

Rada）修士、1569 年的马尼拉皇家代表安德鲁·德·拉·米兰多拉（Andrés de la Mirandola）、1570 年奥古斯丁会的迪亚哥·德·赫拉拉（Diego de Herrera）。马德里炸开了锅，充斥着如何不费吹灰之力就使明王朝大厦倾颓的各种计谋。1576 年，菲律宾总督写信说两三千名精兵就足以为此，因为"只要征服一省，征服全国就水到渠成"。[9] 无奈，国王在 1577 年 4 月写道："对于身处此地的我们而言，谈论对中国的征服似乎有些不合时宜。"[10] 1583 年，马尼拉的总督和主教再次讨论起对中国的征服。来自耶稣会士利玛窦的一封信谈到了明朝的军事要塞和军队在倭寇面前不堪一击，由此成为征服中国易如反掌的证据。澳门的西班牙皇室官员在信中强调，"不到五千西班牙兵士"就可征服中国。同一年，马拉加（Malacca）主教扬言要强占中国南方。1586 年，菲律宾的移民举行了一次大集会，再次讨论这个问题，并且派密使赴马德里征询圣意。[11] 这些井底之蛙对中国究竟有多大没有哪怕一丁点儿具体的概念，因为没有一个人见过明帝国沿海边界以外的疆域。我们不禁想问，明帝国某处的军事力量虚弱不堪这一流传甚久的看法，是否只是这些极端自负而又夸夸其谈的伊比利亚将军们飘荡在欧洲历史中的自说自话呢？荷兰人让·科恩（Jan Coen）的计策也不怎么可行，他在 1621 至 1622 年对澳门发起攻击，至少有一位历史学家将之视作"征服中国"计划的第一步。[12]

如果说明朝在我们今天看来貌似和平安宁，很可能其原因就在明朝的史料之中。正如鲁大维（David Robinson）所言："中国西部边疆的军事摩擦，在明代皇家史料中被一笔带过，仅仅是作为比'犯边'或'突袭'大不了多少的事情，但实际上是占据吐鲁番的穆斯林所发起的持续数十年的圣战的一部分，明人若知此，定会惊诧不已。"[13] 对于 1592 至 1598 年几乎给朝鲜带来灭顶之灾的那场战争，明朝史料用的也是同样的语调。在这场战争中，曾被赐予"日本王"锦袍（参见图 24）但从未有过归顺之意的日本军阀丰臣秀吉的军队，准备以朝鲜半岛为立足点发起对中国的侵略。[14] 实际上，已经有一位历史学家做过如下统计：

> 终其一朝，大明共卷入了 308 场外战（平均每年 1.12 场）。其中有 192 场、约 62% 是对蒙古人的战争（平均每年 0.69 场）。近半数的时间里，明朝的军队都与蒙古人在沙场上浴血奋战……[15]

在1449年，正是蒙古人挟持着于土木堡一役中俘获的明朝皇帝兵犯都城北京。1550年，蒙古人再一次兵临北京城下。相比起来，西南民族或许还只是小麻烦。从1488至1502年，在女性"土司"米鲁的带领下，云南与贵州交界处爆发了"叛乱"，动用了四个省的军士外加8万名当地兵丁才平定下去。[16]在明代许多官方正史中，这种战争都被一笔带过。过去的明代历史标准教科书中所描述的这段"长期太平的年代"其实是所构筑的更大的明代中国图景的一部分，这个明代中国是一个静止不动的中国，是一个不可能有硝烟的地方，因为战争从来都是令人不悦的、是动荡不安的。卓越的军事史家杰夫里·派克（Geoffrey Parker）曾提出，1500至1700年是欧洲历史中最为暴力的年代，而他拿来与之对比的就是太平无事的明代中国。[17]综合考虑各种证据之后可以令人信服地看到，如上这种观点乃是在有意无意之间深陷"僵硬的东方/变化的西方"这一"欧洲的兴起"的泥潭，它只不过是根据耶稣会会士们的想象所勾画的一幅明代社会图景，早已有待商榷。

在明代文化中，武力或暴力意味着什么？战场以及战场的隐喻显然已经渗透在一些令人意想不到的地方。譬如，明代的色情行业就在大量使用这些词汇。插图本《花营锦阵》就用了"阵"这个字来描述云雨交欢的不同姿势【图134】，而"花营"的含义则是把性作为一次军事战役，与无名氏所作《风流乐趣》中的性颇为相似，类似于诗歌中对英雄史诗的嘲弄式的模仿（mock-heroic），把性交作为一种战争，甚至连交媾的姿势与军事动作都有着同一个名字。[18]不论是在色情文学还是涉及这方面生活的其他小说中，开路先锋、鸣金收兵、得胜班师这样的语言赋予了明代的性生活以浓重的军事意味，使得战场在明人的想象中占据着显赫的地位。《金瓶梅》第二十九回中有一首长诗，描绘西门庆与潘金莲在充满兰汤皂液的浴盆中撕扭一团的景象。"怎见这场交战？"一句引出长诗，诗中满是"硬枪""钢剑"这等词汇：

> 一个颤颤巍巍挺硬枪，一个摇摇摆摆弄钢剑。一个舍死忘生往里钻，一个尤云带雨将功干。扑扑通通皮鼓催，哔哔啵啵枪付剑。……一个紫骝猖獗逞威风，一个白面妖娆遭马战。……你死我活更无休，千战千赢心胆战。口口声声叫杀人，气气昂昂情不厌。古古今今广闹争，不似这般水里战。

图134　万历年间刻本《花营锦阵》插图之一 "浪淘沙"

书之第三十七回,在和另一位妾云翻雨覆时,二人的姿势则是另一番光景:

> 男儿气急,使枪只去扎心窝;女帅心忙,开口要来吞脑袋。一个使双炮的,往来攻打内裆兵;一个轮傍牌的,上下夹迎脐下将……

接下来一回,在形容采取后庭花姿势的另一番较量时,把西门庆比作一位:

美冤家，一心爱折后庭花。寻常只在门前里走，又被开路先锋把住了他。放在户中难禁受。转丝缰勒回马，亲得胜弄的我身上麻，蹴损了奴的粉脸那丹霞⋯⋯⋯⋯[19]

生出上述种种意象的这部小说，其故事的起点却是明代另一部杰出的演义小说《水浒传》中的一场喋血杀戮。《水浒传》讲述的是侠肝义胆的绿林好汉在朝政腐败的时代"替天行道"的传奇。两部小说之中，暴戾的武力与美色的诱惑之间都具有千丝万缕的联系，从这种联系中有人得出了如此看法："武力之于《水浒传》，正如诱惑之于《金瓶梅》。⋯⋯武力与诱惑之联袂，水浒与金瓶之共栖，从一开篇就是清清楚楚的。"[20]何良臣所撰的《阵纪》是明代一部广为人所阅读的兵书，这里同样用了"阵"字。与明代其他一些有关用兵谋略的同类书籍一样，这本书也主张运用战略性的暴力文化来对蒙古等蛮夷民族先发制人。对于以和平方式把世界纳入皇权统治之下，从未有平和的儒家语言能够形容，反之，我们常在兵书中读到类似的话："戎狄（此为古语，主要指蒙古人）豺狼，不可不诛。"[21]如果说把蒙古人与女人看成让明代男性的内心战栗不已的一对可怕的"他者"，或许有些言过其实，但有关武力的比喻是如此明显，以至于我们无法相信在明代社会中，即便是对于那些远离日常军事事务、无须在敌楼上轮值宿卫的人来说，武力从不具有任何象征意义。

矗立在社会等级最顶端的是皇帝，他是战争之主，是战争的统帅。明初的几位皇帝均亲自统帅军队，以此来体现"文韬"与"武略"兼备的双重品质。尤其是明朝的开国之君，在其御撰文字与言谈敕令之中，"文武双全"是经常出现的主题。这意味着什么呢？举例而言，皇帝会召见太学中的国子生，问他们是否掌握骑射之术，训诫他们要保持住历史悠久的"六艺"。这也意味着，皇帝坚持要求军队将领的子嗣接受文化教育，他要使学问与勇武这两者在同一个人身上合二为一，而不是由不同职能的两种人所分别体现。自明朝立国之初起，科举考试中就包括骑、射两项。1392 年，洪武皇帝为地方学校生员的射击技巧训练制定了一套礼仪规范，同时规定文化目标是每天用楷书练习 500 个字。[22]至少从 15 世纪 70 年代起，针对军事学校的衰落生出了许多不满情绪，这些不满反而告诉我们，在明朝政府眼中，军事学校的地位十分重要。[23]

在明初的官方艺术（state art）中，战争与凯旋的图像占有关键的地位，不过它们现在全都佚失了。甫一登极，洪武皇帝便"命画古孝行

图 135　石雕武官像　15 世纪前半期
明皇陵神道石刻　北京市昌平区
高 320 厘米

及身所经历艰难起家战伐之事为图，以示子孙。"[24] 洪武二年（1369），皇帝降旨将其最忠心耿耿的两位亲信徐达（1332～1385）与常遇春（1330～1369）的英勇战绩绘成图画，"命画中收右丞相魏国公徐达、开平王常遇春等攻战之绩于鸡笼山功臣庙，以示不忘"。[25] 文献中有好几处记载说，在硝烟弥漫的 14 世纪 60 年代，只要有勋臣战死沙场，皇帝定会表示纪念，比如"塑像于院判耿再成之祠，命有司岁祀之"或者"命中书省绘塑功臣像于卞壶及蒋子文庙，以时遣官致祭"。[26] 与绘制者和雕造者的姓名一样，这些图画和雕塑也已消失不见，或许只有在现存的一些宗教绘画或那些镇守在明代帝陵神道两侧的石雕将军身上【图 135】，我们才能够略微窥见这些英武形象的视觉感染力。

图 136　商喜（活动于 15 世纪 30 年代至 50 年代）《关羽擒将图》　立轴　绢本设色　200 厘米 ×237 厘米

图 137　商喜《宣宗出猎图》　立轴　绢本设色　211 厘米 ×352 厘米　此图与上图很可能当初都是明代皇宫中装饰墙面的大屏风

明朝的开国之君太祖，是一位为战争而生的卓越军人，紧随其后的几位后继者同样培养出一种尚武作风。描绘 3 世纪的大英雄关羽擒获敌方将领的一幅大画是为某处宫殿陈设所作，绘制时间可能为 15 世纪 30 年代【图 136】，画家商喜同时也是另一件巨幅屏风绘画的作者，描绘了宣德皇帝在一处广袤的皇家园林中狩猎的场景【图 137】。已有的研究令人信服地指出，前一幅画与已经佚失的同一题材的寺观壁画以及宫廷中的"献俘"仪式有关。画面中，这位上古的武士全身披挂，抑制着审讯敌犯时的满腔怒火，如此姿态可能意在最大程度上将这位武将与端坐在画前御座中的皇帝联系起来。[27] 在狩猎景象中，皇帝位于画幅左上方，在众多髭须不生的宦官衬托之下，其伟岸身躯尽显阳刚本色。宦官是被阉割的男性，他们既是宫廷的仆从，也是皇权的秘密代言人。历史文献的撰写者们对他们颇为鄙夷不屑，而我们往往正是通过这些鄙夷不屑的描述而被迫接触到了宦官。宦官所能享有的最高职衔中有一些是军职。这些人本就是暴力的受害者，他们或出于自残或出于家庭逼迫而进入宫廷，深受骇人听闻的心理——且不说身理——的创痛，作为明代文化的主体之一，人们如今已经很难对他们感同身受，更多的时候，他们只是精英文人苛责的对象。在这类有关宦官的故事（相当相当稀少）中，大都强调其粗俗与愚昧。有一则轶闻，讲述的是有人呈送一幅名画给一位被封为南京守备太监的宦官高隆："高曰：'好，好！但上方多素绢，再添一个三战吕布最佳。'人传为笑。"[28] 这则笑话的重点是高隆的无知，不过没想到却额外提供了一则史料：宦官想要填满所有空白绢丝的，是三国时代著名猛将英勇战绩的画面。在现有的文献中，明代宫廷的尚武之风极少得到正面的对待，但这只不过是所有文献资料的冰山一角而已。极有可能的是，史书中对 1506 至 1521 年在位的正德皇帝的"负面报道"，大部分是由于其治国的军事作风所造成的。他向武将征询意见，喜好愉悦视觉的阅兵和火炮操演，日常喜欢穿着军服。这是否是一种有意为之的策略？意在营造一个更为"可观"的专制统治，从而刻意创造一种充满武器光芒的视觉文化？在我们屈就于当代历史学家的偏见之前，这个看法至少还值得深究。

　　正德皇帝的继承者们显然也不时浸淫于尚武之风。存世有一对长卷，其中一幅描绘了祭祀祖陵途中的万历皇帝（译注：英文版为嘉靖皇帝，现作者根据最新研究更正为万历皇帝），他驭马而行，身披鎏金铠甲，四周环绕着战争的全副装备【图 138】，也即军容严整的皇家卫队将

图138 马背上的万历皇帝,佚名《出警图》局部,手卷,绢本设色。此图以及下图展示了两件巨幅手卷中的场景,这两幅手卷一名《出警图》一名《入跸图》,分别描绘了万历皇帝从皇宫出发朝陵以及朝陵归来的景象

官。卫队主要是"锦衣卫",他们的职责多种多样,其中还充当着皇家特务力量,因此为人所畏惧。[29]这种特殊的卫队是一个庞大的运作过程【图139】,譬如,它也负责监管为宫廷提供专门的女性医护人员、产婆和乳母的机构。[30]在16世纪20年代,有人评论说,锦衣卫在明代初年只有205人,如今却有1700人:"锦衣初额官二百五员,今至千七百员,殆增八倍。"[31]其原因部分在于,锦衣卫不属于建制完善的百官体制,而是皇帝的内侍,为皇帝的统治源源不断地输入各种必需的专门人才。在这些专门人才中,最为重要的群体之一是画家。曾为真命天子画像(参见图136、137)的商喜(活动于约1425年前后)就是其中一员。15世纪,大量的宫廷画家被授予锦衣卫的空头职衔。其中有陈端(活动于约1470年),他为成化皇帝的皇后画有肖像,此画如今已经佚失;吕纪(约活动于1490年),他画有大量雄鹰【图140】及其他猛禽,画面风声鹤唳、草木皆兵,是一种表现警觉与勇猛的图像,可被用来作为赐给行武之人的一种皇家礼物。[32]直到15、16世纪之交,这种风尚依然强劲,活动于此时的吴伟(1459~1508)是另一个绝好的例子。[33]

图 139 锦衣卫 佚名《入跸图》局部 手卷 绢本设色

我们习惯于把这些人当作"画家",他们只是顺便从锦衣卫支取薪饷而已。但是倘若我们把他们当成擅长绘画的皇家护卫,将会如何?在历史中,锦衣卫从来都未有过好评,他们是令人憎恶和战栗的组织。颇堪玩味的是,小说《金瓶梅》中,邪恶的宫廷宠臣蔡京授予放荡腐败的西门庆的头衔正是"锦衣卫山东提刑副使"。

在卷轴绘画、壁画与雕塑中,明代宫廷尚武主义的视觉文化顶多只留下来一些残缺不全的图像,这使得尚武文化的光芒大打折扣。同样凤毛麟角的残存物是战争所需的各种武器。我们知道,已逝之君的武器会保存在宫廷中进行展示,作为他们遗物的一部分,是"神圣的皇家物品"。[34] 我们还知道,赐予江阴侯吴良(1324~1381)的皇家宝剑一直留存下来,16世纪的一位文人对这把剑爱不释手,有详细的描述。[35] 实际上,明代的武器如今十分稀少,偶尔会有重要的(出版情况不甚良好)考古发现,如洪武十年(1377)载有铳的战船,同时出土的还有头盔、刃兵器和枪矛兵器。而新近发现的一块1527年的石碑使我们得以洞悉西安城一处兵工厂的运作情况,以上的诸种兵器都由这类兵工厂所

第六章 "玄武":暴力的文化 | **205**

图 140　吕纪《残荷鹰鹭图》　立轴　绢本设色　189.5 厘米 ×105.5 厘米

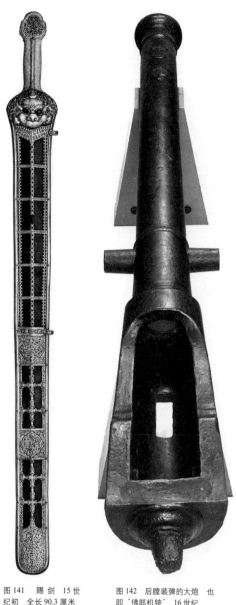

图 141　赐剑　15 世纪初　全长 90.3 厘米

图 142　后膛装弹的大炮　也即"佛郎机铳"　16 世纪

生产。[36] 精美的宝剑偶尔会保存至今【图 141】，但是它们相当分散，目前对这类物品的研究才刚刚起步。[37] 较之弓箭与刃兵器这两种明代军队的主要装备，关于铳的研究则要深入得多。鉴于铳的重要性，尤其是铳在其发展过程中与技术革新的关联【图 142】，这或许并不会让人

第六章　"玄武"：暴力的文化

图143 头盔 铁质镶银
约1600年 高26.7厘米

感到吃惊。在平定被称为"倭寇"的日本海盗时,新式的"鸟枪"和"佛郎机铳"发挥了关键作用。[38] 后者的名字"佛郎机"源自马来语"Feringgi",是一个用来称呼欧洲人的新词,经由阿拉伯人从"法兰克"(Frank)一词而得来。让人大吃一惊的,是这些高度自动化的后膛装弹武器被中国军队所采用的速度。根据标准的王朝史书《明史》(完成于18世纪初,但是源于明代的原始文献资料)中关于"佛郎机"的论述,嘉靖三年(1524)这种炮在南京开始铸造,几乎同时,"佛郎机人"(葡萄牙人)开始游弋在中国水域。在存世的许多绑在马背上以便于行动的佛郎机铳实物中,都有嘉靖的年号。[39]

　　除了炮铳之外,零星存世的明代兵器还有头盔。维多利亚和阿尔伯特博物馆所藏的这件头盔【图143】早在16世纪70年代丰臣秀吉入侵朝鲜时就流传于日本,曾被作为朝鲜文物而发表,但无疑这是一件在第一次"泛亚战争"(pan-Asian war)中大批浴血疆场的中国士兵的遗物。[40] 鲁大维等历史学家目前刚刚开始将明代的武装文化视为一个严肃的课题,将各种零散的文献材料归拢在一起,诸如15世纪70年代描述士兵行军的文字:"亦有在于河道行船,日夜吹击喇叭锣鼓,自张吓人之势。"[41] 鲁大维讨论了通过何种方式,"兵器的专门化构成了区域认同的一个侧面",他也向我们展示了某些徽标会在什么情况下被禁止使用,但是对于武器装备却不像欧洲那样有大范围的武器禁令。[42] 他还告诉我们在16世纪初年,皇帝赐给武将的礼物中不仅有大家所熟知的华贵衣物,还有勋章与质量精良的火器。[43]宫廷尤其关注大炮与手铳，1591年一位将官进呈一部配有插图的著作《火器图说》，为此受到嘉奖。[44]颁发嘉奖是在万历皇帝（1573～1620年在位）的支持之下，万历本非一位出众的武士，但是明朝的军队在其统帅之下成为一支令人生畏的虎狼之师（人们不禁要问，区区五千西班牙兵士怎敢入侵中国？），他奢侈的陵墓之中既放入了朝服，也放入了铠甲。[45]"文武双全"的理想依然存在。

只有当"文武双全"这一理想不再完美均衡的时候，抗议才会兴起。我们所掌握的历史资料实质是由"文"人所写，这意味着我们已经被预先告知，存在文武冲突的场合，在这些场合中，"文"的支持者觉得有太多的"武"，太多的军事蛮横。在17世纪20年代，最遭人厌恶的宫廷宠宦魏忠贤（1568～1627）被指责企图用观玩，包括戏剧表演和奇花、美食的展示来诱使皇帝不理朝政。但是引来不满最多的是阅兵【图144】、操练以及万炮齐发的礼仪场面。[46]魏忠贤给自己立生祠，在祠中身着全副铠甲，这招致反对声一片。[47]故事有两面，魏忠贤的一面（或者说其实是皇帝的）如今已无法还原，不过我们也不必忙着附和其批评者，他们认为观玩视觉奇景对于治国毫无用处。这些阅兵与游行在明代文化中

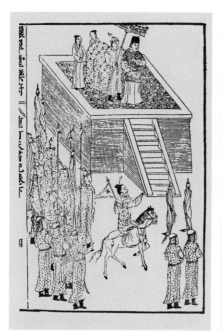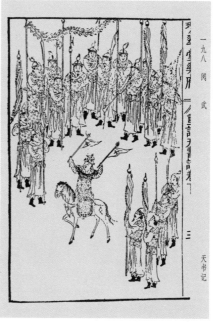

图144 "观武图"，双页插图，选自汪廷讷（1569～1628年后）所撰写的戏剧《天书记》，万历年间新安汪氏环翠堂刊本。书籍的版画插图是我们得以一窥明代演武景观的少数途径之一，对于明代不少统治者而言，这类演武与阅兵颇堪玩赏

第六章 "玄武"：暴力的文化 | **209**

图 145 《旷野大将水陆空居依草附木等众》 明代佚名画家所作的水陆画 1454 年 立轴 绢本设色 140.5 厘米 ×78.5 厘米

究竟意味着什么？历史学家对这个问题缺乏兴趣。而在对早期现代欧洲视觉文化的研究之中，这个主题却充满勃勃生机。两相对比，不禁让人有些吃惊。纵然留下来的物质遗存稀如星凤，也不足以把对"视觉"的文化来说至关重要的东西一笔勾销，即使"视觉"只是转瞬即逝的。

皇家对于尚武艺术的资助并不只限于此时此地的现实世界，而是深入更广阔的宇宙，探询武力在其中的影响。正是由于意识到了这种影响，宫廷才会下令为佛教仪式"水陆会"（参见第二章）制作了大量成套的画作。"水陆会"中有铺张的宗教表演，意在抚慰死者的亡魂，尤其是那些死于暴力的人。作为明朝建立之后的举措之一，首先于1368年和1369年在南京举行了"广荐法会"，之后成为每年定期举行的典礼。在这些仪式中发挥关键作用的水陆画既体现出灵鬼世界的想象性等级，同时也在这个等级世界中把仪式与至尊无上、包容一切的皇家意识形态调和在一起（在画面中，灵鬼世界的所有生物仿佛都沐浴在由皇家所主持的超度仪式的无边法力之中）。1449年那场灾难性的土木堡之战催生出了这些水陆画中保存最为完好的一套画作。献给宝宁寺的这数以百幅（现存139幅）绘画现藏山西博物院，现实世界与其他各种世界中的种种生灵齐聚一处，以安抚那些在武力之中丧生的灵魂。[48] 除了在皇室资助下绘制而成的这些风格华丽的成套的绘画以外【图145】，水陆法会的仪式也在社会地位低下得多的阶层中展开，这里用的是粗糙的木版印本（参见图48），描绘的是水陆法会中最重要的图像。

在无法看见的世界里，武力从来不会比现实世界少。许多神祇的形象狂暴狰狞，让人震悚，他们还拥有武将的名号，比如这张明代绘画中一身戎装的温元帅，他是驱除瘟疫之神【图146】。[49] 正是那些全副铠甲的神祇护持着宗教寺观、保卫着个人门庭，成为守护神。在后一种情况里，神祇就挺立在大规模印制的版画图像中，张贴在门首这个危险的空间上。[50] 保护大明帝国不受最可怕的敌人蒙古人侵扰的是"真武"，一位来自北方的神祇【图147】，他是皇家持续不断的供奉对象。16世纪后期的兰州堪称军事重镇，一半的人口都是"军户"，城内及城区周边大约有2万驻军。城中有一所名为"玄妙观"的道院，为这座城市的军事身份提供了一个支点。玄妙观主要供奉的是真武，这位神祇已被视为抵御来自北方（即蒙古人）的威胁的守护神。[51] 关羽的身上有着暴虐的气息，因而被当成战神，在1536及1614年，他接连两次被皇子和皇帝加以册封。[52] 此外，

图 146 佚名《温元帅像》 14世纪晚期或15世纪早期 立轴 绢本设色 124厘米×66.1厘米

图 147 《玄天上帝真武神像》 15 世纪或 16 世纪　铸铜　像身上尚存有彩绘的痕迹　高 133 厘米

如【图 148】中一样的兵器是经常在道教法师手中挥舞的斩杀妖孽的法器，他们以此来与黑暗的力量进行象征性的战斗。[53]

　　能够留存于今的明代宝剑堪称凤毛麟角，这可是非常让人吃惊的事情。每当我们在明代文献中发现对刀剑连篇累牍的讨论，发现有专门的刀剑行家和专门的刀剑著作时，我们的惊诧便愈发强烈。14 至 16 世纪的日本刀剑的存世概率与同一时段中国刀剑存世概率的对比同样让人吃惊，这也颇能反映出现代人对武力这种品德在两个不同的历史语境中的看法。精英阶层常被认为是爱好和平、充满人文学养的群体，不过其中

图148 道教法剑 1500年
钢与黄铜 长64厘米

的尚武之风恐怕要比我们所估计的更为广泛。利玛窦所接触的文人可能并没有跟他提到军事问题，也许因为不完全信任，或者认为利玛窦是间谍（我们会看到利玛窦在某种程度上来说确是如此）。而文人自己交流时，并不会如此谨言慎行。在为徐渭所作的传记中，袁宏道如此描述这位画家："文长自负才略，好奇计，谈兵多中。"徐渭是一位让人着迷的历史人物，对他的新研究证明，他曾在握有重兵的封疆大吏的幕府之中做过幕僚和参谋，一定程度上而言，他的整个人生就是被他的这种角色所塑造出来的。[54] 16世纪中叶的日本海盗蹂躏了明朝最富庶的地区，这些四处游荡的军队比17世纪的苏格兰海盗基德船长（Captain Kidd）还具有维京海盗的残忍作风。受过教育的士人身不由己地卷入平定"倭寇"这个问题之中。有一件珍贵的实物可以证明他们对此深感自豪。这是一幅硕大的绘画，两米见方的立轴，绘制时间是1552年，描绘的是于同年被"倭夷"包围的浙江太平县取得保卫战胜利的情形。[55] 当时可能有许多战争绘画，但是这类绘画与"中国绘画"经典准则格格不入，注定难以留存至今【图149】。不过现存的文字记载可以为这些战争造成的冲击提供大量证据。作家何良俊在倭寇的一次袭击中失去了藏有四万卷图书的书斋。[56] 其友人文徵明则数次被迫提笔为被"倭夷"所杀的人撰

图 149　佚名《太平抗倭图》局部　手卷　约 1550 年　绢本设色

写墓志,譬如死于 1557 年的钱泮,墓志铭如此开头:"呜呼!自倭夷为三吴患者数年,掳掠烧劫,多所杀伤,兵不得休息,民不得安居。"文徵明讲述了充满英雄气概的钱泮组建一支民兵以保卫常熟的始末,他亲自指挥队伍,"身被数枪,犹手刃三贼",最终壮烈牺牲。皇室给予一系列封赠,其中包括封其子为"锦衣百户"。[57] 文徵明往往被视为与世无争的明代文人的典范,但他却不仅为钱泮的英雄壮举喝彩,还为自己祖上本是"世以武胄相承",为国朝建立浴血奋战,并作为征服和占领军驻于苏州这一事实而感到光荣。[58] 有些人敦促大家要尽快将文与武分开,这或许是事实。一本 16 世纪 60 年代的官箴手册告诫文官,不要与武将同饮,"一凡遇军职去处,当以礼待之,切不可时常与之饮酒,恐彼性粗

图150 佚名《杨洪像》，立轴，约1451年，绢本设色，220.8厘米×127.5厘米。杨洪（1381～1451）是一位成功的杰出军事将领。这幅容像上有于谦（1398～1457）的赞文。于谦时为兵部尚书，是面对蒙古铁骑时指挥军民取得北京保卫战胜利的英雄

伤人，戒之戒之"。[59] 但是大量的材料都指出，文徵明曾为拥有武官军衔的人作画，其中包括锦衣卫的武官。而如【图150】所示的高级武将，也同样希望自己的交往圈中能够有官僚系统中最有学养的那些文官。若论最具典范性的"文武双全"之人，与文徵明同时的王守仁当仁不让。在后人眼里，他是明代最负盛名的哲学家，却也是当时最为成功的将领之一，曾粉碎宁王以及南方部落的叛乱。好战的风尚并不一定就是文雅社会的障碍。在文徵明为手刃敌寇的英雄撰写墓志铭五十年之后，李日华在日记中描述了他与一位年长的友人一起度过的一天。这天他们聚在一起谈论时下愈演愈烈的倭寇战况，李日华如此评论他这位友人："夏卿平生喜谈兵，今年七十六矣，尤耿耿于此！"[60] 战争思维渗透在人们的话语之中。如果说性行为是战争，那么饮酒也一样。在钟惺的《题酒则后四条》之中，充满着军事隐喻："酒场中无若雄入九军之气，即百船一石，喉间不无茹吐之苦。"[61]

倘若说有关战争的语言盛行一时，那么有关战争的物质文化也同样如此。在讨论明代戏剧（参见第五章）的时候，我们已经领略过明代儿童的游戏，幼童喜欢玩具刀剑和戟，大一点儿的少年则以模仿真实的战争为戏。[62] 文震亨在其《长物志》（约1615～1620）中斩钉截铁地说："今无剑客，故世少名剑，即铸剑之法亦不传。"[63] 不过他的说法却与同时代的许多人相龃龉，这些人和徐渭身边的圈子一样，也多是痴迷的宝剑收藏与鉴赏家。[64] 文震亨还有些自相矛盾，因为他承认，近时宝剑之最精良者莫过于"倭奴"所铸造的宝剑。我们知道，明代进口了大量的这种日本武器，深为人们所欣赏。李日华1614年的日记中就可看到，"翠水又出倭匕首观之，利甚"。[65] 正是在16世纪，"剑侠"这个词广为流行。明代最杰出的文学家王世贞（1526～1590）编有《剑侠传》，汇集唐、宋传奇故事于一编，此书有1559年的重印本存世，表明其初版于1559年之前。[66] 与王世贞大略同时的宋懋澄（1569～约1620）走得更远。他腰佩一柄倭刀浪迹于中原和北方，他对这柄日本宝刀爱不释手，在一篇赋文中做了详细的描述，他还为其友人钱希言所编纂的类书《剑策》作了序言，这本书将宝剑视为与文士不可分割的随身之物。[67] 宋懋澄是晚明崇尚"侠"，崇拜"忠、豪杰、大丈夫处身行事以及英雄主义"的文化中最为痴迷的人之一，[68] 这些追求全都体现在"游侠"的形象之中——时刻准备着为惩恶扬善而身首异处。这一传统源远流长，可追溯至明朝开国之初乃至更早的时候。在开国之君朱元璋粗野的军事主义面前，方孝孺（1357～1402）是"文"之美德的最高显现（他同时也是朱元璋之子朱棣最惨不忍睹地迫害的受害人之一），他从青年时代起就在一个由同道中人组成的圈子里活动，这个圈子中的人都以剑客或尚武而著名。[69] 身为军队统帅的大哲学家王守仁，会称赞其最喜爱的一名弟子为"豪杰之士"。[70] 宋懋澄勇敢异常，譬如随身携带一只以人的头骨制成的酒杯，但是潜藏其后的是一个严肃的意图，正如白亚仁（Alan Barr）所做的总结："他意在重振明代文化中的尚武精神，这也是其许多同代人所共有的想法。"16 世纪 90 年代那场艰苦而血腥的朝鲜战争记忆犹新，中日双方战成平手、两败俱伤，而倭寇的不断侵扰挥之不去，二者的合力在年轻一代的精英士人中锻造出一种身体力行的精神，在 17 世纪初，这些年轻的士人组成了抵御倭寇的民兵。这些民兵大部分都被官府所镇压，对于不在其直接控制下的有组织的武装团体，官府从来都不信任。[71] 然而及至 17 世纪 30 年代，明王朝在纷起的农民起义中垂死挣扎，而这时，至少还有一位河南项城县的县学生依然能够在县城城墙上百步穿杨射杀匪首。至于郑州附近的义兵，"大都皆绅衿子弟、民间男丁，以青衿之智勇者统之，名曰义总，分守四城"。[72] 江南人卢象昇（1600～1638）是进士出身，在天启年间（1621～1627）任职于河南东北部，他以善于军事谋略而著名，不仅如此，他还以高超的骑马射箭本领而声名卓著，一次战斗中，其坐骑从下部被射中，他仍然可以步行战斗。在给晚明河南农民战争加以详细编年的历史学家眼里，卢象昇熟稔各种军事技术，"在少有明朝武官能为之的地方"显得极为突出。[73] 虽然并不是所有人都像卢象升这样，但毫无疑问，在许多人的心中，都在向往着这种有勇有谋的力量。我们会注意到，在组织民兵以抗击反叛的时候，河南的精英文人可以毫不费力地操起各种武器。绝不要以为在叛军面前不堪一击的溃败乃是由于明代的士人，尤其是更高级的精英阶层手无缚鸡之力、对武器一窍不通，即使他们并不总是知道该如何更有效地运用武器。武力的技术在鼓舞士气中常起到关键作用。上文提到过，在 1642 年开封城的第二次围困之中，一位明朝将领在南城门附近"植"下了两尊制造于明初的火炮，为的是能够为人所"偶得"，以此来证明"王朝创立者的精神与守城者同在"。学者还认为，这个小插曲颇能说明明人能够熟练掌握"高度发达的军事技术"，尤其是开封的守军还有一门葡萄牙制造的红夷大炮。对此，戴福士说："明初的大炮象征着护城者与过去的联系，而西方的大炮则象征着他们与外部世界的接触。两者一为时间一为空间，似乎是他们刺向敌人的利刃。"[74]

宋懋澄及其同代人的尚武之风在明代人看来极富魅力，深深吸引着当时的人，这种态度在这个时期的许多小说里都有反映，特别是其中那些将武力与女人联系在一起的小说。不得志的侠士，其戏剧性甚至是传奇性的事迹、做作的行为、鲁莽的自我伤害，甚或是自戕，在明人的想象中通通转换到他们的女性对应者身上。在一篇世俗短篇故事中，主角是"千古女侠"。她恨其身为女郎，"妾自恨弱质，不能抽刀向伧"。[75]"女侠"这个词还被松江作家范濂（生于1540年）用来形容贩卖情趣用品、催情春药，甚至还把自己的子宫出租出去进行代孕的女流氓"吴卖婆"，她从这些生意中赚得白银"数千金"。她有一次醉酒之后出行，连轿夫也喝得大醉，所乘坐的轿子把一位地方高级官员的轿子撞破，而高官竟然拿她毫无办法。[76] 魏浊安（Giovanni Vitiello）已经指出，在明代晚期，"侠"与"浪漫传奇"有着强烈的联系，有关武力的视觉文化常与性有关，既包括同性关系也包括异性关系。在这个时期，一位半传奇的著名妓女会以"性喜谈兵"而声名远播，而薛素素除了"姿性澹雅"之外，还长于骑马射箭："喜驰马挟弹，百不失一，自称女侠。"[77] 职业画师尤求（活动于约1550年）并不是明代人物画家中唯一画"红拂"的人。"红拂"是一位女侠，与后来成为唐代卓越将领的李靖一起行侠仗义。[78] 这位意志坚定、熟稔各种兵术的女子让明代的读者为之痴迷，关于她的故事有各种版本的戏剧和小说，《虬髯客传》是其中最著名的一种。

对武力和暴力的表现是戏剧舞台上最主要的节目，甚至溢出舞台，流淌到大街上。杨门女将的故事发生在遥远的12世纪，她们在英杰辈出的宋代抗击北方蛮夷的征服，关于她们的各种故事广为流传【图151】。她们的故事甚至成为老百姓街头游行狂欢的主题，至少在一座长江流域的城市中，人们会看到装扮成这些古代巾帼英雄的成群妓女骑着马在大街上招摇过市。[79] 这个时期最为流行的小说几乎都会将打斗与暴力作为主要情节，在印刷出版的早期版本中，这些打斗情节常常被挑出来，配以木刻的插图【图152】，它们同时也是最常被搬演上戏剧舞台的场景。这时也已经有了有关明朝的诞生的各种小说。超自然的战争也有小说加以描写，譬如《封神演义》《西游记》（西方读者更熟悉的是亚瑟·韦利的译本《美猴王》）等。《三国演义》讲述的是3世纪的内战，故事里战死沙场的人不计其数。《水浒传》颂扬的是宋代侠匪的义行，他们打着"替天行道"的大旗，每位侠匪的兵器、铠甲和武艺在书中都有精心的刻画，巨细靡遗，宛在眼

图 151 《十二寡妇征西》 双页木版插图 取自《杨家府演义》 万历刊本

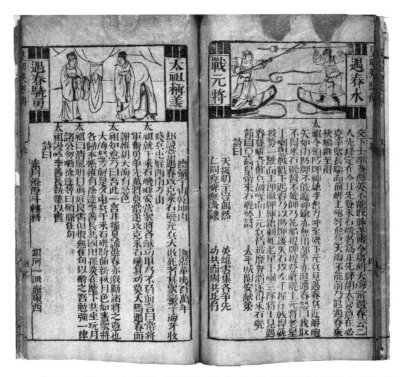

图 152 《遇春水战元将》(右)、"太祖称羡,遇春骁勇"(左),《全像演义皇明英烈志传》木版插图,约刊于 1600 年,版心尺寸 24.3 厘米×14 厘米。这部小说从头讲述了明朝建立过程中的一系列英雄故事,版画中的"遇春"是常遇春(1330~1369),他是明朝奠基人太祖皇帝麾下最骁勇善战的大将军之一

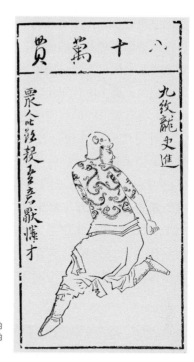

图 153　晚明陈洪绶《水浒叶子》中的"九纹龙史进"。叶子是一种游戏用的纸牌

前。极为成功的艺术家陈洪绶画了一套著名的纸牌,其实是一种精致的赌牌,崇尚的是如"九纹龙史进"【图 153】这般的阳刚魅力。

武力和暴力在精英阶层的想象中所占的比重或许会与他们所面对的现实世界成反比。无疑,在陈洪绶绘画的赞助者中不太可能有史进那般遍体文身之人,这或许可用来解释为何他们喜欢去想象和观看这些图画。不过,明帝国显然并非如利玛窦所宣扬的是一片太平无事的地方。"豪侠"这个词并不只是用来指年轻的侠士,气宇轩昂地手持从日本舶来的昂贵宝剑。1485 年,这个词在官方记载中用来描述北京城大街上那些惹是生非的流氓团伙。[80] 鲁大维已经开始让我们来认识街头暴力文化与北京的流氓团体,他们与宫廷的中下层和宦官文化有联系,也与京城的妓院有千丝万缕的关系。他讲述了发生在 1494 年的一件事。黄希是一个臭名昭著的恶棍,他的背后靠山是一位贵族公子哥、定国公徐永宁之子。四月初的一天,黄希与他的庇护人一道在北京崇文门外的大街上游玩,然而用记载这件事的文献中的话来说,这次游行的马队摆出的是一副军阵的架势。[81] 这个记载极为有趣,因为其中暗示出"军阵"是骑行的一种特别方式,或者至少是一种骑手位置的分布方式,它意在向大街上的观者传达一种视觉信息——我们统治一切。北京街头那些暴徒们嚣张跋扈的气焰是明代视觉

第六章　"玄武":暴力的文化　221

文化中我们永远无法重现的部分，与之一道烟消云散的是他们的衣冠服饰与行为举止中暗藏着的密码，它们是城市亚文化的标志，显然，这种流氓暴民的亚文化只不过是明代诸多城市亚文化中的一种【图154】。不过我们可以确信，那个时代里走在街头的普通人，一定能够得到各种各样的视觉信息，与充满丑闻的官府所得到的一样清晰。

对明代政府来说，控制武力、抑止暴力行为至关重要。明廷的文献记录中大量涉及这些内容，时常能够为我们了解明代的物品与图像提供出人意表的角度。对于一名北京穆斯林来说，多文化交融的宗教环境下所产生的压力与紧张使其不堪重负，导致他在精神错乱的狂暴之中于1456年闯入北京最大的一所佛教寺院，用斧头砍死一名僧人，在被制伏之前还毁掉了所有的礼拜经文以及在其眼里属于亵渎神灵的礼仪图像。[82] 明人生活中时不时会有的日常暴力可能并没有留下多少视

图154　佚名《蕃骑图》，约1500年，绢本设色，55.9厘米×59.4厘米，很可能是某件手卷残存的一段。图中人常被视作蒙古骑手，但是并没有太多证据能够表明这幅充满大丈夫气概的明代图像究竟属于哪一个民族

图 155　吴伟（1459～1509）《流民图》局部　手卷　纸本设色

觉记录，因此一幅描绘流浪艺人之间争吵的画面就显得格外不同寻常【图 155】，为我们观察文人精英赞助者如何看待下层人物的自在生活提供了诙谐的视角。画的作者是吴伟，一位手里拿着画笔而非宝剑的锦衣卫。画中景象很可能是臆想出来的，但是明代文人精英的臆想在压制暴力意识中所起的作用，以及在作为一个"对社会的否定"（the denial of the social）的场域（site，皮埃尔·布尔迪厄语）中所起的作用，无疑值得进一步探究。因为虽然大部分明代绘画中都没有表现暴力行为，但并不意味着明代就少有暴力行为。来自明代法典（以及《金瓶梅》这类表现了社会行为

> 《大明律集解附例》卷二十：
> 其子孙违犯教令而祖父母、父母非理殴杀者，杖一百；故杀者，杖六十、徒一年。嫡继慈养母杀者，各加一等。致令绝嗣者，绞。若非理殴子孙之妇及乞养异姓子孙致令废疾者，杖八十；笃疾者，加一等，并令归宗。子孙之妇，追还嫁妆，仍给养赡银一十两。乞养子孙拨付合得财产养赡。至死者，各杖一百，徒三年。故杀者，各杖一百，流二千里。妾各减二等。

方式的小说）的证据表明，在明代，男子确曾殴打父亲、妻子确曾凌辱丈夫，而祖父确曾虐死孙儿。等级分明的各种刑罚之所以存在，正是因为考虑到了所有这些过分之举，是为了对其严惩不贷（参见上页的附表）。[83]

在明代中国，不法行为所带来的后果会以视觉化的形式显现在人们眼前，最生动的例子莫过于国家的惩罚，其中往往会充斥着赤裸裸的刺激人眼球的暴力。明代法律中所有的酷刑都是为了给人看的。显然，经典的"五刑"就是如此。"五刑"在隋代法典中被正式确立下来，明代时加以修订，分别是：

笞刑五（共五等，10 至 50 笞）
杖刑五（共五等，60 至 100 杖）
徒刑五（1 至 3 年）
流刑五（共三等，2000 至 3000 里）
死刑五（绞斩与凌迟）[84]

最普通的刑罚是"杖"，受刑的男子脱去衣裤，杖击臀部；而女子则允许保留最里一层衣裤。杖刑所用的"杖"可能为"黄荆木"（拉丁文 vitex negundo）制成，英文称为贞洁树（Chaste tree），是一种独具特色的刑罚物质文化。[85] 死刑有许多种形式，且有多种级别，普通的是尸体完整的死刑，最极端的则是凌迟处死，西方的文献中用"death of a thousand cuts"（直译为"千刀万剐"）来想象其血腥。法制史学者试图为这种令人毛骨悚然的视觉景象找到一条清晰的历史线索，他们怀疑凌迟是在辽代引入中原的，在宋代成为律典中的正式组成部分。未经证实的一个传言提到，权倾一时的大太监刘瑾在 1509 年被凌迟处死时，被剐了 4900 刀，每剐一刀，都伴随鞭笞一下。[86] 在明朝建立之初，那些被怀疑贪污腐化或是有反叛之心的高级官僚，洪武皇帝和永乐皇帝往往会对其"法外加刑"。由于对于明代的第二位皇帝建文帝被其叔叔朱棣所取代的那次政变拒不屈从，方孝孺的嘴被豁开，一直切到耳根处。受刑后，他在极度痛苦中挣扎了 7 天后死去，他的 873 名家族亲属也全部被处死。[87] 洪武皇帝制定过很多最为残酷的刑罚，每次执行酷刑时，都会昭告天下，在各地专门用来展示赏罚的亭子中张贴榜文，这种亭子最早是朱元璋于 1372 年设立的。这位皇帝的"大诰"中包括如下的酷刑：

图156 佚名《地狱十王图》之一"第九都市王",14世纪,立轴,绢本设色,142.8厘米×61.2厘米。在地狱中第九位大王的大堂之上,犯下各种罪孽的人正在遭受杖击,经受各种折磨。对明代的人来说,这类景象并不陌生,在离开人世之前的生命中,他们常有机会看到

凌迟

墨面文身

挑筋去指

去膝盖

剁指断手

阉割为奴

斩趾枷令

免死发广西拿象

家下人口迁发化外

全家抄没

在以上酷刑中,大部分刑罚针对的都是腐败。[88]

一种充斥着惨烈酷刑的文化,其视觉形式在文献资料中会一而再、再而三地出现。地狱中,各种刑罚正等待着违法罪囚【图156】。数个世纪以来,寺庙中都有描绘如此景象的壁画或卷轴画。明代的剧院也经常依靠那些赤裸裸地表现刑罚景象的戏剧【图157】。有罪的人光遭受酷刑不足以解恨,他们必得被人围观,以示其遭受酷刑的痛苦。整个王朝的这种基调是在开国之君的统治期间奠定的,皇帝有一次对臣下提及自己的挫折感,因为他看到那些施加于作恶多端的官员身上的令人惨不忍睹的公开刑罚竟然不能以儆效尤(深具讽刺意味的是,本案中被处以酷刑的官员正是前刑部官员)。皇帝如此写道:

朕亲诣太平门,将各官吏棰楚无数,刖其足发于本部,昭示无罪者。呜呼!以此法此刑,朕自观之,毫发为之悚然,想必无再犯者。岂期未终半月,其都官员外郎李燧、司务杨敬将在禁死囚邵吉一尸,停于狱内,通同医人、狱典、狱卒等作三尸相验,以出有罪者张受甫二人,受财四百八十贯。人心之危,有若是耶!吁!以此观之,世将安治,智人观之。[89]

高级官僚须时刻提防于朝堂之上遭受杖刑的风险,这意味着男性精英也无法让自己免于遭受人身暴力,甚至就有的方面而言,他们完全暴露在暴力之下。正是这个事实使得一种特殊图像拥有了特别的意义。譬如这件15世纪的宫廷绘画,是一种古老题材的明代典范,描绘了一位

图157 元代剧作家关汉卿所写的《感天动地窦娥冤》中的插图 女主人公正待被斩首处决 木版雕印 刊于1634年

忠耿正直的古代官员毫无惧色地向犯错的皇帝进谏【图158】。在这件画作所创作的时代，类似的冒死进谏屡见不鲜。它所带来的诸种后果，画作的观赏者必定了解得十分清楚，这里的关键所在，是要提醒帝王以古代的贤明圣君为楷模立朝行事（其实是要把帝王向古代贤君看齐的决心描绘出来），并且绝不能向帝王的盛怒妥协。至少在明代，在遭到臣子斥责的时候，皇帝的反应常常是龙颜大怒。[90]

　　与当时世界上其他的早期现代国家一样，明代的刑罚也是在众目睽睽之下施加于犯人身上，每一处伤口与每一滴鲜血都逃不过众人的眼睛。这是明代视觉文化中一个主要的内容。刑罚必须有人观看，以表明刑罚的效果。对这一点，来自中亚的观察者阿里·阿克巴尔（Ali Akbar）深有体会，他亲眼见到过北京的监狱，他还对所见的因犯游街示众写过如下文字：

图 158 刘俊（活动于约 1475～约 1505 年）《进谏图》 立轴 绢本设色 165 厘米 × 106.5 厘米

让犯人遭受这种痛苦是为了在百姓中激起恐惧心理……在契丹（当时的欧洲人与中亚人对于北中国的称呼）所有的城镇、所有的集市、所有的大道、所有的大街和马路上，人们都可以见到全身镣铐、在监狱中受尽折磨的犯人。每当囚犯被带到外面示众以展示这些痛苦（也即真正被打板子）的时候，他们反倒会暗自高兴，因为他们知道就快要被放出去了。[91]

1461年，京城内外有些不法之徒假装追捕土匪而实际上趁乱哄抢百姓财物，皇帝派锦衣卫大肆搜捕这些人，一经发现，便当众处以杖刑："京城内外军民有假捕贼抢夺平人财物者。上命锦衣卫缉获数十人，杖之通衢以示众，间有抢夺贼党财物者释之。"[92] 13年之后，文献资料中记载了一次大规模的拘捕行动，被捕的有54人，均是为了入宫作太监而挥刀"自宫"者。他们被下令戴上沉重的项枷，还被带到"各大市街示众"。[93] 1512年，为了剿灭土匪，军令异常严酷，失职的明朝武官会被斩首于"军前"，以此警示其他将领。[94] 在16世纪前期，展示刑罚中的视觉惨状是明朝政府剿匪政策中有意采取的策略。譬如此时一位名叫宁杲的成功官僚（1496年状元），他发起了充满军事意味、令人恐怖的酷刑展示，并因此而声名远播。受刑者的头颅被砍下，叉在长矛上，在一片鼓乐喧天中游街示众。在这场展示中，囚犯们先是游街，然后被当众分尸处死，尸首的碎块分别悬于四个城门之上。在血淋淋的大限来临之前，死囚犯会被装在特制的囚车和刑椅——一种有关刑罚的物质文化——中让他们尽可能多地为人所见。这些都出自伯来拉（Galeote Pereira）的描述，他自己就曾被囚禁在这种囚车中。[95] 最极端的例子是在1512年平定赵疯子（赵燧）的叛乱之后，赵燧与其他36人被分尸于市场——"磔反贼赵燧等于市"，为都城的百姓奉献出一场公开的死亡景观。武宗皇帝还把其中6位叛乱头领的皮肤剥下来缝制进他的一副马鞍中，使得武宗皇帝那些苛刻的大臣们反感至极。[96] 在已经消失的明代视觉文化中，有些是我们希望其永远消失的。

在17世纪20年代，官僚系统内部的朋党之争使得文官与宦官完全决裂，不断上演的暴力与殉难的戏剧此时达到了顶点。由极端尊奉儒家信条的文官所组成的东林党人，广泛赞许充满传奇性的英雄主义壮举，譬如以鲜血写下最后的遗书。用自己的鲜血写字象征着英雄的行为，在明代可以追溯至练子宁（？～1402），他曾厉声质问篡位的永乐皇帝先皇究竟在何处，因此被割去舌头以示惩罚。当永乐帝继续宣称自己意在仿效周公辅成王的先例之时，练子宁手蘸断舌处的鲜血，在地上大书四字："成王安在？"[97] 那些地位比练子宁低得多的文人，他们所能做到的则是这样的例子：1641年，农民起义军占领了项城，一位儒学教授痛骂起义军首领李自成为乱贼，同样，他被割去舌头，同样，他也手蘸口中鲜血写下"灭贼"二字。[98]

在这里，如何正确阐释这痛楚的景观至为关键，不过在明人的生活中，这是一个高度竞争的领域，譬如说就有许多人对李自成进入项城表示欢迎。至关重要的一点，是高级官僚的被捕过程要被尽可能多的百姓所目睹。这也就是为何他们会被铐在特制的囚车中，从自己的家中千里迢迢运到京城，以当众展示。不过，这个漫长的游行示众过程也给了对其抱以同情的人以大量的机会，给了聚集在一起的百姓高声呐喊着对游行表达不满的机会。[99] 1625年，官员万㷫被拖往皇宫，在宫中遭到毒打，他皮开肉绽、伤痕累累的躯体被从午门扔出去，这是一幕可以有多重解读方式的视觉景象，他的伤口就像一篇含有多重意义的文本。[100] 把遭受酷刑的惨状昭示于天下是极为必需的。在阉党倒台之后，人神共愤的大太监魏忠贤的尸体被从坟墓中掘出，当众处以凌迟的极刑。暴力的视觉语法也会在反抗国家权力的叛乱之中被倒转过来：就在李自成攻占洛阳、处死福王之时，福王的头颅被当街"示众"。这是一幕让人不寒而栗的景象，其中可堪解读的东西太多。[101] 就像是30年之后英格兰那位奥利弗·克伦威尔（Oliver Cromwell）的遗体一样，死亡并不足以让他免于遭受众目睽睽的痛苦折磨。它是一种死亡的终结，也是一种死亡的景观，它与人们所期望的终结截然不同，也与人们所渴望的年老及生命终结时分的视觉与物质状态截然不同。人慢慢老去是一个忧伤却深具文化意义的主题，下一章将会转向这个主题。

第七章　策杖幽行：衰老与死亡

有一种观念传播甚广，认为在所谓的"传统中国文化"之中，年纪是会让人肃然起敬的。[1]南起新加坡，北至朝鲜半岛，在那些认为自己传承了尊敬长者的"儒家"遗产的国度，这种观念构成了现代自我意识的一个重要组成部分。可是在明代，对于年龄以及必然会随之而来的死亡，人们的态度要复杂得多，年龄的含义有许多层面，并不是说但凡上了年纪就是件好事情。年龄的复杂性与多义性在明代文化的视觉与物质层面呈现出来，其程度丝毫不逊色于它们在文学或日常生活中的呈现。譬如，作为朝鲜时代的汉语教科书，《老乞大》中就有一段对话，两位三十来岁的人在一间明代酒馆中对饮，相互谦让着应该以年齿高低来确定饮酒顺序。[2]

首先，人们都知道，年龄本身就是一种视觉现象。一个人的外貌所发生的变化，使得年纪成为可见的社会事物。明初的方孝孺在三十初度时写道："仆今始三十，气力志意，便已如老人，但发未白面未皱耳。"[3]当22岁的文徵明发现自己长出了第一根白发之后，他写了一首诗来悲叹这个事实，诗的名字很直白：《病后梳头见白发》[4]（这是一种渊源有自的诗歌类型，至少可以追溯到唐代诗人韩愈的《落齿》诗[5]）。文徵明还在一封信中谈到自己"容发衰变，日益颓堕，待尽林间，无足道者"。[6]这时他已经84岁，在这个年纪发出如此感慨似乎还说得过去。在去世之前不久，面对自己在职业画师笔下衰老的面容【图159】，沈周在画上写下了两首诗：

图 159 佚名《沈周像》 立轴 绢本设色 71 厘米 ×52.4 厘米 沈周时年八十岁

人谓眼差小,又说颐太窄。
我自不能知,亦不知其失。
面目何足较,但恐有失德。
苟且八十年,今与死隔壁。

似不似,真不真。
纸上影,身外人。
死生一梦,天地一尘。
浮浮休休,吾怀自春。[7]

在这儿,沈周或许已经清楚地意识到,画像的存在暗示出了一种独特的有关衰老的视觉文化。至少在 15 世纪,仍然有人专门谈及,认为 30 岁以前绝不宜让人画像,以免被画像窃走精气。我们会看到,画像常常与葬仪和追念有关，这意味着这种形式背后有一个让人敬畏的光环，它是一个临界点，矗立于生与死、在世与逝世之间。[8]

在上文的题画诗中，沈周对其凡间肉身的图画证据揶揄了一番，自嘲自己一只脚已经踏入了地下世界。一百多年之后，著名文人陈继儒则在字里行间对"老"发出如此抱怨：

> 人不得道，生老病死四字关，谁能透过？独美人名将老病之状，尤为可怜。夫红颜化为白发，虎头健儿化作鸡皮老翁，亦复何乐？[9]

他强调要从"道"和哲学思想中获得慰藉，从而化解对生老病死的恐惧，然而在这里，"道"的慰藉却不如他所形容的衰老的容颜来得更真实，干枯的脸颊、皱巴巴的皮肤，谁能够躲避这不可避免的衰老？在《中国人的老年观及其在中国绘画、绘画理论与绘画批评中的作用》一文中，谢柏轲（Jerome Silbergeld）提出，有两种与"老"有关的态度。其一植根于儒家思想，可见于与"孝"缠绕在一起的种种观念之中，对老年人持尊重态度。另一种态度带有更多道家色彩，是一系列与长生不死和延年益寿有关的观念。[10] 这两种态度实实在在地摆在那里，诚如谢氏所言，是最主要的两种。可是至少有时还存在第三类态度：恐惧与唾弃。这类看法很可能源于佛教，即使在其流布过程中并不全然与佛教有关。

明代所有描绘老年人的图像都处于一对强大的张力之中，人们意识到，年龄既是积极的也是消极的。对年龄的消极理解明显与佛教的世界观有关，佛教徒把世界理解为一片苦海，是无法逃脱衰老、疾病与死亡的世界。正是与这些残酷真理的邂逅，使得佛陀数千年前就在印度获得了觉悟。在 15 世纪后期、16 世纪初期的一本明代佛传故事书中，与生、老、病、死的邂逅在插图中跃然眼底【图 160】。佛陀此时还是王子，他在离开宫殿出游的途中先是遇到了一位老人，然后是一位病魔缠身的男子，最后是倒在路边的一具尸体。于是，他的觉悟之旅、他的超脱苦难的解放就开始了。另一种看法认为，越老越值得庆贺。文徵明 1545 年所写的《人瑞颂（并序）》大概是这种积极看法最通俗易懂的表现。文中一开头便称赞道，明代至今 180 年的统治使得天降瑞兆，这是巨大的美德。海陵顾君的祖母徐氏，生于正统十一年（1446），而如今

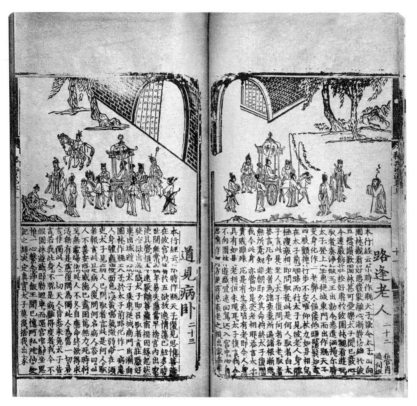

图160 《释氏源流》中"路逢老人"和"道见病卧"的插图 刊印时间约在1486年后 版心尺寸37厘米×20厘米

已是嘉靖二十四年（1545）。她经历过7位皇帝，膝下环绕着5代子孙。文徵明强调，他并未见过这位老夫人的面，因为我们知道，根据古代经典《礼记》中的规定，女子是不能越出闺阁与外人相识的。但是对于老夫人的德行，文徵明了然在胸，这大约是由老夫人家族的某一位男性成员在委托本地最知名的文士撰写此文时告诉他的。在序文最后一段中，文徵明引用了与长寿有关的一系列典故，来证明他所说的"太平之世多长寿"。上古的圣君贤王舜、文王、武王、周公都寿至百岁。他最后总结："夫人生当其时，居得其地，又能自养，以充其所受，固不可谓非国家之瑞也。"[11] 这篇短文如今只存在于文徵明文集中雕版印刷出来的文字里，但应该记住的是，它最初可是一件实物，是一卷书写于纸上的书法作品，从文徵明的手里转移到接受者顾君的家族中，顾家的子孙会握住卷轴慢慢地打开，向大家展示，以此作为他们的祖母为上天所眷顾的明证，而且，上天的眷顾还会从她身上映射到她周围的子孙之中。老夫人本人是无法为外人所见的，但是她的年纪却通过一位著名书法家之手而变得清晰可见。

明代显然还没有一个正式的退休年龄的概念。一位叫林春泽的福建人在104岁的时候还被任命为县令（中国的传统算法是出生时就算一岁，此外再添一岁，故此林春泽实际上为102周岁）。[12] 在这个例子中，年龄与官阶这两种让人产生敬意的东西合而为一。但倘若二者发生冲突，将会如何？正如艾尔曼所指出的那样，年长与高级并非是同一种东西。他引用了18世纪的小说《儒林外史》（英文译本名为 Scholars，直译为《儒家学士》）来说明这一点。小说将场景置于明朝，作者吴敬梓（1698~1779）对明代的社会生活做了如此评述：

> 原来明朝士大夫，称儒学生员叫做"朋友"，称童生是"小友"；比如童生进了学，哪怕十几岁，也称为"老友"，若是不进学，就到八十岁，也称为"小友"。就如女儿嫁人：嫁时称为"新娘"，后来称呼"奶奶"，"太太"，就不叫"新娘"了；若是嫁与人家做妾，就算到头发白了，还要唤做"新娘"。[13]

文徵明曾在16世纪20年代供职于翰林院，其子文嘉后来讲述了父亲的这段经历。他给我们讲了一个故事，在一次宴会上，虽然在所有的官员中资历最浅，但在入座时大家还是对以品级为序的座次做了调整，让文徵明坐在了上首，只因他年龄最大。文嘉之所以拈出这件事，暗示出这是一种特别的尊重。[14]（图23中，群像的座次也是以年齿而非品级来排列。）这两种考量先后次序的方式之间的摩擦，在地方官府的层面上尤为尖锐，因为检视现存资料后会发现，地方行政机构财政部门的主要吏员掌握着非常恐怖的权力，而他们有时竟会是十八九岁的年轻人。[15]

不过，在明人看来，多大年纪才算变"老"呢？按常理来说，人生步入第60个年头时，即第一章中提到的"天干地支"的一次完整循环，是一个时间标志，一般都认为标志着到了让人尊敬的年纪。[16] 但是实际上，变"老"的时间往往要提前很多。16世纪来到中国的葡萄牙神父克路士（Gaspar da Cruz）作了如下的观察："支那人常利用过生日来举办盛大的宴会。"[17] 1533年，文徵明撰写了一篇生日祝文，名为《抚桐叶君先生五十寿颂》，和他许多作品一样，这也是一幅典型的由他人委托定制的书法作品。文徵明在文中详述了主人公之子如何专程拜访自己，"乞一言以相其颂祷之词"的始末。一开始，他提出了一个犯难之处：有人说60岁以上才可谓"寿"，"盖六十而后可以言寿也"，可他的这位主角才刚满50。不过接下来他旁征博引，在古代经典中找到了庆祝五十大寿的依据。[18] 1557年，既是作家也是官僚的归有光（1506～1571）在一条钟爱的几案上铭刻了自己对年龄的沉思，上面刻了如下文字：

> 惟九经、诸史，先圣贤所传，少而习焉，老而弥专，是皆吾心之所固然，是以乐之，不知其岁年。[19]

这段铭文对于弄清楚人什么时候会觉得变"老"很有帮助，此时的归有光正值50岁。它还提出了一个有趣的问题，即"少"与"老"相对立，似乎无须再有一个"中年"的概念。在归有光看来，自己正从生命的前一个阶段直接跨进后一个阶段。不管在这个过程之中，传记的主角对于逐渐变老有何感触，毋庸置疑的一点是，年纪的确是某种文化权力的来源。对于精英阶层的女性来说，似乎尤其如此。年长的女性所具有的文化权力在男性精英与其母亲的关系中可以看得很清楚："理想的母亲往往都是一位长大成人的儿女有义务为之尽孝的家长，而不是尚在为怀中幼子进行哺乳的年轻妈妈。"社会意义上的"母亲"概念显然要远高于亲自哺育的母性行为，譬如小妾所生之子在平日里要奉其父的正室夫人为母。不过，在世代相传的道德说教中，"养"即是"教"，哺育就是教诲。尽管雇用乳母喂养婴儿之风相当盛行，但"在这里最重要的，是男性从抚养他们的女性那里听到的这些抚育他们长大的细节"。[20] 文徵明七岁丧母，是姨母祁守清抚育其长大，每当看到姨母的面容，文徵明都会觉得"犹见先夫人也"。[21] 意味深长的一点是，正是通过"见"，母子关系中心契相通的情感在文徵明那里得到了最完满的实现。服侍母亲的行为本身就是一道"孝"的景观。在一次祭祀皇陵的途中，宣宗皇帝翻身下马，亲手帮助其母亲的车舆顺利过桥。这一幕都看在文武百官眼里。还有一次，宣宗亲自搀扶着母亲登上了皇宫后苑中的假山，一起欣赏美景。这一幕也处于众人瞩目之下。[22] 这些举动，甚至是父母与子女之间亲密的对话，都

图 161 陈洪绶《宣文君授经图》 立轴 绢本设色，1638 年，173.7 厘米 ×55.4 厘米。画面上部有画家所撰写的长篇题记，对生活在 4 世纪的宣文君的生平做了详细的介绍

第七章 策杖幽行：衰老与死亡 | **237**

可以象征对父母的孝顺。在开玩笑的时候,如若自称是某人的"妈",其实就是在强调自己的优越性。然而还有一个事实却深深地困扰着我们,至少在男性的色情幻想之中,女子的性伙伴喜欢听到她在情迷意乱之时呻吟地叫着"达达",即"父亲"。[23]

  长者的寿诞会衍生出一些特殊的身体动作以表达尊敬之情,同样也会衍生出大量蕴藏特定含义的器物与视觉艺术品,留存于世者尚有许多。实际上,大量的明代图像表达的都是长生不老的祝愿,充斥于为人祝寿的场合。不过有的时候,这些图像相对来说更具隐秘的个人色彩。1638年,陈洪绶为自己最为爱戴的一位姑母的六旬生辰画了一幅《宣文君授经图》【图161】,把姑母与4世纪一位博学得让人敬畏的女性历史人物对应起来,画中的她正在向一群男性听众宣讲古代经典的正确音义,陈洪绶以此向这位尊贵的家族成员表达赞颂之情。[24] 在晚明这个为博学的女性庆贺生辰的特定例子里,由年龄而形成的地位从某种程度上来说要优于由性别而形成的地位。这幅画的图像构成堪称独一无二。通过描绘宣文君授经这个深奥的典故,陈洪绶一箭双雕,既显示了自己的学识,同时也奉承了姑母,他的姑母应当会很快地体会出其中的深意。相形之下,大量的明代祝寿绘画显得过于直白,无外乎那些即便是博物馆的新馆员也早已熟稔的图像。实际上,即便有人会有不同意见,"祝寿图像"始终都是初涉图像研究的人在面对明代绘画时一定会碰到的东西。谢柏轲提供了一份详细名录:[25]

    松树
    古柏与巨石
    寿星
    八仙
    仙人移家
    桃实与桃树
    梅树(象征着生命的复苏和延续)
    菊花(秋季的花卉,象征健康的晚年生活)
    芙蓉与蜀葵(延年益寿的药草)
    梧桐树(鸾凤的栖身之所)
    葫芦

灵芝

珊瑚

鹿（尤其是白鹿）

鹤

凤凰

灵龟

猿猴

月亮与其相关象征（月兔、桂花、嫦娥）

祥云

仙山楼阁

青绿山水

石阙状的巨石与山峰

石洞

  李日华写于17世纪初的日记中提供了更为具体的图景，我们可以来观察这些多种多样的祝寿图像是如何与人们的具体生活发生关联的。我们会看到他与父亲一道去为舅父的70岁生日祝寿，赠送了一幅16世纪前期的画家陈淳（1483~1544）的《古桧水仙图》作为寿礼，画上有李日华父亲所题的一段题跋。[26]我们看到李日华对唐寅所画的一幅《槐荫高士图》赞誉有加，他从画上的题跋中推知此画乃是为一位陈翁60岁生辰所作。[27]（这个例子显示出艺术品市场是如何把这类绘画从其创作之初的社会情境中剥离出来。）我们会看到他买了一盏建珠灯，灯笼上用珠子拼出了吉祥图案，"所簇人物乃群仙拱南极，聊以为家大人寿"。他还在自己所藏有年的一件张路《白鹿图》中题上跋语数行以作为一件祝寿贺礼。[28]他在日记中记录了自己（非常平静）的生日，当然也记录了更喜庆的场合，譬如有一次他带领全家去给自己的老父亲祝寿，"率妇子称家君之觞，有歌舞"，同时还记录了亲朋好友众多如此喜庆的生日宴会。这些生日宴会和葬礼一道，是他最常参加的社会事务。[29]

  李日华提及的那些祝寿图像大量留存于世。比如这幅描绘松树的绘画【图162】，明朝最后一位享有绘画声望的皇帝武宗（1506~1521年间在位）也画过这个题材。[30]再比如这幅葫芦仙人（一位流行的长寿神祇）【图163】，作者是武宗的同时代人沈周，一位拥有土地的著名

图 162 谢时臣《松芝图》 立轴 纸本设色 201.4厘米×97厘米 巨大的画幅和题记中的颂词都使得这幅没有年款的画作成为一件相当得体的生日礼物,极为适合在生日庆典中公开展示

图 163　沈周《葫芦仙人图》　立轴　纸本设色　1501 年　69.9 厘米 ×31.7 厘米

第七章　策杖幽行：衰老与死亡 | 241

图 164　佚名《蟠桃盛会图》局部　15 世纪　手卷　绢本设色施金　蟠桃长在西王母所居的瑶池仙境，只吃一口，就会获得长生不老。因此，这个题材也特别适合于祝寿

文人画家。描绘瑶池仙山中蟠桃盛会景象的佚名手卷【图 164】，或者是对海中仙山的直接表现【图 165】，无疑都与祝寿有关。我们不应只把这些卷轴画视为表达长寿祝愿的图像，同样也要把它们看作一件实物，只有在从赠予者到接受者的物品传递过程之中，卷轴中的绘画图像才能够顺利实现联络双方感情的中介作用。况且，卷轴画绝不是明代物质文化中唯一能够承载祝寿图像的物品，这类图像广泛出现于瓷器【图 166】、漆器、玉器与金银制品上，除此之外，祝寿图像最为重要的载体恐怕是明代物质文化中最没有得到妥善保存的一种东西：纺织品，这类物品的存世概率恰好与其原初的重要性成反比。存世极为罕见的一件明代女性的比甲背心【图 167】上绣有一行铭文，表明成衣于 1595 年 12 月 5 日。它是为皇帝的母亲李太后（1546～1614）所制作的，上面除了只有皇家才可以用的五爪龙外，还绣有"卍"字纹（"万"）和大大的"寿"字。这件衣物可能并不是为祝寿而特制的，但是与从她的儿子万历皇帝的陵墓中出土的许多皇室纺织品一样，都在借助文字的力量来驱散邪恶势力，和那些为祝寿场合而定制的图画一样，都是为了生命永驻这同一个目的。[31]

图 166　蓝釉瓷盏　嘉靖年间　直径 15.7 厘米

图 165　文伯仁（1502～1575）《方壶图》　立轴　绢本设色　120.6 厘米 ×31.8 厘米

图 167　无袖方领寿字纹刺绣比甲，成衣于 1595 年 12 月 5 日。比甲即马甲，这件宫廷比甲面料为绸缎，上面用金银线绣满了各种纹样，长 139.7 厘米，肩宽 43.2 厘米。这是存世极为罕见的成衣比甲，装饰着"寿"字，从铭文来判断，这件比甲的主人应是万历皇帝的生母李太后

第七章　策杖幽行：衰老与死亡　|　**243**

图 168　佚名《明成祖朱棣像》立轴　15 世纪中期
绢本设色　220 厘米 ×150 厘米

图 169　沈周《策杖幽行图》 立轴　纸本水墨
159.1 厘米 ×72.2 厘米

  如今尚留存有不少表达长寿含义的明代物品与图画，它们是祝寿时的贺礼。文字资料中也记载了许多没有能够流传下来的物品。其中最为壮观的物品之一是《金瓶梅》中西门庆为他的靠山、腐败的太师蔡京的生日所准备的贺礼。四个一尺来高纯银打造的四阳捧寿的银人，每人手捧一个不同写法的"寿"字；两把纯金打造的金寿字壶，壶身做成一个"寿"字形；两副玉桃杯，杯身做成寿桃形状；此外还有杭州织造的大红五彩罗缎纻丝蟒衣、两匹玄色焦布和大红纱蟒袍。[32]

  无疑，还有其他一些独具特色的关于年龄的物质文化。满脸髭须显然与大丈夫气概联系在一起，不过同时也可与年岁已高的男性气概联系在一起。一位统治天下的帝王，名义上来讲就是一位父亲已不在人世、享有独尊地位的天下之长。永乐皇帝的肖像【图168】就在胡须上大做文章，将之作为男性气概的象征，胡须并不是"老"，而是象征精力与力量的"阳"的体现。对于上了年纪，或是希望自己显得老成的人来说，胡须是一种显示身份的道具。不过，更重要的道具可能要数行走时所挂着的手杖。沈周的《策杖幽行图》【图169】中的题跋写得云山雾罩，并没有指明画中策杖而行的人究竟是谁，不过大量证据表明，人们对"杖"这种老年人的随身之物极为珍重。1558年文徵明撰写的《方竹杖记》中开篇即写道"余年八十有七矣"，不过接下来他却笔锋一转，对自己旺盛的精力进行了夸赞，腰不弓，发未斑，仍然能写蝇头小楷和径丈大字。只有在某位友人和他开玩笑，说他只比伏生小三岁，比姜太公还大五岁的时候，文徵明才觉得87岁真的算是很老了。伏生是中国经典中堪比西方传说中玛土撒拉家族（Methuselah）的长者，90岁时才被皇帝召见。文徵明接下去写道，"忽有友人自蜀中来，贻我方竹一杖"，他把竹杖给予自己的支持与自己已经不能让身体再为国家尽绵薄之力联系起来，发了如此一段议论："因思解组已久，非杖朝之时，而杖乡、杖国之年，又远过焉。"[33]五十年之后，比文徵明还要长寿的陆树声（1509～1605）在一篇名为《燕居六从事小引》的短文里写下了他在70岁之后所得到的六支步杖的故事（一支石桥藤杖，一支来自海外"肤理坚实"的木杖，三支竹杖，一支玄木杖），以及它们不同的用途。他由于年岁已老而不能再去旅行，因此手拄一杖会产生与第二章中谈到的宗炳"卧游"同样的效果。[34]上年岁的女性也会用步杖，至少在文学描述和图画表现中时有看到。不过，还有另外一种典雅的方式可以在日常物品中体现出年长者的高级与尊贵。我们从《金瓶梅》等小说中得知，上了年纪的女性适于穿着素色的衣装，同时，她们的鞋子也颇有讲究，根据年龄的不同，鞋尖上的装饰纹样与装饰手法有些微的不同。无疑，肯定还会有许多精妙的穿衣打扮方式，今天的我们已经不得而知了。[35]

如果说明代的文献中充满着对老年的尊敬，那么其中也必定充满着因为年老而带来的痛苦。从理论上来说，痛苦有其积极的一面，因此痛苦的呻吟与无声的哭泣才会被视为词与其他诗体的源头。丁乃非引述了袁宏道的名言，这位明代作家写道："夫非病之能为文，而病之情足以文；亦非病之情皆文，而病之文不假饰也，是故通人贵之。"袁宏道在艺术创造力与疾病之间画上了等号，尽管只涉及疾病所引发的呻吟，在这里，痛苦的呻吟是诗歌的源泉。[36] 的确，痛苦的呻吟正是如下这类诗歌的源泉，譬如有首诗名为《病中数承孔周顾访，且辱佳篇，次韵奉达》，这类病中诗歌在文徵明的写作中随处可见。甚至1496年的他（年方26，显然还不老）已经开始抱怨"病眼"。眼睛的疼痛使得家人劝说他别再读书了，当时人们都相信，眼睛里有一种精气，倘若过度用眼、损耗精气，便无法视物。可是，在1504年和1532年，他又两次抱怨起眼疾。[37] 在他存世的两封言辞最为恳切的书信中，对结发妻子健康的焦虑溢于言表，他甚至还想到用自己备受推崇的书画才能，去争取更好的医疗。其中一封信如此写道：

> 荆妇服药后，痛势顿减六七。虽时时一发，然比前已缓，但胸膈不宽，殊闷闷耳。专人奉告，乞详证□药调理。干聒，不罪不罪。作扇就上。徵明顿首再拜蜗隐先生侍史。[38]

第二封是写给另一位医生的，详细描述了妻子的病症：

> 荆妇右足外踝忽然作痛，痛不可忍，亦微微红肿，左足面亦然。专人奉告，乞赐少药敷治。叠叠打扰，不胜惶恐。徵明再拜……[39]

李日华17世纪初的日记同样使我们得以一窥明人生活中痛苦的部分。即便是一位平日里养尊处优的精英文人，李日华也会在日记中频频写下"耳甚痛"，耳朵感染后炎症蔓延到嘴里，牙龈发炎，吃不下东西，只能每日喝几碗淡粥，夜不能寐。[40] 1616年他如此记载："以病目甚，受医戒，不饮酒，不看书史，不见客。日坐暗室点治，殊闷人。"[41] 在上述例子里，眼疾与一种视觉性文化的联系显而易见，不过在明代的医药文化中还有其他一些具有视觉维度的方面，这还不包括医生治病所不可或缺的医疗器械的物质文化。[42] 白馥兰指出，"与当时世界上其他地方一样"，她所称的"大病大治"（Heroic medicine）也在晚期中华帝国大行其道，对于一些疑难杂症，"医生让病人通便、呕吐、捂汗都被视作立竿见影的疗法"。[43] 医生的诊断同样依赖于敏锐的视觉。因此，毫不奇怪的是，王履（约1332~1395）这位提出了有关艺术家观看方式的最敏感的明代理论家，本身就是一位医生，堪比教皇的专属医生

图170 约于14世纪30年代编撰而成的《饮膳正要》中的版画插图,为"妊娠宜看飞鹰走犬"。女性观看的挂轴,画有带着飞鹰和走犬骑马打猎的景象。1450—1456年刊刻,木版雕印

伽里奥·曼奇尼(Giulio Mancini,1558~1630),后者而今已被视为西方鉴赏学的奠基人之一。在1594年的一本医书《痘疹传心录》中,"望"与"闻""问""切"一道,被列为四种诊断方式之一,书中进行了大量的讨论,并为每一种诊法都配以插图进行图解。[44] 并不是每一位明代医生都会耐着性子读完冗长的14世纪医书《饮膳正要》,此书的15世纪翻刻本中有好几幅有趣的插图【图170】,图中一位富贵人家的女性通过看画来调和身体内"阴"(凉)"阳"(热)的平衡,画都裱成立轴形式,其中所画的是令人感到阴柔或是阳刚的景象。[45] 不过,有些绘画图像中包含的医学含义在观看者眼里是显而易见的。一件以古柏为主题的名画【图171】便是如此。此画是文徵明为一位有疾在身的年轻友人所作,这位好友染有胸闷之疾,而柏树皮对这种病痛有缓解作用。文徵明的重孙

图171　文徵明《古桧图》　手卷　1550年　纸本水墨　26.1厘米×48.9厘米

女文俶（1595~1634）画了大量萱花兰石图像【图172】，很可能是为许多女性求画者所绘，因为萱花可以入药，常用以减轻女性分娩的痛苦。[46]

倘若医生，或者还有画家，能够让痛楚减轻，那么可想而知，必定会出现更多祛除甚至彻底避开死亡之痛的神秘方式。明代出现了大量的描绘仙人移居的图像，仙人们从尘世间的苦海移居到一片没有死亡的乐土，暗示出社会中无论哪个阶层的人都梦想着能够逃避死亡。明代有许多信仰宗教的人，最著名的莫过于1522至1566年在位的嘉靖皇帝，他极为信奉道教，期望通过道教方式获得长生不老。有研究已经证明，嘉靖宫廷中为道教祭雷仪式专门制作的瓷器上面绘有八卦图形【图173】，但八卦是以相反的顺序排列，这是为了把宇宙中的时间过程反转过来，以便能够使主持这个仪式的嘉靖皇帝倒转时间，从而长生不老。[47]不过对此表示怀疑的也大有人在。嘉靖的先祖永乐皇帝就曾公开表达对长生不老术的不屑，称之为"愚之甚也"。在他眼里，人的衰老是不可避免的。1417年，他断然轰走一个试图进献长生不老金丹和方书的人。根据史书记载，他如此说道：

> 此妖人也。秦皇汉武一生为方士所欺，求长生不死之药。此又欲欺朕，朕无所用金丹，令自食之，方书亦与毁之，无令更欺人也！[48]

图172 文俶
《萱花兰石图》
立轴 1630年
洒金纸水墨着色
130厘米×43厘米

第七章 策杖幽行：衰老与死亡 | 249

图173 青花瓷盘,底部有嘉靖款,直径20.6厘米。瓷盘上装饰着"后天八卦"纹样,但顺序恰好是相反的,意在通过这种法术倒转宇宙时序

"内丹"【图174】是一种复杂的苦修与观想技巧,显然并不对每个人的胃口,当享乐与长生不可兼得时,许多人都选择站在前者一方,比如钟惺,他认为压抑欲望而寿享千年乃是无用功,第五章已经引述过他的这句评说。[49] 在明代文化中,体现这种张力的最为理想的物质象征莫过于犀角杯了【图175】。犀角是一种名贵的舶来品(中国的西南腹地在很早的时候曾经产过犀牛,但到明代时早已灭绝),人们相信这种物质之中蕴藏着长生的力量,而其中常常盛满的醇酒无疑却与天平之中享乐的那一面有关。

明代的艺术理论会提到,绘画创作的美学问题与生命的保持与延展之间有直接的联系,可见于晚明杰出的书法家和画家董其昌(1555~1636)的一段论述,讲的是画风对画家寿命的影响:

> 画之道,所谓宇宙在乎手者,眼前无非生机。故其人往往多寿,至如刻画细谨为造物役者,乃能损寿,盖无生机也。黄子久、沈石田、文徵仲皆大耋,仇英短命,赵吴兴止六十余。仇与赵虽品格不同,皆习者之流,非以画为寄、以画为乐者也……[50]

为此,谢柏轲对344位明代画家进行了统计,发现他们的平均寿命为64.8岁,中间值更是高达67岁,这是在任何一种前现代文化中都会让人肃然起敬的岁数。谢柏轲同时也正确地指出,董其昌的这个理论具

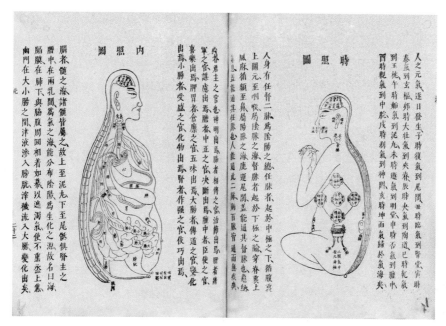

图174 《性命圭旨》中的"内丹"修炼示意图　1615年　木版雕印　30.8厘米×26.3厘米

图175　犀角杯　1550～1650年
8.5厘米×16.4厘米

有明显的阶级倾向，因为《明代名人传》中可以确定生卒年的913位男女人士的平均寿命恰为64.1岁（收入这本辞典中便意味着他们是精英阶层的一员）。不过，尽管并不是经过科学求证的自然真理，但精工细作的画风会危及画家生命这一观念却是明代美学中的一个社会事实，是一种强化文人业余画家和职业画师之间业已坚固的界限的便捷方式，文人画家通过"生机"来表现自己，而职业画师则是物质世界的奴仆。倘若没有"生机"，艺术创作活动便会把生命之"气"从人身上抽走。这个看法要归功于佛教的影响，董其昌就是一位虔诚礼佛的居士。这种佛教观点可以在描述文徵明于耄耋之年平静逝去的文字中窥见一二，他的一位友人将其与人们梦想的无痛苦、无恐怖的"尸解"联系起来。[51] 这同样也要归功于更为古老的一个本土观念，即中国最早的绘画理论中的"感类"观念——画中的物象会与绘画的制作者交相互动。[52] 需要强调的一点是，无论是"尸解"还是"感类"，都与基于"再现"这个柏拉图式的观念的那些西方理论有所不同。在这里，我们或许会找到明代中国和同时代欧洲的诸多裂隙点当中的一个。[53]

在前现代世界，不论是中国还是欧洲，英年早逝或红颜薄命都是生活中残酷的现实。要搞清楚明代中国是如何利用视觉文化与物质文化来与生命中的这个残酷现实相抗争，以及它在人们的情感中究竟意味着什么，没有比李日华的日记更鲜活的资料了。1610年，李日华为不幸死于难产的儿媳撰写了一篇传记，虽篇幅不长，却完全不同于精英阶层的女性所期望得到的那一类正式的纪念文字。接下来的两周，日记中除了她的葬礼之外没有记载任何东西，足见他为儿媳的去世悲痛不已。[54] 五年之后的1615年，他遭受了更大的打击，他尚在襁褓之中的孙儿死于水痘，在长江下游地区，不论贫富都常得这种病。[55] 李日华在日记中不停回忆着小孙子的可爱之处，以及孙儿给其祖母带来的乐趣。他想起孙儿降生前自己做的一个不太吉利的梦，感叹道："力不可与命争，智不可以衡化。又何嗟嗟之有哉！"第二天的日记空着，什么都没写。第三天，日记中终于简短写道："俱揽涕泪。"[56] 在高死亡率面前，绝不是漠然的面容，而是"情"的宣泄。

"情"，是情绪，是情感，也是情愫，是明代所流行的针对葬仪画像的议论中最为核心的成分，葬仪画像是与死亡有关的视觉文化中最为独特的方面【图176】。对于这些图像，有各种各样不同的实践与态度。譬如，葬仪画像直到明朝立国约百年之后才开始在皇家葬仪中进行展示。在不同的地域极有可能还有一系列对于合适的穿着与姿势的讲究（【图176】这个例子可能来自山西省）。[57] 尽管最近的研究颇有进展，但是我们对于这些图像的制作与使用状况仍然所知甚少。地方志中会有一些零星的线索，比如对晚明开封的方氏家族肖像画作坊的记载（方志中并没有具体的描述，只是告诉我们这种行当存在于这个虽然巨大但并非文化中心的省会城市之中）。[58] 在更广泛的精英层面，数百年来就对这种用于葬礼和祭奠奉祀的死者肖像争论不休，至少从11世纪开始，某些重要的思想家就已

图 176　佚名容像　17 世纪初　绢本设色　150 厘米 ×108 厘米

第七章　策杖幽行：衰老与死亡 ｜ 253

指出过使用这种肖像画的风险，而他们的一字一句都已成为明代精英文人的经典。[59]这种危险之处在于，如果画中人和死去的先人并不太像，那么对先祖的虔诚祭奠就会落入歧途，成为对一个陌生人的祭奠，而真正故去的亲人却得不到应有的后代子孙的奉食。这一套观点很让许多人惶恐不安，这也是为什么人们坚持只对写有死者姓名的牌位祭奠奉食的原因，由此便足以促使人们这么做。在文徵明的写作中，我们可以看到对这种源远流长的祭祀方式的辩护。文徵明的家族始终遵守着完美的儒家正统，因此他的话便是一种保证，具有相当的分量：

> 夫画像之设，虽不见于《礼经》，而风仪肖貌，能使人瞻挹起敬，于子孙不为无助。而先儒程子乃不以为是，谓"一须发不似，则为他人"，此充类究极之论也。自此论之出，而画像若不足恃。然自兹以还将千年，而此事卒不能废而加详，则是孝子慈孙不能自已之情也。夫孝子之于亲也，不忘于羹墙，不忘于手泽，不忘于秪裣，以若音容謦欬，莫不系于心而动于思，而况画像所在，俨乎若临，宛然如在，孝子于此，亦如何其为情耶！夫须发差殊，虽若可议，比于羹墙秪裣，不犹愈乎？[60]

"情"会在死者的遗物中得到具体显现，而在他们的画像中则更为有效地呈现出来，这个观念肯定会使人感到欣慰。晚明时期的一本医案集中记录了一件事，医案集的编者严厉斥责病人的妻子和母亲不该让专门画葬仪画像的职业画家进入病房，因为此时病人还未咽气。当然，这个插曲并不意味着病人的妻母希望病人早日往生，可能只是现实情况十分紧迫，因为即便是卑微的家庭也觉得有必要在平时就准备好葬仪中这个最重要的部分，以备不测。[61]

生者拥有逝者的遗物和图像，不过对于将要逝去的人来说，常常放心不下遗物的命运。当李日华前去探视一位奄奄一息的友人时，弥留之际的友人牵挂的正是自己的艺术品与古物收藏。[62]李东阳在病榻上"至临殁时……凡平日所用袍笏、束带、砚台、书画之类，皆分赠诸门生"。[63]除了图像以外，官袍这样的物品在死者遗物中扮演着重要的角色，它们常常在死者的享祠中展示，以便那些获得官方褒扬的人接受公众对其品德的祭奠。在看到已经辞世的老师沈周的一件画作时，文徵明动情不已，因为老师把自己的精神"注入"画中。在这个时刻，人们以物品为中介，超越了时间和死亡，穿越岁月进行"神交"。对于另外一些人而言，办法很简单：物随其身，带进坟墓。李日华在日记中讲述了另一个与古董有关的让人生畏的故事。一天，与他关系最好的一位古董商带来一批古玩给李日华过目：

> 夏（贾）复持绿玉盘螭带钩一枚，长三寸；乾黄汉玉钩一枚，长寸余；哥窑印池一枚，形制古朴，皆郡中一巨姓家物也。带钩素为主人所珍，每言欲以为殉，属纩时，犹系腰间。气断，遂为人窃出。因相与玩视，叹息而去。[64]

上古时代的商周铜器在明代是最珍贵的古董，有时它们会被其收藏者随葬在自己墓中，不仅在文献中对此有记载，在四川出土的一座夫妇合葬墓中也可得到证实。[65] 周亮工（1612～1672）讲述了一个故事，一位藏书家发下宏愿，倘若得到赵孟𫖯所藏过的那套宋刻本《汉书》，必定"每日焚香礼拜，死则当以殉葬"。[66] 与自己最宝爱的物品葬在一处的急切念头为现代考古学提供了各种各样的发现。我们发现了一座明代初年的墓葬，墓主人是一位医生，生活于1348至1411年间，他选择与自己葬在一起的是他赖以谋生的工具：牛角柄的铁针、铁质外科手术刀、铁剪刀、镊子，以及用来冲洗直肠的壶。[67] 大收藏家项元汴（1525～1590）没有和自己收藏的艺术品葬在一起，而是随葬了一卷刻印的佛教经文《净土经》。[68] 一位15世纪的妇人与她最喜爱的一本戏剧葬在一起，这本戏剧文献的出土无意中对于研究这个时期的戏剧史产生了极大影响。而另一座明墓则出土了《琵琶记》一个极其珍贵的抄本（因为难以替代而珍贵）。[69] 与之相比，平淡无奇得多但是对于墓主人而言却可能同样有意义的是下葬于1606年的一座墓葬。墓中随葬了一本入葬那年的历书，这本历书虽然简陋，却记录着宇宙中片刻的时间秩序，这既是明朝官方的时间，也是墓主人个人的时间。[70] 这并非仅有的特例，福建的一座墓葬中也出土了1560年的历书残片，这本历书版本更为奢华，乃是印在绢上而不是纸上。[71] 1621年，一位男性和一篇讲述水利管理技术的文章葬在一处。[72] 一位叫朱守诚的人和他的妻子在大约同时下葬的墓中随葬了23把折扇，这些扇子当时可能非常宝贵。而一位冯氏夫人的墓中随葬了她的一件衣袍，上面有其夫所写的关于其多舛命运的文字，其夫还把衣服的袖子截去，显然是作为他们两人在来世的幸福生活中再结连理的信物。[73] 同样，商人王镇（1427～1495）所收藏并随葬在其墓中的 24 件绘画和 1 件书法也对我们理解明代绘画的消费模式产生了影响。[74] 这些独具特色的死后抉择，在时间跨度上贯穿整个明朝，无论它们究竟是死者的意思还是挚爱着他们的亲人所做的决定，都以墓中所随葬的各种物品而引人注目，这些千奇百怪的物品很可能是死去的人生前所用或生前所好，死后被带进坟墓。它们与所谓的"明器"可能有一些微妙的差别，"明器"乃是专门为墓葬所制作的东西。实际上，我们再一次看到，在已经发掘的明墓中也包含着各种各样的明器，不断吸引着人们的眼球。万历皇帝的陵墓中出土的壮观而奢华的随葬品堪称极品配置，而陪伴他的岳母、武清侯李伟之妻王氏夫人长眠于地下的那些随葬品同样炫人眼目，只不过规模要小得多。[75] 根据考古报告，这位王侯贵妇的墓葬中所陪葬的物品计有：

  大银元宝 4 块
  六角錾花错金银执壶 1 个
  錾花错金盘盏 1 套
  錾花银罐 2 个
  银洗 1 个
  银盆 1 个
  银饰 147 片
  金锭 4 块
  金质真武像 1 件

除此之外，墓中还有数量极多的各种金银珠宝，如发簪、手镯、戒指、耳坠，还有螺钿花卉和蝴蝶饰物、玉带钩，以及大量铜币等。[76] 我们可以对比一下一位名叫怀忠的男性墓中的随葬品。他本是越南人，小时候就被掳到中国，净身后入宫成为太监。他于 1463 年去世，墓中随葬了如下物品：[77]

  白瓷梅瓶 1 件，肩部有楷书"内府"二字
  镀金铜托墨绿玉带版 20 块
  玉珠 1 粒
  小料珠 6 粒

图 177　潘允徵（1534～1589）墓出土的家具模型　榆木　1960 年出土于上海肇家浜路　床模型高 35.5 厘米

或者，我们可能还会想起大学士王锡爵（1534～1611）。他的墓中随葬了一套精美的木质家具模型，与 16 世纪末另一位上层士人墓中所出土的一套十分相似【图 177】。[78] 戏剧的戏文、古色斑斑的美玉、成卷的佛经、以公斤计的银盏、精致小巧的家具模型、钟爱的茶壶——我们无法不得出这样的结论：对于死后世界最为适用的东西究竟是什么，人们有着五花八门的各种信念。在这儿，明代物质文化中的这些证据，这些处于生与死一线之间的物品，对某种历史学神话提出了强而有力的反驳，这便是所谓"西方之兴起"。依照"西方之兴起"的观点，在明代，国家钳制着思想，千人一面，令人窒息，使得创造性与思维之车骤然停滞。[79] 与多种多样、五花八门的明代葬仪形成对比的是，基督教会直到 1500 年都还在不断强化葬仪的统一性，严禁使用任何形式的祭品。不论是立陶宛城市维尔纽斯（Vilnius）还是意大利城市帕勒莫（Palermo），墓葬都在说着千篇一律的话。即便是在宗教改革运动之后，对于葬仪统一性的强调仍然是教会的重中之重，不论是天主教、路德宗、圣公会、加尔文派还是东正教，无一不是如此。不论是在人们的行为实践中还是在信仰世界里，明代的物质文化都用特别的方式鼓励着多样性,而不是钳制了多样性。没有什么能够比濒临死亡的瞬间,更为让人震撼的了。在本书最后一章,我们将转到新的话题:在接下来的数个世纪中,王朝之死这一事件是如何改变我们看待明代文化的方式的?明王朝灭亡之后,明朝究竟还在继续扮演着怎样的角色?

第八章　余绪：明代视觉文化与物质文化的来世

"大明"之后是"大顺"，但从没有哪一部标准的中国历史著作会这么写。[1] "大顺"政权建立于西安，时在明崇祯十七年正月初一，即公元1644年2月8日。与"大明"的建立者朱元璋一样，"大顺"的建立者李自成（1606～1645）同样出身卑微，性格刚毅，一呼百应，能够把千千万万被朝廷剥夺得一干二净的人聚拢在一起，从时人眼中虚弱已极的大明王朝手里将"天命"抢夺下来。当他的大军向北京进逼时，李自成使用了各种军事手段来传递自己的信息，比如，大量散发雕版印制的传单，四处张贴各种榜文与告示。而这一切都是由来已久的手段，我们在本书第三章中做过很多讨论。这些传单和告示，强烈谴责那些为富不仁者，宣告要打造一个更好的王朝。4月24日，大顺朝的军队到达北京郊外，开始攻城。崇祯皇帝（1628～1644年在位）在宫中醉饮，之后狂暴地亲手用宝剑将自己的女儿和嫔妃杀死。次日凌晨，当大顺军队攻入北京城时，崇祯自缢身亡。关于崇祯之死的细节，在当时有许多不同的说法，其中有一则描述了他最后的一个动作，他用左手写下了两个字："天子。"新王朝的第一个举措同样也利用了文字，大顺的兵士们在大街上列队行进，举着榜文和旗帜，谴责那些自私自利的明朝大臣以及党派倾轧使明朝遭受了灭顶之灾。"忠臣"这个词被安置在那些和崇祯皇帝一样自尽而死的高级官员的府邸大门上，城里的居民则忙着在家门口贴上或是在帽子上（有时直接是在身体上）写上"顺民"二字，这个词有双重含义，既指"安顺良民"，也指"大顺子民"。在李自成于万众簇拥之下入城的时候，"顺民"们在街上排成长列，双手高高举起匆忙赶制出来的牌子，上面写着李自成的年号"永昌"，意为"永远昌盛"，与将近一千年之前唐朝武则天统治时期的一个年号相同（无疑是在那些已经依附新朝的精英文人的建议下采用的）。还有不少人聚集在李自成军营的总部，把自己的名字写在纸上，贴在额前，以此表明自己心向新朝的忠心。这意味着当北京城中视觉文化与物质文化的其他方面尚在为融入新的统治而重新编排的同时，一种新的"公众性文字"已逐渐成形。当新朝的军队呈扇形展开，穿过城市的时候，编年史家们注意到，"贼兵俱白帽青衣，御甲负箭，衔枚贯走"，并且还记录下了一个现象：由于一批旧朝的官员已经把象征自己之前对于明王朝忠心的官服焚毁，因此旧的官服价格腾贵。衣铺的裁缝们夜以继日，为那些愿意易服改色的人赶制衣袍。

然而，数日之内，白色恐怖便袭向北京城的精英。特制的巨大铁钳用来迫使他们交出自己的财富。大顺政权认定他们在明朝即将覆亡的时刻私自隐匿了巨额的财富。而现在，这些财富急需用来维持大顺的军需。北京城陷入一场噩梦之中，处处是抢掠和奸淫，没有得到钱财犒赏的军队开始"淘物"，首当其冲的是富贵人家用于日常饮食的金银餐具、富家女眷的珠宝首饰以及从他们身上剥下来的绸缎衣物。[2] 与之同时，明朝大将吴三桂（1612~1678）并没有被刚刚砍下来高悬于城墙之上的父亲的头颅所震慑，他的兵马正在向北京挺进。6月4日，李自成逃出北京城，并最终离奇地死去。翌日，北京被多尔衮（1612~1650）占领。这位王爷是17世纪前期持续不断地对明朝施压，并逐渐击垮明朝军事力量的东北政权的实际统治者，这个政权后来被称作"大清"，统治中国直至1911年。

在清朝的历史学家眼中，大顺政权是完全不合法的。倘若暂且把这种成见放在一边，我们会看到，尽管在明清易代之际只短暂存活了42天，但这个昙花一现的大顺政权却在数十天内重现和浓缩了本书对明代文化的讨论中提及的若干个关键主题。尽管大顺的建立者并未有机会学习高深的文化，读书有限，但在大顺极为短暂的历程中依然保持了文字的中心地位。这一方面来自大顺政权本身的诸种行为，另一方面也来自那些曾被认定为大顺子民的人。我们不仅可以在街头的榜文中看到这一点，还可以在钱币上、铜印上以及钤盖官印的政府文书中看到这种文本的中心性【图178】。[3] 李自成自视为惩恶扬善的传统"游侠"的典范，这是那些充满暴力行为的小说的最爱。他的军队对"物"充满了占有欲，仿佛是在用白色恐怖戏仿文震亨向我们展示的对于"长物"的同样

图178　大顺政权的铜官印，1644年，印面尺寸：7.9厘米×7.9厘米。1959年北京东厂胡同出土。印文为"工政府屯田清吏司契"，是工部所辖的"屯田清吏司"一切行为的合法凭证，也证明了在昙花一现的大顺政权统治下政府机关的物质实践一如既往

一种兴趣，而文震亨本人则在明亡之际选择绝食而死，与明朝俱亡。李自成的新政权不久就堕落为惨烈的酷刑和光天化日之下的屠杀，把明末官僚系统朋党倾轧的血腥场面发展到极致，同时也延续了以视觉方式展示痛苦的统治手法。大顺的视觉文化和物质文化只存在了42天，无法为撰写一篇专门论文提供足够的资料，更遑论一本专著。但是，其存在是毋庸置疑的。

继之而起的清朝（1644～1911）则完全是另一个故事。这个朝代享国甚久，且领土极大扩张，皇帝的权威前无古人地从北京城一直达到亚洲腹地的辽阔疆域。不过，明朝及其文化并没有随着崇祯皇帝这位被正史所承认的明朝末帝的死去而在一夜之间消失。作为本书的终篇，本章意在勾画出在清代建立之后依然生存着的明代视觉文化和物质文化，哪怕它们只有零星的闪现。不仅如此，清王朝之后的民国政权乃至今天的中国，明代视觉文化和物质文化依然在发生作用。作为政治组织的"明"覆灭之后的数个世纪中，作为文化现象的"明"依然还活着，它以纪念物的形式存在，这些纪念物或大或小，中国人和外国人（外国人中最终将包括"西方人"）均触手可及。因此，明代的视觉文化和物质文化有了一部死后的传记，有了一段来生，它是这个逝去的朝代永远鲜活的部分，实际上，倘若不借助于此，我们根本无法触碰到明代。更为清晰的一点是，尽管大顺这段插曲兴亡时间可以精确至天，明王朝的

第八章　余绪：明代视觉文化与物质文化的来世

覆灭却并不是一个事件,而是一个过程。在历史教科书中,明清之间有清晰的分界,1644年标志着明朝的灭亡和清朝的诞生,但是这个精确的时间却并未涵盖前后持续数十年的战争以及不计其数的死者。正是这样的混战使得17世纪中叶成为中国历史上最黑暗的时期,与同时期的欧洲差相仿佛。[4] 今天的历史学家已经不太提"17世纪的大危机"(The general crisis of the 17th Century)这个说法了,这是英国历史学家特雷弗·罗珀(H. Trevor-Roper)所提出的概念,指的是17世纪的西欧在政治、社会与思想诸方面所面临的危机。但无论我们接不接受这个观念,事实确实如此。无法回避的一点是,直到17世纪60年代,清朝的法令才得以在中国大陆上所有的省份推行;直到1662年,最后一位公开称帝的明朝皇室后代才于缅甸被俘,并就地处死;直到17世纪80年代,名义上忠于大明的某个政权才在台湾被清军剿灭。在这段长期的斗争中,一大批富有强烈象征意义的明代物质文化遗存仍然为明遗民们保留着反清复明的希望。这其中,象征意义最为显著的物质文化之一是男性的发式。明代的男性留长发,然后把头发盘起,在头顶编成发髻。清代征服明朝之后,最先采取的举措之一就是强迫所有男性采用满人的独特发式,前额两边剃光,直至头顶,余下的头发不动,编成一根长长的辫子垂在身后,以此作为效忠与否的视觉标志。不愿采用这种新发式的人则丢了脑袋。在这种压力下,始终不愿放弃对明朝坚定不移的忠贞的人只有一个解决办法,那就是出家,或为僧人,或为道士,以宗教为职业。僧人把头发全部削去,而道士不用剃发,仍然被允许保留类似于明朝式样的发髻。

"奉天承运"的政治理论,意味着清朝统治者大可不必把明朝的皇帝贬为非法僭越者或视之为卑鄙小人。明朝也曾承受天命和天意,直至天命耗尽。这意味着清代的皇帝会保留明代最重要的纪念物,并加以精心呵护,其中最为敏感的纪念物,无疑是南京城外明代开国皇帝朱元璋的陵墓"孝陵",以及北京城外朱氏后代的陵墓——"十三陵"。国家划拨大量银两,用于明朝皇陵的维护与修缮,明朝皇室的宗亲仍然可以定期对陵墓进行祭祀。"延恩侯"是雍正皇帝赐予明朝皇室后裔的封号,一直延续到20世纪。朱煜勋大约生于1881年,是"延恩侯"头衔的最后一位继承人,他的时代已经晚到足以让他有被照相机记录下来的机会。拍照者是庄士敦(Reginald Johnston,1874~1938),清朝末代皇帝的洋老师,他镜头中的朱煜勋正穿着一身清朝的官服【图179】。[5]

图179 "延恩侯"朱煜勋,明代皇室血脉最后的象征。庄士敦摄影,收入庄氏的著作《紫禁城的黄昏》(*Twilight in the Forbidden City*, London, 1934)

由国家赡养着的这批人,首要的职责是定期在北京城外的明皇陵里进行祭祀。对亡明皇室后裔的庇护显然也是一种控制手段,因为清宫严令禁止私自在可能的敏感地点对明朝表达忠贞的行为。在17世纪,对于那些想要向明王朝"致意"的文人来说,去十三陵并不是难事,甚至对那些力主反清复明的人——比如哲学家顾炎武——来说也是如此。截至1677年,他曾先后六次在北京明皇陵遗址进行古物考察,以此作为无声的抵抗。[6]然而,他们也需要适可而止。顾炎武的《昌平山水记》在1906年之前只能一直以手抄本的形式流传。另一本有关明代物质遗存的著作是孙承泽的《春明梦余录》,书中详细记述了明代的宫殿、坛庙与政府机构。这本书大约撰写于17世纪50年代,继承的是中国古代历史学中源远流长的感怀旧都的文学传统,不过这本书也只能在私底下传抄,直到18世纪下半叶才得以付梓出版。[7]

所谓"遗民",指那些出生在明朝的人,他们而今发现自己成为一个坚持以物质证据来检验忠贞与否的新王朝的子民,他们被迫穿上装饰

第八章 余绪:明代视觉文化与物质文化的来世 | **263**

图180 石涛《秦淮忆旧图册》第一开 纸本设色 25.5厘米×20.2厘米

着新图案的衣服,留着新的发式,这都表明天命已变。对他们而言,感怀过去并不是简单的自我沉迷。明朝的物品和明朝的图像,或者是有关明朝物品的图像,在17世纪可谓法国历史学家皮埃尔·诺拉(Pierre Nora)所说的"记忆之场"(place of memory)。在17世纪的许多传世作品中,弥漫着隐秘的政治象征含义,以此来凭吊明朝的灭亡。[8]对这类图像最为细致入微的解读之一出自乔迅(Jonathan Hay),他对南京出现的一批描绘明朝宫殿遗迹和明太祖孝陵的绘画进行了研究,这是他所谓

图 181　石涛《秦淮忆旧图册》第四开　纸本设色　25.5 厘米 ×20.2 厘米

"历史诗学"(historical poetics）研究计划的一部分。[9] 他的研究展现出清朝对南京和北京的明朝宫殿所持的不同态度。对于被战火焚毁的北京明朝故宫，清朝进行了系统的重建，而后搬入原址继续进行统治。与之形成强烈对比的是，对于几乎同样巨大的南京明皇宫，清朝统治者却任其朽坏。到 17 世纪 70 年代，南京故宫已是一片残垣断壁。乔迅向我们展现出，这种视觉上的荒芜状态在 1680 年被康熙皇帝进一步引申，用来作为明朝所承天命已全部传至大清的清晰可见的物质证明。明朝开国

第八章　余绪：明代视觉文化与物质文化的来世　|　**265**

皇帝朱元璋的陵墓位于南京城外钟山的半山腰,和南京城里的明朝宫殿一样,也是由专人负责守护的亡明皇室的物质遗存。在一套描绘南京景物的册页中,画家石涛将皇家陵墓和明朝宫殿旧址荒败的土堆双双描绘出来【图 180、181】。石涛本人正是明朝宗室子弟,不过生不逢时,对大明的统治并无太多的记忆,他同时还是宗教信徒,既做过道士也当过和尚。和北京的明十三陵一样,明太祖孝陵的祭祀活动也被保留下来。哀悼明朝覆灭的访碑考古者和朝陵者还可以来到孝陵进行凭吊。顾炎武不仅用文字记述孝陵,而且还动手描画。他特别提出请求,想去瞻仰保留在孝陵的明太祖画像[10],这幅画像的摹本在当时似乎曾在忠于明朝的士人中广为流传。另一位著名的遗民是屈大均(1630～1696)。他对人讲过,自己曾经出钱让一位想砍断孝陵享堂一根立柱的满族达子刀下留情。[11]不论是在文字记述还是图像表现中,太祖的孝陵都是对亡明进行哀悼的焦点,同时也是两种不同的政治含义展开肉搏的地方,一方是清政府,另一方是与之针锋相对的反对者们。在存世的画作中,乔迅辨识出了一些描绘孝陵的图像,此外还有另一些富有隐喻意义的景物,比如被荫翳的树木覆盖的小山,山顶矗立着一座佛塔。佛寺中的塔比邻皇帝的陵墓,寺里的僧人负责陵墓的维护。画面对孝陵周围的整体面貌进行了一种挽歌式的复原,实际上,当时覆盖钟山山腰处的松树已被砍伐殆尽,成了光秃秃的山。这种挽歌式的复原构成了一个"象征性的地理",在这里,明朝已亡而未亡,虽去而犹存。

对明朝的眷恋也可在其他对明朝覆亡的个人体验中找到归宿。这个时期,在文学中出现了一种风潮,试图去重构明代事物的物质属性,写作中充满着对过去的事物所有细节的着迷。这时候出现了充斥着大量细节描写的文字,描述南京城中青楼的具体方位,描写作为商品的风尘女子在服务客人时的衣着打扮。[12]这时候还出现了有关明朝掌故和轶事的专书,如梁维枢的《玉剑尊闻》。这本书至晚在 1654 年已经成书,书中对于那些令人垂涎不止的有关奢靡消费的奇闻异事表现出特别的兴趣。[13]堪称典型的则是张岱的《陶庵梦忆》,此书意在"用流逝的物质世界象征昔日的灿烂文化"。[14]戏剧舞台上也上演着晚明的场景,最为突出的是中国古代的杰出戏剧之一《桃花扇》中的场景。这部戏剧由孔尚任完成于 1699 年,剧中主角是一件明代的物品,一柄画扇。这柄脆弱易碎的扇子正是覆亡的明朝的遗物。[15]

1652 年,项圣谟(1597～1658)创作了一幅名为《尚友图》【图 182】

图 182　项圣谟　张琦（活动于 17 世纪中叶）《尚友图》　立轴　绢本设色　1652 年　38.1 厘米 ×25.5 厘米

第八章　余绪：明代视觉文化与物质文化的来世 | 267

图 183　康熙仿成化斗彩鸡缸杯

的绘画。这幅画以一种较为私人的方式把明代铭记于其中。画中描绘了六位杰出的文士，其中包括出现在右上角的画家本人。画面右下一人是李日华，他是本书中多次引用过的《味水轩日记》的作者。而画中左上部身穿红衣者是董其昌，他是一位明代高官，是著名的书法家和画家，也是著名的书画理论家。画中六人均身穿明代的宽松长袍，戴着在1652年早已不再盛行的头巾。画中人的头发都没有露出太多，我们不足以借此去评判项圣谟对明朝的忠诚。但从某种意义上来说，这并不重要，因为当项圣谟构思这幅画的时候，他委托擅画肖像的职业画家张琦来完成画中人物的面部，六人中的四位早已辞世，只有项圣谟自己和画中左下角的鲁德之（1585~1660）在1652年还活着，其他四人全都在1644年满人征服明朝之前去世了（自然死亡而非政治原因），因此便也永远属于大明。这幅群像定格了天崩地裂前的某个时刻，这场巨大的灾难始于1644年，并且一直持续到这幅画创作完成的时候。忠于明朝的残兵剩将越来越衰弱，他们被驱赶到西南边陲，这场灾变的后果也随之变得越发不可预测。这幅画庆祝的是"昔时"，即灾变之前的时代，画中逝去的友人将永远活在大明王朝的辉煌时代中。因此，这幅画也成为一种特别的纪念物，与皇陵和皇宫的废墟起着相同的作用。[16]

在《尚友图》完成之后仅仅两年,一位王子诞生了,他将开创清代皇帝中最长的统治,同时他也是第一位出生在北京宫内的清朝帝王。康熙皇帝的统治始于1662年,终于1722年,与路易十四(1643～1715年在位)大约是同时代人。康熙那个时候还可以与从明朝一直活到当时的人聊聊天,他曾询问年老的太监,向他们打听明朝皇宫中最后十年究竟是怎样的情形。[17]在明朝灭亡时已届成年的人不大可能活到康熙的统治之后,也就意味着康熙的继承者们再没有机会见到大明的"遗民",只能见到各种各样的"遗物"。不论这些"遗物"是印刷的文本还是手写的文本,是图像还是实物,都代表着一个现如今可以安全地称为"前朝"的历史时期。专门为明朝皇室所烧制的官窑瓷器在18世纪早期已经成为一种适于鉴赏的古代典范,在景德镇的窑厂内被大量仿制。清朝皇帝也开始下令仿照明代的白瓷和彩瓷烧造清宫所使用的器皿【图183】。[18]明王朝在清朝统治者眼里已经安全地转化为历史的一部分。与此同时,那些为保卫明朝而牺牲之人的英雄主义也得到了认可,在人们的记忆中得到珍视。在其自身的艺术实践中,1736年至1795年统治中国的乾隆皇帝以明代尤其是晚明为楷模,奠定了一种盛行于18世纪清代宫廷文化中的标准模式。在乾隆统治时期,不止一次出现过如下的情形:西藏的高级僧侣将明代宫廷所赏赐的礼物回赠给清代的帝王,其中包括永乐和宣德年款的钟。[19]明代皇家礼物的回流,象征着中国统治者与西藏高级僧侣之间的紧密联系一如既往,这一联系随着二者之间物质文化的流动而最终得以实现。此外,它也因此而指出物质文化是明清之间连续性之所在。从更宽广的角度来看,乾隆皇帝很爱搞点概念游戏,他最喜爱的宫廷画家丁观鹏被认为是晚明艺术家丁云鹏的化身,因为二人的名字只差一字。[20]他还很迫切地想利用其收藏的数千张明代作品,通过临摹它们来提高自己的绘画技巧。临摹是自古以来享有崇高声望的艺术方式。乾隆的临摹方式多种多样,他可以对一幅文徵明的作品进行精细的对临【图184】,也可以对明代楷模和经典画风进行模仿。[21]他的书法风格亦步亦趋地学习杰出的理论家、书画家以及趣味的评判家董其昌,即项圣谟《尚友图》群像中的主角。清宫中受到最高礼遇的山水画家亦是那些从同一个董其昌的艺术谱系中传得衣钵的人。晚明的绘画实践有多种不同类型,但清代宫廷单单挑出所谓的"正统派"大加发展,并阻断了其他类型,仿佛"正统派"就是"中国书画"的化身。与之相似,董其昌高度辩论型的批评立场是晚明艺术

图184　弘历（乾隆皇帝　1736～1795年在位）《摹文徵明山村嘉荫图》　立轴　1765年　纸本设色　59.2厘米×32.1厘米

世界中激烈的朋党竞争的结果,在清代宫廷中也获得了皇帝的首肯,被相当完整地贯彻进清宫庞大收藏的著录标准之中,藏品的分级和批评用语都深受董其昌的影响【图185】。[22] 18世纪的皇家收藏后来成为帝制时代结束之后的中国国家宝藏。这个收藏具有强有力的过滤作用,对中国绘画经典的形成产生了最强烈的影响,它把某些人物和某些画风推向中心,同时又将其他人物和其他画风挤入阴影。借用詹尼弗·蒙塔古(Jennifer Montagu)[23] 的妙语,18世纪其实是对明代"产生"了影响,而且这种影响不容低估。我们不可避免地要通过清代的过滤镜来看明代。通过这种方式形成的经典早在18世纪时已经流布到清帝国之外。实际上,在18世纪的朝鲜,我们可以看到以下名家的书画,有文徵明、董其昌、沈周、文嘉、文震亨、吴伟、唐寅、徐渭、文伯仁、吴彬、夏昶,此外还有许多明朝之前的大画家。根据1704年的记载,朝鲜大收藏家李秉渊(1671~1751)所收藏的物品中有一件《清明上河图》,传为仇英所作。1603年出版的《顾氏画谱》是一本有关历代画家和画风的鉴赏手册,也在朝鲜和日本广为流传。[24] 这本画谱在上述两个国度都被推崇备至,但实际上1603年出版的这本书中并没有主要活动在1600年之后的画家的画作。随着明朝的垮台,这份绘画经典也由此冻结,这并不意味着此后的中国绘画再无任何新鲜的东西,但它确实意味着在人们对这种绘画的理解中,明代占据着独特的位置,不论是在清帝国疆域内还是在国土之外。至少

图185 董其昌《乔木昼荫图》,立轴,约1616~1620年,纸本水墨,90.8厘米×28.8厘米。画面上部小字题跋为乾隆皇帝所写,其书法风格正是以董其昌为楷模

第八章 余绪:明代视觉文化与物质文化的来世

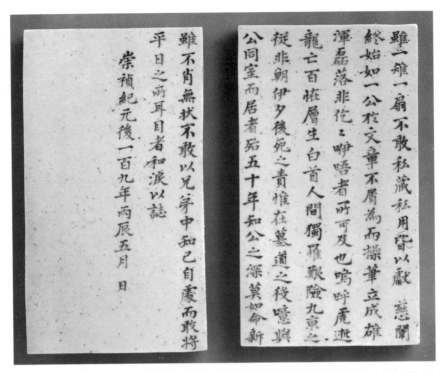

图 186 朝鲜人吴命恒（1673～1728）的墓志铭 1736 年 瓷板蓝釉 墓志铭落款为"崇祯纪元后一百九年" "崇祯"是北京城里明代末帝的年号

在某些事情上，朝鲜的精英阶层沿着明朝的道路继续前进。他们仍然使用已经成为过去的明代最后一个年号"崇祯"来记载事件，这体现出朝鲜和清朝统治者之间的暧昧关系。[25] 1644 年后很久，朝鲜制作的不少器物上依然时不时地打上显著的明朝年号，而这时已经完全不可能再有任何复明的念想了。【图 186】是一件朝鲜时代的瓷板，用来撰写墓志铭以纪念某位文士。瓷板上的文字落款为"崇祯纪元后一百九年"，也即 1736 年，从而提示出朝鲜与北京城的最后一个明代皇帝——而不是清朝皇帝——之间的联系。

在现实中，反清复明已绝无可能，但这并不能阻止贯穿整个 18 世纪的一系列有关反清复明的狂想和梦魇，具有狂想的人渴望狂想的实现，梦魇缠身的人则害怕梦魇成真。与英国的亚瑟王（King Arthur）、神圣罗马帝国的巴巴罗沙大帝（Emperor Barbarossa），或者是葡萄牙的塞巴斯蒂安国王（King Sebastian）一样，明代也成为一个既让人满怀希望也让人心生惊恐的魅影般的王朝。正如史景迁（Jonathan Spence）所说的那样，这些希望和恐惧有不少是通过越来越多无法得到长久保存的视觉性而体现出来的，这些是昙花一现的视觉，远远不同于清代博学的士人对明代艺术与古物的鉴赏，也不同于清代宫廷御窑对明代瓷器的仿烧。在明代灭亡多年之后的1707年，铤而走险参加白莲教起义的人们扛起了写着大明国号的旗帜，头戴染成红色的头巾。红色指代着明朝，明朝皇帝的"朱"姓，同时也是朱红色之意。在18世纪许多次对图谋不轨者的调查中，朝廷的专员会对在家境虽已破败却依然夸张门面的阴谋造反者家中所发现的一些物品起疑心，诸如明代开国皇帝朱元璋像，或样式复古的帽子。雍正皇帝曾经解读过一位被捕的阴谋造反者的梦境，这人早在十年前已经死去，而雍正却能够完美地理解梦境中刮过北京的一阵狂风的意味，这阵风使所有人脸色变红，是反清复明的象征。[26] 此时的"明"成了一幕视觉图像，无论是记载其往昔荣光的宫殿与陵墓，还是象征其存在的颜色，或是虽然出现在公开场合却除了圈内人以外无人明了其含义的秘密文字。1760年前后，一群清帝国底层的贫苦民众聚众结社，组成一个兼互助会和保护会为一体的组织，称作"天地会"。在英语中，"天地会"被称为"Triads"（"三合会"），在当年盛极一时，其目的就是"反清复明"。为此，他们还为自己炮制了一份虚假却充满了爱国热忱的谱牒，将自身的历史追溯至17世纪清代征服明朝之时。[27] "反清复明"这个口号从未完全公开化，其半公开的犯罪行为以及其他一些活动全都以"洪"字为掩护。"洪"是天地会传说中的创建者的姓，同时也是明朝开国皇帝年号——"洪武"——的第一个字。凑巧的是，太平天国领袖洪秀全的姓氏也是这同一个字。19世纪中叶的太平天国运动破坏极大，几乎摧垮了清朝，几个重要的明代纪念物也被摧毁，其中就包括南京明太祖孝陵的地上建筑。洪秀全本人相当清楚，复明已是一项不可能的事业：[28]

> 我虽未尝加入三合会，但尝闻其宗旨在"反清复明"。此种主张，在康熙年间该会初创时，果然不错的。但如今已过去二百年，我们可以仍说"反清"，但不可再说"复明"了。无论如何，如我们可以恢复汉族山河，当开创新朝。

尽管如此，洪秀全在太平天国内部所推行的服饰和发式，以及选择明朝故都南京作为太平天国的国都，都显示出他努力将自己的政权与覆灭于1644年的明朝接轨，试图抹去被不合法的满人掠夺之后所发生的

图 187　孙中山祭明孝陵　摄于 1912 年

一切变化。

　　1911 年,清朝果真灭亡了,这要归功于几个世纪以来深深植根于秘密社团之中的共和运动,所有秘密的地下组织都不同程度地以反清复明为最终目标。当清王朝彻底成为历史之后,明太祖的陵墓便潜在地成为共和制的象征。袁世凯(1859~1916)于 1912 年 2 月 12 日就任大总统,这一天成为中国重新统一的纪念日,作为一个庆祝节日一直持续到 20 世纪 20 年代。[29] 1912 年的 2 月 15 日,孙中山(1866~1925)在南京正式向明太祖陵墓献祭,在仪式中张挂明太祖的画像作为装饰。此外,还摆放了祭祀的祭器,在画像和祭器前面是一篇文字,将汉人的明朝与新的全民性的民国联系起来。孙中山身着戎装,中华民国的五色旗在微风中飘扬【图 187】,宣告在三百年后,中华大地重获自由。孙中山选择南京作为自己死后的墓地,与明太祖孝陵遥相呼应。中山陵的位置比孝陵所在的山坡还要高,象征着在那些希望继承其政治威信的人眼里,孙中山是比明太祖地位更高的"国父"。民国精英们纷至沓来,对朱元璋的陵墓进行祭拜,国民党领袖蒋介石也计划死后葬在这里,许多民国高官也有同样的想法。[30] 这是精英阶层对明朝物质文化强大力量的挪用,有意忽略了洪武皇帝在大众通俗记忆中反复无常、狂暴易怒的暴君形象。这种形象在 20 世纪广东地区的民间传说以及 19 世纪和 20 世纪早

图188 佚名《明英宗像》 立轴 15世纪后期 纸本设色 208.3厘米×154.5厘米

期中国北方农村广泛流布的"年画"中依然保留下来。[31]

民国的官方意识形态与体现于物质遗迹之中的"明朝"紧紧地联系在一起,这一点可从当民国面临最大危机之时,博物馆人士在压力之下所做的抉择中看得一清二楚。当20世纪30年代日本军队向北京挺进的时候,故宫博物院不得不在其馆藏珍宝中挑出最珍贵的部分,打包装箱,转移到安全的地方。在历经曲折并数次近乎奇迹般地脱险之后,这批宝藏于1949年被运至海岛台湾,"中华民国"退化成为一个省,而"中华人民共和国"则拥有所有的国土。具有高度象征意义的是,明朝皇帝的画像【图188】是台北"故宫博物院"最宝贵的珍宝之一,它们被精心保存下来,成为当局者的护身符。与之相对的是,清朝皇帝的画像却被遗留在北京,画像中的这些清朝统治者们覆亡了明朝,随之也成为民族主义的民国政府名正言顺将其推翻的口实。

与此同时,19世纪晚期与20世纪早期的思想风气也使得明代文化的某些方面能够在明朝灭亡数百年后重新被知识界所接触和理解,明代成为一种新的文化资本,也成为政治资本的源泉。正如魏浊安所指出的,晚清时代的武侠小说十分引人注目,小说中普遍极为崇拜充满男子汉气概、处处行侠仗义的"好汉"。大量的武侠小说都将背景设置在明朝。显然,这是因为在明朝的小说中,第一次创造出了"好汉"的形象,譬如著名的小说《水浒传》以及其不计其数的舞台改编版本。作为激进主义的榜样，"好汉"成为"五四"时期深受西方民族主义影响的青年学生和作家们的楷模，自然也是共产主义同志的楷模。（"同志"这个词在 20 世纪用来解释"comrade"，指为共同事业共同奋斗的亲密伙伴，而在晚明，这个词用来描述官僚系统中同一党派的成员。）[32] 实际上，明代为中国帝制时代结束之后的时代所创造出的一种新文化提供了绝大部分的资源。这是一套新的经典，它是传统的，因为出自本土，并非舶来，尽管它与当时被视为肮脏的、封建的、反动的某种文人精英文化的霸权关系密切，却未被污染。对于 20 世纪三四十年代的作家和艺术家而言，无论是明代的通俗小说还是明代的版画插图都沐浴在"黄金时代"的光芒之下，奠定了新经典的基石。我们可以在郑振铎的写作中看到这一点。郑氏在后来成为中华人民共和国成立之初的文化部副部长。我们还可以在"后毛泽东时代"的当代人文哲学家李泽厚那里看到这一点。[33] 对明代小品文的兴趣在这时复兴，在这些新的小品文中可以看到，其焦点多在物质文化的细微之处：郑振铎是最早一批研究张岱的人，张岱是《陶庵梦忆》的作者，他不仅是重要的小品文作家，也是明朝的眷恋者之一。同时小品这种文体也在许多重要的民国作家笔下被发扬光大，其杰出者是周作人和林语堂。[34] 丁乃非注意到，在林语堂这样的作家心中，晚明时期被视作"中国现代性的中心"，因为晚明文人享有"自由者"和"个人主义者"的身份，他们可以被拿来作为现代中国（男性）主体的生发点。[35] 相同的情况也出现在女性主义作家当中，对晚明女性画家和女性诗人的重新发现，为女性文化行动主义者提供了另一条线索，来反驳儒家男性霸权。[36]

共和主义者和民族主义者对明代极尽赞美之词，推其为"真正"的中国文化，与这种赞颂相平行的是 19 世纪末 20 世纪初的另一个故事。这个故事太复杂，此处只能略微陈说。在这个故事中，西方人越来越多地介入明朝的物质和视觉文化遗产，起初是通过汉学，后来又加入了艺术史。先是翟理斯（Herbert A. Giles），在他初版于 1878 年的《远东事物名词参考书》中，他向读者如此定义"明朝或明"[37]：

> 这个王朝从 1368 年至 1628 年统治中国，以其严酷的刑罚而知名。这个时间段中的陶瓷和古董往往被称作"明"，而与此同时，带有大明款识的瓷器中只有不到十分之一才真正是那个时期的产物。实际上，可以负责任地说，明朝的款识如今是判断一件仿冒品的铁证。

在翟理斯写作这本著作的时候，清朝仍然健在。请大家注意，他在书中将明朝灭亡的时间写作1628年。这一年，"大清"的国号首次被满族人所推行。大家也请注意，在翟理斯对明朝的介绍中，通篇充斥着物品。在开篇谈到这个时代著名的残酷立法之后（所谓的"严酷的刑罚"，可举一个例子，在1397年的大明律法中，有249种罪行可被判处死刑，而在18世纪的英格兰，竟有300种罪行可被判处死刑），几乎所有的篇幅都转而谈论瓷器。[38] 最后还要注意的一点是，翟理斯强调，明代是欺诈和作伪者所恶意仿冒的对象。目前尚未有人考察过为什么在英文中"明代花瓶"（Ming vase）一词（而不是从经济角度而言同样珍贵甚至更为珍贵的"唐代花瓶"或是"宋代花瓶"）会被引申为某种珍贵、脆弱而又毫无意义的事物，这个过程尚未有人进行过追索【图189】。[39]

图189　万历年间的瓷瓶，卜士礼（S. W. Bushell）《东亚陶瓷艺术》（Oriental Ceramics Art, New York, 1899）一书的插图，图版72

但可以肯定，这只是更大的某种进程的一部分，在这个进程中，明代逐渐成为西方人眼中的中国最为真切的代称。从某种意义来说，这个进程得益于中国民族主义者试图将清朝从中国历史中抹去的企图，在他们看来，清朝的艺术作品与纪念物都是有悖常规的畸形儿。另外，这个进程同样受益于本书引论中所暗示的一点，即正是从明朝开始，中国和西方的交流与碰撞在中西双方的历史文献中均有准确的纪年。从某种层面上而言，正如人们初来乍到一个陌生环境，往往会把初次所见当作这个地方的常规一样，明代也在初次来到这里的西方人眼里成为中国"真正的样子"，随后发生的一切变化都在某种程度上被视为偏离正轨。这种思维模式可以在艺术市场的运作以及与之紧密相关的博物馆购藏中看得十分真切。斯美茵（Jan Stuart）和罗友枝（Evelyn Rawski）的研究展示出西方的明代"祖容像"市场的繁荣是如何导致这类纪念性肖像被改头换面而滋生赝品的。古玩贩子常常将清代祖容像中的帽子和头饰涂掉，改画成明代的式样，创造出一种

图190 佚名画家所绘的祖容像,18世纪或19世纪,绢本设色,170.1厘米×99.6厘米。这幅画在20世纪被人改画为明代样式以冒充明代作品

混血的赝品【图190】。[40] 伪造著录的例子中最复杂的一个是《历代名瓷图谱》,曾吸引了20世纪初汉学界的注意力。这本以册页形式制作出来的书号称是明代大收藏家项元汴的藏瓷著录,因此在汉学家中被称为"项氏册"(Xiang Album)【图191】。这本书引来了两大权威,伦敦的戴维德爵士(Sir Percival David)和法国大汉学家伯希和(Paul Pelliot)撰文发表不同意见,对同样名望显著的卜士礼(Stephen Bushell)和福开森(John C. Ferguson)加以驳斥,证明这份想象出来的明代收藏品只不过是一个异想天开的幻梦。[41] 然而有些东西并不是幻梦,尽管在其他人看来同样是承载幻梦的工具,但它们都是实实在在存在的东西,这就是若干美国博物馆在中国内战期间从中国购藏的大型明朝遗物,主要是建筑构件和室内陈设。费城艺术博物馆有两套这类室内陈设,一套是

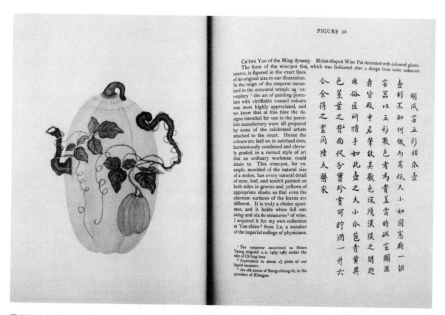

图 191 卜士礼所编《历代名瓷图谱》(*Illustrated Treatise on Famous Porcelains of Successive Dynasties*, London, 1908)。这本册子被认为是明代大收藏家项元汴的收藏著录，曾引起了西方收藏家们的巨大兴趣，直到不久后被证明只是子虚乌有的伪造之物

昭公府（一位明朝大太监位于北京的府邸）的大堂【图 192】，约建于 1600 年前后，于 1929 年被费城艺术博物馆购入。另一套是佛教寺院智化寺的一部分，由宫廷宠宦、大太监王振建于 1444 年。在寺院内智化殿的天顶和藻井于 1930 年被卸下运往费城之前，智化寺依然是北京保存最为完好的明代寺院之一。[42] 同一所智化寺内如来殿第二层的天顶也在同一年被卸下，运往堪萨斯城的纳尔逊·阿特金斯美术馆，长期以来一直作为展览厅的背景，为按照时代顺序排列起来的各种不同展品提供展示空间。伦敦的维多利亚·阿尔伯特博物馆也曾于 1924 年购入了一套雕刻精美的镀金建筑构件，据称是北京一所明代绸缎铺的门脸的木构。不过这套建筑物似乎从未在博物馆展出过，而是放在库房里任其腐朽，将来总有一天会消失殆尽，被从历史中"抹去"。[43] 与之相反，引领风潮的美国博物馆仍然延续着这个方向，纽约大都会美术馆对明式园林着了迷，而明尼阿波利斯艺术博物馆则在 1998 年购入了一所明代厅堂的建筑部件陈列于博物馆中【图 193】。[44] 在最近这几十年，博物馆中展出的明代建筑物并不是作为雕塑的展示环境，而是用来作为实木家具的展示空间。在如今已经完全全球化的艺术市场中，除了进入国际市场的越来越多的非法盗掘和走私的纺织品外，家具是最后才进入人们视

图 192　晚明"昭公府"的大堂　1937 年至 1940 年于费城艺术博物馆复原

图 193　吴家老宅大堂的中央梁架结构　17 世纪早期　太湖地区　20 世纪 90 年代拆迁至明尼阿波利斯艺术博物馆

野的领域之一。在家具的市场中，1644 年是一个非常重要的分水岭，如果被定为"明"，售价肯定高于那些年代仅仅达到"清"的东西。其实鉴定家们常常是十分随意地来判断一件家具究竟属于明还是清，但模糊松散的鉴定标准并不影响"明"贵于"清"的准则。

事实上，随着明代近乎成为"最为中国"的封建王朝，明代以及在明代的统治下制造出来的物品也日益成为众矢之的遭到抨击，尤其是当"现代主义"感知方式生根发芽，渐成参天之势后，人们觉得历史久远的唐、宋时代的物品比明代更有吸引力。在其激情洋溢的艺术宣言《漩涡》（Vortex Gaudier-Brzeska）中，法国雕塑家亨利·戈迪埃·勃尔泽斯卡（Henri Gaudrer-Brzeska，1891~1915）勾画出一条中国文化的衰落轨迹，他从原始主义的角度出发，认为中国早期的纪念物比晚期的伟大得多，他说："力量再次堕落，他们聚敛钱财，抛弃自己的工作，在彻底失去整个汉唐时代发展出来的形式感悟力之后，他们建立了明，同时也发现，艺术只剩废墟，创造力荡然无存。"[45] 同样的观点也是另一位重要人物心中的所思所想，只不过要稍微温和一些，他就是希腊巨头乔治·尤莫霍帕洛斯（George Eumorfopoulos, 1863~1939）。朱迪斯·格林（Judith Green）的研究证明，他正是戈迪埃·勃尔泽斯卡的作品在英格兰最早的收藏者之一。在乔治·尤莫霍帕洛斯壮观的中国艺术收藏中，他刻意回避了大部分明代的工艺品。在 20 世纪 30 年代，尤莫霍帕洛斯的收藏被吸纳进大英博物馆和维多利亚·阿尔伯特博物馆。于是，他的这份收藏便在西方世界划分所谓中国艺术的"好事者"和"鉴赏家"的过程中发挥了重要的作用，那些喜欢明代艺术的人则被归于前者。

回到亚洲，无论是受过良好教育的精英还是大字不识的文盲，在晚清和 20 世纪还能够感受到明代之存在的方式之一是戏剧舞台。舞台是视觉文化的重要组成部分，也是感悟历史、了解历史、让历史发挥作用的关键之所在。清王朝在 1644 年对中国的征服使得晚明以来蔚然成风的戏剧表演被"凝固"住，以至于不论表演发生在多久以前的事，舞台上所呈现的总是明代的面貌。在这里，中国的过去又一次体现为明朝的脸孔。不只在中国，日本也是如此，舞台上的明朝服装指代的就是"中国"。一件 17 世纪早期的戏装一直使用到 20 世纪【图 194】。出自一场狂言（Kyogen），狂言是日本式的喜剧，这场剧中描写的是一位日本相扑好手将中国对手逐一摔倒在地，充当裁判的是一位翻译员，这位剧中的中间人穿着的就是这件戏装。这件戏装是中国出口欧洲市场的刺绣天

图 194 日本的阵羽织（tsuji-baori，是一种无袖背心）。面料为 16 世纪晚期产于中国的刺绣天鹅绒，剪裁于 17 世纪中期的日本

鹅绒，是一件混合了欧洲口味的服饰。[46]一本现代出版的京剧曲目集收入了 134 种与明代宫廷宠宦有关的戏剧。[47]明代开国皇帝朱元璋，宫廷宠宦、土木堡之变的罪魁祸首王振，以及名妓、孝子、大学士和土匪头领，诸如此类的角色占据着晚清和民国的戏剧舞台，由此也确保了明朝历史中那些最刺激人心的场面至少以一种粗略的形式得以广泛传播。

明朝历史中的场景曾经出现在中国现代历史中一个最为紧张的时刻。1939 年年末，在上海国际租界首次公演的《明末遗恨》是抗战时期中国最成功的话剧。剧作家是共产党人阿英，即钱杏邨（1900～1977）。剧中恰到好处地突出了女主角的英雄行为，女主角是一位明末妓女，她武艺高强，与侵略者展开殊死搏斗。在观众眼里，这个剧情所隐喻的是对日本帝国主义的抵抗。除此以外，阿英至少还有两部戏剧是以同一个时期为背景的，向现代知识分子反复诉说着最后一个浪漫王朝坍塌的深意。[48]二十年之后，一个完全不同的政治和文化环境到来。在伴随着经济悲剧"大跃进"而发生的动荡中,以明代为背景的一出戏剧更堪称对时事的极端戏剧化的反映。《海瑞罢官》讲述的是明代的真实故事,一位16世纪刚正不阿的官员拼死保护百姓不受贪官污吏的伤害,他因为拒绝向贿赂和威胁低头而被皇帝罢官。这出戏由杰出的历史学家,同时身兼北京市副市长的吴晗(1909~1969)所撰写,采用的是京剧的形式,于1961年2月首演,获得了巨大成功。但没过多久,这出戏突然被禁演,吴晗也突然成为无休无止的谩骂和攻击的靶子,直接导致了他在政治上的失势。在很多人眼里,这个事件是20世纪60年代中期"无产阶级文化大革命"的导火索之一。1956年至1958年,考古发掘了明代诸帝中最为奢华的一座陵墓,因此更加牢固地在广大中国观众心中树立起明代作为对劳动人民进行深重压迫的封建朝代的形象。对北京市的少年儿童进行的"阶级教育"就包括到万历皇帝这座由受压迫的广大劳动人民的血汗所修建而成的奢华的地下陵墓中参观【图195】。在另一种大众文化,即电影中,明代常常表现为召唤英雄主义的背景。1956年,中华人民共和国拍摄了一部以明代医生和药物学家李时珍(图92所示著作的作者)为名的电影【图196】。电影摄制的时候,正是共产党规劝引导知识分子为人民忘我贡献的时期。影片中把李时珍表现为一位不向当时守旧的医学和政治风尚妥协的人物,还把明代表现为另一种"现代"主体诞生的时刻,那就是科学家。在华语世界的

图195 万历皇帝定陵 1583年建造 在这帧1979年拍摄的照片中,定陵已经成为进行"古典教育"的地方

其他电影中,我们也可以清楚地看到明朝的场景,譬如 1967 年的武侠片《龙门客栈》,或者是 1972 年的《侠女》【图 197】,抑或是 1975 年的《忠烈图》。三部电影都由胡金铨导演,片中所展现的都是邪恶的宦官和锦衣卫特务倒在男女英雄的剑锋之下。[49] 在东亚地区,日本根据明代古典小说《水浒传》和《西游记》所拍摄的电视连续剧在 20 世纪 70 年代末的英国电视台出人意料地流行。根据《水浒传》所改编的电视剧名为 The Water Margin,于 1976~1978 年在英国广播公司(BBC)二台播出,两部电视剧近乎成为崇拜的偶像,在此之后的时期拥有了专门的影迷网站,并且发行了 DVD。正是因为诸如电影、小说和漫画这样的媒介常将故事场景设置在明代,尤其是明朝的戏剧性覆灭前后,由此确保了对于中国和全球的观众而言明朝仍在视觉中继续存在。明朝之所以常被当作背景,一方面是因为民族主义者在电影工业成长阶段的特殊感情。在他们看来,在中国发生剧变的时代,清朝的服装和发式对观众完全是不合时宜的。另一方面则因为戏剧服装的遗产,明代,或者说一个大略的明代,为不计其数的功夫片和历史片提供了视觉场景[50],囊括了英雄题材、浪漫爱情题材以及喜剧题材。所谓浪漫爱情片,主要是指众多不同版本的《金瓶梅》,譬如 1974 年李翰祥导演的《金瓶双艳》或 1989 年罗卓瑶导演的《潘金莲之前世今生》。喜剧片则可以以 1993 年中国香港导演李力持执导的《唐伯虎点秋香》为代表。剧中的主角是浪荡画家和搞怪天才唐寅。片中"四大才子"——16 世纪苏州的四位文人书画家领袖——的出场,默契的举手投足,颇像是流行音乐中的男孩组合。针对大众观者的这个玩笑相当有效果,因为观众们意识到——无论多么微弱——这四个人乃是响当当的经典人物,而即便是在戏谑搞怪之中,明代仍然是中国文化资本的宝库。同样一座文化资本的宝库,也被许多观者和挪用者所利用。画家程十发曾经为 18 世纪的小说《儒林外史》精良的英译本创作了一套插图,小说的场景设定在明代,而程十发精美的线描插图【图 198】为读者构筑了一个以丰富的想象力创造出来的明朝,而同一批读者可能又是于同一年上映的传记电影《李时珍》的观众。[51] 长城象征着明朝的固若金汤,也在塞缪尔·约翰逊眼里象征着中国之遥远。最近一些年来,这个建筑物既成为在 1957 年时绝对想象不到的中国旅游热的标志,也成为当代艺术实践的地点,这突出体现在徐冰的作品中。在装置艺术《鬼打墙》中,徐冰把这座被过度神话的防御工事中的大量墙砖的拓片组合在一起【图 199】。[52] 就在全球化的中国先锋艺术家在作品中挪

图 196　新中国电影里的明朝,电影《李时珍》(1956 年)中的一个定格画面,上海电影制片厂,导演沈浮,赵丹(右侧)在片中扮演这位充满英雄主义色彩的医生,他一生都在为启蒙而奋斗

图 197　中国香港电影中的明朝,电影《侠女》中的一个定格画面,胡金铨导演

第八章　余绪:明代视觉文化与物质文化的来世　285

图198 程十发 1955 年为 18 世纪的小说《儒林外史》所绘的插图，北京外文出版社。这部古典小说虽写于 18 世纪，但故事场景设置为明代。无论是吴敬梓的小说原文还是现代画家程十发所配的插图，都希望一丝不苟地还原出那个朝代的一举一动、一颦一笑

用存世最大的一件明代物品之时，明代也不停地在为更多由官方支持的知识分子（包括中国国内和国外）提供竞技场，为最生气勃勃的历史想象而激烈角逐。正如丁乃非所言：

> 通过明代开始刊印的俗文学，外加对超验的、真实的美学修养的倡导（二者通过印刷媒介而悖论般地折中并存），体现在语言文字与潜在的平民主义文艺美学中的一种所谓的"中国现代性"，持续不断地把晚明作家视为或者变为其"本土"源头。[53]

图199　徐冰　《鬼打墙》
1990年　综合材料装置
274.3厘米×609.6厘米

　　过去15年当中，笔者所撰写的一系列著作所关注的主要问题是所谓的"中国的现代性"。1991年，我第一次在探讨晚明文本——主要是文震亨的《长物志》——中所体现出来的人们对待物质文化的态度的一本专著中使用了"早期现代中国"这个词。我最初使用这个词多少是出于无知，而在接下来的著作中，我对这个词的使用则更多带有策略性。如今，是时候让这个词休息了。[54] 不过，明代所制造出来的物品和图像永不会停歇，它们一经面世便承载着不同形式的知识，它们就像投射下来的一缕光，提示出一部寻求不确定，也即寻求有更多疑问的历史的存在，或者说，这部历史是能够启人所思、发人所疑的。确定无疑的是，这些物品和图像将始终如一地等待着人们抛开本书的阐释，做出新的解读。

后　记

所有的知识都是"情境化的知识"(situated knowledge),无论是关于历史的知识、文化的知识还是语境(contexts)的知识都不例外。人们得到了知识,接着便会用知识给自己定位,以纷繁复杂的形式,把自己定位于不同的学科结构之中,以及不同的地理与语言立场之上。三十五年前,我初次邂逅并喜欢上了著名通俗历史学家、天主教卫道士文森特·柯罗宁(Vincent Cronin, 1924～2011)的一本书。这是我读到的第一本关于明朝的著作,一版再版,名为《西方来的智者:利玛窦与他的中国使命》,讲述的是耶稣会士利玛窦在 1600 年前后把福音书带往中国的故事,读罢使人心绪激荡。不过,到如今我才意识到,这本书其实是那种被称为"庸俗东方学"的典型。[1] 书中勾勒的画面强而有力却空洞无物,描绘的是一个僵化的明代,一个"尘封的帝国",一个闭关锁国、幅员辽阔、了解起来也易如反掌的国度。那个时代,"中国的编年史家遵循着古代传统对历史事件进行记录,其详尽程度前无古人,任何一年的文献记载都赶得上过去两千年的总和"。而明代的画家则"身处一个艺术创造力衰退,只知亦步亦趋模仿古代书法大师的时代"。[2] 他接下去还说,"传统的断裂好比行星的坠落和宇宙秩序的扰动在地球上的呼应"。[3] 其实,只有在过去那些欧洲旅行者的视角下,才能看到柯罗宁笔下那个灿烂却僵化的明朝。显而易见的是,本书挑战的正是这样一个"明朝"。这个时期所产生的图像和事物极具多样性和复杂性,包裹在多种多样的话语之中,展示在本书中的只是冰山一角而已。我希望大家会理解为什么这项工作势在必行。因此,我的论述便有几分类似于迪佩什·查卡拉巴蒂所说的"感受的历史"(affective history)。在他看来,"感受的历史"是阐释学传统(与分析的传统相对)的产物,来自"对细节充满爱意的掌控,以找寻对人类'生活世界'(life-worlds)之多样性的理解",它发现"思想很亲密地与地域以及特定的生活方式联系在一起"。[4] 本书所尝试的,是写作一部关于明代视觉文化和物质文化的历史,秉持着与阿部贤次(Stanley Abe)相同的看法:"我们知之愈多,我们所能做出令人信服的概括或纵贯全局的说明便愈少。"一部历史终归只是"一种叙事,它所要求的是一种'效果真实'——也就是说,表面看起来像是在复原历史的真相"。[5] 本书也在有意识地尝试着去反驳一种假说,即"一个画派、一个国家或一个种族的艺术具有某些共通的形式和相同的特征,这些形式和特征只为那个时代和群体所独有",要知道自"19世纪初以来,艺术史中不计其数的学科精力都花费在对这一命题的论证之上"。[6] 简单来说,"大明"并非是一种东西。鉴于有些历史著作,尤其是那些号称覆盖全球的历史,偏好于用极少的明代中国信息提炼出极宏大的叙事,本书要用大量的信息使这类宏大叙事感到坐立不安。当然,本书也免不了会暗中提出一种自己的叙事,这种叙事将不可避免地成为一个"当下的明朝"。这个"明朝"回答的是我们当下的需求,假如它能屹立起来,以后也必定会被为了回答未来的需求而由未来的历史学家和读者所构想出的未来的"明朝"所取代。

我在本书最后一章已经提到,"明代—等于—现代性"(Ming-as-modernity)或者是"明代—等于—早期现代性"(Ming-as-early-Modernity)这个说法在整个20世纪甚嚣尘上,首倡于20世纪20年代和30年代的民国知识分子中间,紧接着被日本历史学家加以强化。1943年,岛田虔次发表了一篇有关明代叛逆思想家李贽(1527~1602)精神世界的论文,将李贽的自我观念描述为"某种与西欧的'现代性精神'或'现代性原则'相类似的东西"。在整个20世纪50年代和60年代,"现代性萌芽"是日本明史学界争论不休的热门问题,与之平行的是,在同一时期的中国马克思主义历史学界出现了"资本主义萌芽"的大讨论。[7] 直到最近一些年,"早期现代中国"(early modern China)始于明代这种观念依然在西方学者中流传,其中也包括我本人之前的著作。这一方面是出于一种策略——为了吸引大家的眼球;另一方面则是内心中真的相信,如此一来就标志着迈向更为宽广的"全球史"了。对这种观念的批判来自不同的角度。[8] 最近,迪佩什·查卡拉巴蒂对一元化的"历史"的整套理念进行了较之以往更为深刻的批判,他提出了如下观点：

> 只要人们还按照在大学这个研究场所内部所生产出来的"历史"话语而行事，就绝不可能轻轻松松地走出"历史"和各种现代化叙事之间所达成的深刻共谋，譬如公民权、中产阶级的公与私、民族国家等等。[9]

"明代中国"（Ming China）这个词使问题变得更加戏剧化。无论是本书的书名还是正文，都不得不反复用到这个词。但"中国"（China）是一个现代民族国家的概念，把它偷换进几百年前的明朝，其实是一种时代误植，因为如此一来，明朝就不可避免地成了民族国家的先驱，可是大明朝那个时代本无此物。或许，在逐步探索查卡拉巴蒂所期待的那种"感受的历史"的过程中，视觉与物质、图像的世界与事物的世界，可以扮演一种特殊的角色。因为物品和图像不但无法被归约，而且可以永远被无限制地使用，永远被人充满感情地邂逅。我们不可能真的生活在始于洪武、终于崇祯的那个年代，但我们可以摩挲、观看那些曾生活在这个年代的人所制造出来的图像和物品，甚至可以置身其中。面对这些图像和物品，我们能否拒绝既定模式的削足适履？我们能否不人云亦云地把它们视为形成某种特定透视线的一个个的小点——这种透视的视点是"打上欧洲烙印的现代性……像展柜一样只展示放入其中的东西"？[10] 倘若我们能够做到，谁知道究竟会有怎样的历史、怎样的文化、怎样的"语境"最终会从"大明"的时代浮现出来呢？

注 释

引 言

〔1〕它们是布氏著作第二部分、第三部分与第四部分的名称,以德语初版于 1860 年。参见 Jacob Burckhardt, *The Civilization of the Renaissance in Italy*（Harmondsworth,1990）.

〔2〕William J. Bouwsma, *The Wanning of the Renaissance,1550-1650*. p. 46, p.114.

〔3〕转引自 Adam Nicholson, *God's Secrctaries: The Making of the King James Bible*. p.160. 关于与明朝同时代的西方人对中国的了解,参见 Donald Lach, *Asia in the Making of Europe*, Ⅰ : *The Century of Discovery*, Book 2.

〔4〕Oliver Goldsmith, *A Citizen of the World*, in William P. Nimmo, ed., *The Works of Oliver Goldsmith*, letter 62, p.264. 感谢 T. 巴瑞特（T. Barrett）教授的提示。

〔5〕J. M. Blaut, *The Colonizer's Model of the World*, Ⅱ : *Eight Eurocentric Historians*（New York, 2000）.

〔6〕Dipesh Chakrabarty, *Provincializing Europe: Postcolonial Thought and Historical Difference*.

〔7〕Craig Clunas, "Review Essay - Modernity Global and Local: Consumption and the Rise of the West", *American Historical Review*, CIV/ 5 (1999), pp. 1497-1511.

〔8〕James Boswell, *Life of Johnson*, ed. R. W. Chapman, intro. Pat Rogers, The World's Classics, p. 929. Arthur Waldron, *The Great Wall of China: From History to Myth*, p.208.

〔9〕"A Conversation with Nicholas Mirzoeff", *CAA News*, ⅩⅩⅧ/4(July 2003), p.7.

〔10〕John D. Langlois Jr., "Introduction", in John D. Langlois Jr., ed., *China under Mongol Rule*, pp.3-22(pp.4-5).

〔11〕Fuma Susumu（夫马进）, trans. David Robinson, "Ming Studies in Japan, Part One (Beginnings to 1980)", *Ming Studies*, XLⅦ (2003), pp. 21-61(p.26); John W. Dardess , "The Transformation of Messianic Revolt and the Founding of the Ming Dynasty", *Journal of Asian Studies*, xxix (1970), pp. 539-558.

〔12〕Romeyn Taylor, "Ming T'ai-tsu's Story of a Dream", *Monumenta Serica*, 32 (1976), pp. 1-20.

〔13〕John Meskill, *Ch'oe Pu s Diary: A Record of Drifting across the Sea*. p.96. 译者注：崔溥的日记名

为《漂海录》，可参见葛振家：《崔溥〈漂海录〉评注》，北京：线装书局，2002年。

[14] Shih-shan Henry Tsai（蔡石山）, *Perpetual Happiness: The Ming Emperor Yongle.* p.54, n.38. Mette Siggstedt（史美德）, "Forms of Fate: An Investigation of the Relationship Between Formal Portraiture, Especially Ancestor Portraits, and Physiognomy(xiangshu)in China", *Proceedings of the International Colloquium on Chinese Art History*, 1991: Painting and Calligraphy, 2 vols(Taipei, 1992), II , pp.713-748.

[15] 吴柏森等编《明实录类纂：文教科技卷》，武汉：武汉出版社，1992年，942页，"永乐十一年六月"条。

[16] Marsha Weidner（魏盟夏）, "Imperial Engagement with Buddhist Art and Architecture: Ming Variations on an Old Theme", in Marsha Weidner, ed., *Cultural Intersections in Later Chinese Buddhism* , pp.117-144(pp.121-122).

[17] Patricia Berger（白瑞霞）, "Miracles in Nanjing: An Imperial Record of the Fifth Karmapa's Visit to the Chinese Capital", in Marsha Weidner, ed., *Cultural Intersections in Later Chinese Buddhism*, pp. 145-169(pp.158-159).

[18] Kathleen M. Ryor, "Regulating the *Qi* and the *Xin*: Xu Wei(1521-1593) and His Military Patrons". *Archives of Asian Art*, LIV (2004), pp 23-33(p.24).

[19] Roger V. Des Forges（戴福士）, *Cultural Centrality and Political Change in Chinese History: Northeast Henan in the Fall of the Ming.* pp.35ff.

[20] Roger V. Des Forges, *Cultural Centrality and Political Change in Chinese History*, pp.61-62.

[21] John Dardess, *Blood and History in China: The Donglin Faction and its Repression, 1620-1627.* p.40.

[22] John Dardess, *Blood and History in China: The Donglin Faction and its Repression, 1620-1627.* p.39.

[23] C.R.Boxer（博克舍）, *South China in the Sixteenth Century: being the Narratives of Galeote Pereira, Fr Caspar da Cruz OP, Fr Martin de Rada OESA*, Hakluyt Society, 2nd ser., 106 (London, 1953). pp.19-20, 25.（此书中译本参见：博克舍编注，伯来拉、克路士等著，何高济译：《16世纪中国南部行纪》，北京：中华书局，1990年。——译者注。）

[24] John Dardess, *Blood and History in China: The Donglin Faction and its Repression, 1620-1627.* p.54. Benjamin A. Elman, *A Cultural History of Civil Examinations in Late Imperial China.* pp.330-331.

[25] 参见芮效卫的《金瓶梅》英文全译本，这项里程碑式的翻译工作正在如火如荼地进行。David Tod Roy, *The Plum in the Golden Vase, Chin P'ing Mei*, II : The Rivals. p.80, p. 216, p.286, p.189.

[26] David Tod Roy, *The Plum in the Golden Vase*, II . p.302.

[27] Naifei Ding（丁乃非）, *Obscene Things: Sexual Politics in Jin Ping Mei.* pp.188-189.

[28] John Meskill, *Ch'oc Pu s Diary.* p.55.

[29] Roger V. Des Forges, *Cultural Centrality and Political Change in Chinese History* . p.226.

[30] 关于围绕"视觉文化"的争论，可参见 "Visual Culture Questionnaire", *October*, 77 (Summer 1996), pp. 25-70.

[31] Masako Yoshida, "The Warrior Jacket of Flower Pattern Velvet Preserved in the Metropolitan Museum of Art", *Journal of the International Association of Costume*, X XII (2002), pp. 40-49.

[32] Benjamin A. Elman, *A Cultural History of Civil Examinations in Late Imperial China.* p.489.
关于明史编纂的概说，可参见 Wolfgang Franke（傅吾康）, *An Introduction to the Sources of*

Ming History. pp.1-28.

[33] (清)张廷玉主编《明史》，28卷本，北京：中华书局，1974年。

[34] Frederick W. Mote（牟复礼）and Denis Twitchett（崔瑞德）eds., *The Cambridge History of China*, Ⅶ: *The Ming Dynasty, 1368-1644*, Part 1 (Cambridge, 1988). Frederick W. Mote and Denis Twitchett eds., *The Cambridge History of China*, Ⅷ: *The Ming Dynasty, 1368-1644*, Part 2 (Cambridge, 1998).

[35] L. Carrington Goodrich（富路特）and Chaoying Fang（房兆楹）eds., *Dictionary of Ming Biography 1368-1644*, 2 vols (New York and London, 1976).（译者注：此书中译本见富路特、房兆楹主编，李小林、冯金朋等译，《明代名人传》，北京：北京时代华文书局，2015年。）

[36] National Museum of Chinese History, *A Journey into China's Antiquity*, Ⅳ: *Yuan Dynasty, Ming Dynasty, Qing Dynasty* (Beijing, Morning Glory Publishers, 1997).

[37] Des Forges, *Cultural Centrality and Political Change in Chinese History*, p.176. 也可以参考 William S.Atwell. "Time, Money and the Weather: Ming China and the 'Great Depression' of the Mid-Fifteenth Century", *Journal of Asian Studies*, LXI / 1 (2002), pp. 83-114.

[38] 这部获奖的图录，参见 Stephen Little with Shawn Eichman, *Taoism and the Arts of China* (Chicago, 2000).

[39] Craig Clunas, *Superfluous Things: Material Culture and Social Status in Early Modern China*. Craig Clunas, *Fruitful Sites: Garden Culture in Ming Dynasty China*. Craig Clunas, *Elegant Debts: The Social Art of Wen Zhengming, 1470-1559*.（译者注：其中有两种已经有中译本，参见柯律格著，高昕丹、陈恒译《长物：早期现代中国的物质文化与社会状况》北京：三联书店，2015年；柯律格著，刘宇珍、邱士华、胡隽译《雅债：文徵明的社交性艺术》，北京：三联书店，2012年。）

[40] Roger Des Forges, *Cultural Centrality and Political Change in Chinese History*, p.150 and p.156.（译者按：作者在此似乎没有意识到张平山就是明代"浙派"后期的著名画家张路。）

[41]《明人传记资料索引》，北京：中华书局1981年，101页。何良俊的引文见《四友斋丛说》，元明史料笔记丛刊，北京：中华书局，1983年，卷四，26页。

[42] 于安澜《画史丛书》5卷本：上海：上海古籍出版社，1982年。

第一章　明代中国的时间、空间与能动性

[1] Frederick W. Mote , "The T'u-mu Incident of 1449", in Frank A. Kierman and John K. Fairbank eds., *Chinese Ways in Warfare*. pp. 243-272. Keith Hazelton, *A Synchronic Chinese-Western Daily Calendar, 1341-1661 A.D.* 牟复礼（Frederick W. Mote）一文是对"土木堡之变"最为详尽的描述。而贺杰（Keith Hazelton）的《中西日历对照表》则使得1341—1661年间的中西大事的时间可以相互换算，尽管往往都是单向度地把中历换算成西历。倘若我们把"弗洛登之战"的日子说成是"正德八年八月十一日"，是不是会很好笑？视西历为规范，恰恰说明了欧洲历史时间所掌握的权力。

[2] "正德"是一个例外，可参见盖杰民（James Geiss）对于"正德"年号的解释，见 James Geiss, "The Cheng-te Reign, 1506-1521", in Frederick W. Mote and Denis Twitchett, eds, *The Cambridge History of China*, Ⅶ: The Ming Dynasty, 1368-1644, Part 1, pp. 403-439(p.403).（译者注：此书中译本参见牟复礼、崔瑞德主编：《剑桥中国明代史·上卷》，北京：社会科学出版社，1992年。）

关于解释年号寓意的困难，汉学界曾有过一次著名的讨论，参见 Mary C.Wright（芮玛丽），"What's in a Reign Name: The Uses of History and Philology", *Journal of Asian Studies*, ⅩⅧ(1958), pp. 103-106. 持不同意见的是 Edward H. Schafer（薛爱华），"Communications", *Journal of Asian Studies*, ⅩⅧ(1959), pp. 431-432.

〔3〕吴柏森等编《明实录类纂：文教科技卷》，武汉：武汉出版社，1992年，373页，"洪武七年一月"条。

〔4〕同上，327页，"万历四十年七月"条。

〔5〕Cheng-hua Wang（王正华），"Material Culture and Emperorship: The Shaping of Imperial Roles at the Court of Xuanzong (r.1426-1435)", PhD diss., Yale University, 1998, pp.274-308.

〔6〕Yang Ye（叶扬），*Vignettes from the Late Ming: A Hsiao-p'in Anthology*, trans. with annotations and introduction by Yang Ye (Seattle, WA, and London, 1999), p. Ⅷ.

〔7〕Jan Stuart and Chang Qing, "Chinese Buddhist Sculpture in a New Light at the Freer Gallery", *Orientations* (April 2002), pp. 29-37(pp.32-33). 后代添加铭文的情况并不像想象的那样多见。

〔8〕Shelley Hsueh-lun Chang（骆雪伦），*History and Legend: Ideas and Images in the Ming Historical Novels*, pp. 19-20.

〔9〕Timothy Brook, *The Confusions of Pleasure: Commerce and Culture in Ming China*, p.5.（译者注：此书已有中译本，参见卜正民著，方骏等译《纵乐的困惑：明代的商业与文化》，北京：三联书店，2004年。）

〔10〕Rawson, Jessica, "Cosmological Systems as Sources of Art, Ornament and Design", The Museum of Far Eastern Antiquities Bulletin, LXⅦ(2000), pp. 133-189(p. 156).（译者注：此文已有中译本：《作为艺术、装饰与图案之源的宇宙观体系》，收入杰西卡·罗森著，邓菲等译《祖先与永恒：杰西卡·罗森中国艺术考古文集》，北京：三联书店，2011年。）

〔11〕Harry M. Garner, "The Export of Chinese Lacquer to Japan in the Yuan and Ming Dynasties", *Archives of Asian Art*, xxv (1971-2), pp. 6-28. Svetlana Rimsky-Korsakoff Dyer, *Grammatical Analysis of the Lao Ch'i-ta*, p.429.

〔12〕李诩《戒庵老人漫笔》，页89。

〔13〕Joseph McDermott（周绍明），"Emperors, Elites and Commoners: The Community Pact (Xiangyue) Ritual of the Late Ming". in Joseph McDermott. ed., *State and Court Ritual in China*. pp.299-351(p.304).

〔14〕Robert L.Chard, "The Imperial Household Cults", in Joseph McDermott, ed., *State and Court Ritual in China*, pp. 237-266(pp.257-259).

〔15〕文徵明著，周道振辑校《文徵明集》，册2，1531—1534页。

〔16〕Svetlana Rimsky-Korsakoff Dyer, *Grammatical Analysis of the Lao Ch'i-ta*, p.465.

〔17〕Lien-sheng Yang（杨联陞），"Schedules of Work and Rest in Imperial China", *Harvard Journal of Asiatic Studies*, ⅩⅧ(1955), pp.301-325.

〔18〕Maggie Bickford, "Three Rams and Three Friends: The Working Lives of Chinese Auspiaous Motifs", *Asia Major*, 3rd ser., ⅩⅡ/1 (1999), pp. 127-158.

〔19〕David Tod Roy, *The Plum in the Golden Vase*, Chin P'ing Mei, Ⅱ: The Rivals. 床幔一段见 187—188页，年节时门外张挂图像见73页。

[20] 文震亨：《长物志·悬画月令》。此段的英译文可见 Robert H.van Gulik（高罗佩），*Chinese Pictorial Art as Viewed by the Connoisseur*, pp.4-6. 有关这段文字的讨论可见 Craig Clunas, *Pictures and Visuality in Early Modern China*, pp.57-58.（译者注：此书中译本见：柯律格著、黄晓鹃译：《明代的图像与视觉性》，北京：北京大学出版社，2011 年。）

[21] Benjamin A. Elman, *A Cultural History of Civil Examinations in Late Imperial China*. p.134.

[22] 文含：《文氏族谱》，曲石丛书。

[23] 曲阜文物管理委员会、南京工学院建筑系：《曲阜孔庙建筑》，444—445 页。孔希学于元至正十五年（1355）袭封，死于明洪武十四年（1381）。孔胤植于天启元年（1621）袭封，死于清顺治四年（1647）。

[24] John E.Herman, "Empire in the Southwest: Early Qing Reforms to the Native Chieftain System", *Journal of Asian Studies*, LVI/1(1997), pp. 47-74(p.51, n.4).

[25] David Faure, "The Emperor in the Village: Representing the State in South China", in Joseph McDermott, ed., *State and Court Ritual in China*, pp. 267-298(p.275 and p.279).

[26] 何良俊：《四友斋丛说》，67 页。

[27] 关于这些概念的总说，可参见 Chun-chieh Huang and Erik Zürcher, eds, *Time and Space in Chinese Culture*.

[28] Benjamin A. Elman, *A Cultural History of Civil Examinations in Late Imperial China*. pp.468-473.

[29] Stephen Little with Shawn Eichman, *Taoism and the Arts of China*. p.131. Francois Louis, "The Genesis of an Icon: the Taiji Diagram's Early Histiry", *Harvard Journal of Asiatic Studies*, LVIII(2003), pp. 145-196.

[30] Stephen Little with Shawn Eichman, *Taoism and the Arts of China*. pp.132-137.

[31] 吴柏森等编《明实录类纂：文教科技卷》，565 页，"洪武六年四月"条。

[32] 关于一幅南京地区的手绘地图，可参见刘建国：《明代绢本南京（部分）府县地图初探》，《文物》1985 年 01 期，48—52 页。

[33] Kathlyn Liscomb（李嘉琳）, "Foregrounding the Symbiosis of Power: A Rhetorical Strategy in Some Chinese Commemorative Art", *Art History*, xxv (2002), pp.135-161(p.147).

[34] Benjamin A. Elman, *A Cultural History of Civil Examinations in Late Imperial China*. p.473.

[35] 吴柏森等编《明实录类纂：文教科技卷》，995 页，"正德十三年六月"条。

[36] John Dardess, *Blood and History in China: The Donglin Faction and its Repression, 1620-1627*. pp.168-169.

[37] Roger V. Des Forges, *Cultural Centrality and Political Change in Chinese History: Northeast Henan in the Fall of the Ming*. p.276, p.292.

[38] Edward L.Farmer, *Early Ming Government: The Evolution of Dual Capitals*.

[39] Edward L.Farmer, "The Hierarchy of Ming City Walls", in James D. Tracy, ed., *City Walls: The Urban Enceinte in Global Perspective*, pp. 461-487(p.465).

[40] Philip K.Hu, *Visibte Traces: Rare Books and Special Collections from the Natzonat Library of China*, pp.182-185.

[41] 吴柏森等编《明实录类纂：文教科技卷》，586 页，"天顺五年五月"条。

[42] Roger V. Des Forges, *Cultural Centrality and Political Change*. pp.138-139.

[43] Timothy Brook, *The Confusions of Pleasure: Commerce and Culture in Ming China*, p.220.（中译本第 253 页）. Craig Clunas, *Superfluous Things: Material Culture and Social Status in Early Modern China*, p.90 and pp.170-171.

[44] L. Carrington Goodrich, *15th-Century Illustrated Chinese Primer: Hsin-pien tui-hsiang szu-yen*, facsimile reproduction with intro. and notes by L. Carrington Goodrich (Hong Kong, 1975). 关于《新编对相四言》的源流，可参见张志公：《试谈〈新编对相四言〉的来龙去脉》,《文物》1977 年第 11 期，57—63 页。

[45] Benjamin A. Elman, *A Cultural History of Civil Examinations in Late Imperial China*. p.371.

[46] Klaas Ruitenbeek（鲁克斯）, *Carpentry and Building in Late imperial China: A Study of the Fifteenth-Century Carpenter's Manual* Lu Ban Jing, p.24.

[47] Francesca Bray, *Technology and Gender: Fabrics of Power in Late Imperial China*, p.152.（译者注：中译本参见：白馥兰著，江湄、邓京力译：《技术与性别：晚期帝制中国的权力经纬》, 南京：江苏人民出版社，2006 年。）

[48] 上海图书馆编：《中国丛书综录》三卷本。第二卷，503 页。

[49] Tadao Sakai（酒井忠夫）, "Confucianism and Popular Educational Works", in Wm Theodore de Bary ed., *Self and Society in Ming Thought*. pp. 331-366(pp.334-335). Timothy Brook, *The Confusions of Pleasure*, p.72.

[50] 吴柏森等编《明实录类纂：文教科技卷》, 979 页，"成化十八年七月"条。

[51] Kwan-wai So（苏均伟）, *Japanese Piracy in Ming China during the Sixteenth Century*, pp.124-125. 引自何良俊《四友斋丛说》卷十三。Timothy Brook, *The Confusions of Pleasure*, p.145.

[52] Roger V. Des Forges, *Cultural Centrality and Political Change in Chinese History*. p.18.

[53] Ibid., p.149.

[54] 杨丽丽：《明人〈十同年图〉卷初探》,《故宫博物院院刊》2004 年第 2 期，100—112 页。

[55] Benjamin A. Elman, *A Cultural History of Civil Examinations in Late Imperial China*. pp.140-143.

[56] Ibid., pp.191-195.

[57] Craig Clunas, *Elegant Debts: The Social Art of Wen Zhengming, 1470-1559*. 书籍作为礼物的例子（赠送书籍给一位大字不识者），可参见 David Tod Roy, The Plum in the Golden Vase, p.350.

[58] Roger V. Des Forges, *Cultural Centrality and Political Change in Chinese History*. p.275. 关于纪念性的牌坊，可参见 Craig Clunas, Fruitful Sites, pp.133-134 and illus. 33.

[59] David Faure, "The Emperor in the Village", pp. 293-295.

[60] Joseph McDermott, "Emperors, Elites and Commoners". p 314.

[61]《金瓶梅》中的主角西门庆的例子堪称僭越的典型，不过这里面也有虚构的成分。参见 David Tod Roy, The Plum in the Golden Vase, II , p.529, n.30.

[62] 河上繁树：《豊臣秀吉の日本国王册封に関する冠服について》,『学叢』, 第 20 号，(pp. 75~96), 京都国立博物館編，1999 年 3 月。

[63] Schuyler Cammann, "Presentation of Dragon Robes by the Ming and Ch'ing Courts for Diplomatic Purposes", *Sinologica: Review of Chinese Culture and Science,*3 (1953), pp.193-202.

[64] 彼得·蒙地的全文与插图，可见 *The Travels of Peter Mundy, in Europe and Asia, 1608-1667*.

Volume Ⅱ, Parts Ⅰ & 2. 蒙地的这段文字也曾收入 Charles Ralph Boxer（博克舍），*Macau na Epoca da Restaura C'ao (Macao Three Hundred Years Ago)*, Obra completa de Charles Ralph Boxer, Ⅱ. 第60页之后。

〔65〕 陈全之《蓬窗日录》，卷5，第5页。郎瑛《七修类稿》，卷9，147页。Craig Clunas, "Regulation of Consumption and the Institution of Correct Morality by the Ming State", in Chun-chieh Huang and Erik Zürcher, eds, *Norms and the State in China*, pp. 38-49. Timothy Brook, *The Confusions of Pleasure*，p.30.

〔66〕 Susan Naquin（韩书瑞），*Peking: Temples and City Life,1400-1900*, pp.140-141.

〔67〕 David Robinson, *Bandits, Eunuchs, and the Son of Heaven: Rebellion and the Economy of Violence in Mid-Ming China*, p.133.

〔68〕 1981年创刊的学术期刊《农业考古》关注的是比明代早得多的时期，不过即便是那些肯定还有不少存世品的明代农具也少有人关注。

〔69〕 Timothy Brook, *The Confusions of Pleasure*，p.106.

〔70〕 David Tod Roy, *The Plum in the Golden Vase*, Ⅱ, p.451.

〔71〕 可资参考的例子有 Richard von Glahn（万志英），"The Enchantment of Wealth: The God Wutong in the Social History of Jiangnan", *Harvard Journal of Asiatic Studies*, LI /2 (1991), pp. 651-714. 万志英对"五通神"信仰进行了研究，"五通神"是一种横行乡野，淫人妻女的妖鬼，明代文人们记录下了民间的这种信仰，并对此深恶痛绝。

〔72〕 Kathlyn Liscomb, "A Collection of Painting and Calligraphy Discovered in the Inner Coffin of Wang Zhen(d. 1495 C.E.)", *Archives of Asian Art*, XLⅦ(1994),pp. 6-32.

〔73〕 Timothy Brook, *The Confusions of Pleasure*，p.143.

〔74〕 班宗华（Richard M. Barnhart）曾对这件《货郎图》以及同一题材的其他画作进行了探讨，参见 Richard M. Barnhart, ed., *Painters of the Great Ming: The Imperial Court and the Zhe School*, pp.109-114.

〔75〕 David Tod Roy, *The Plum in the Golden Vase*, Ⅱ, p.130.

〔76〕 毛奇龄《武宗外记》，13页。

〔77〕 Craig Clunas, *Elegant Debts*, pp.114-115.

〔78〕 James Laidlaw, "On Theatre and Theory: Reflections on Ritual in Imperial Chinese Politics", in Joseph McDermott, ed., *State and Court Ritual in China* (Cambridge, 1999), pp. 399-416(p.406).

〔79〕 周亮工《书影》，4页。

〔80〕 吴柏森等编《明实录类纂·文教科技卷》，948页，"宣德十年十一月"条；1027页，"万历十七年四月条"。

〔81〕 Daniel Overmyer, *Precious Volumes: An Introduction to Chinese Sectarian Scriptures from the Sixteenth and Seventeenth Centuries*.（此书中译本为：欧大年著，马睿译，《宝卷：16至17世纪中国宗教经卷导论》，北京：中央编译出版社，2011年。）

第二章　坐与游：方位的文化与运动的文化

〔1〕 Rawson, Jessica, "The Origins of Chinese Mountain Punting: Evidence from Archaeology", *Proceedings* of the British Academy, CXVII (2002), pp.1-48(p.24).（此文已有中译本：罗森《中国山水画的缘起：来自考古材料的证明》，收入杰西卡·罗森著，邓菲等译《祖先与永恒：杰西卡·罗森中国艺术考古文集》，北京：三联书店，2011 年。）

[2] Joseph S. C. Lam, "Ming Music and Ming History", *Ming Studies*, XXXVIII (1997), pp. 21-62(p.68).

[3] 譬如吴柏森等编《明实录类纂：文教科技卷》，372 页，"吴元年十月"条；373 页，"洪武十三年十一月"条，均为 1360 年代至 1370 年代的例子。

[4] *Chu Hsi's Family Rituals: A Twelfth-century Chinese Manual for the Performance of Cappings, Weddings, Funerals and Ancestral Rites*, trans., with annotation and intro., by Patricia Buckley Ebrey, p.6.

[5] 吴柏森等编《明实录类纂：文教科技卷》，583 页，"正统五年六月"条。

[6] 同上书，914—915 页，"天启三年七月"。

[7] John Dardess, *Blood and History in China: The Donglin Faction and its Repression, 1620-1627*. p.14.

[8] Ibid., p.135.

[9] Joseph McDermott, "Emperors, Elites and Commoners: The Community Pact (Xiangyue) Ritual of the Late Ming", in Joseph McDermott. ed., *State and Court Ritual in China*. pp. 299-351(pp.299-300).

[10] Michael Baxandall, *Giotto and the Orators: Humanist Observers of Painting in Italy and the Discovery of Pictorial Composition* (Oxford, 1971).

[11] 萧丽玲：《版画与剧场：从世德堂刊本〈西厢记〉看万历初期戏曲版画之特色》，《艺术学研究》，5（1991），133—184 页。这一看法在萧丽玲的博士论文中阐述得更充分，参见 Hsiao Li-ling, "The Eternal Present of the Past: Performance, Illustration and Reading in the Drama Culture of the Wanli Period (1573-1619)", PhD diss., University of Oxford, 2002.

[12] Francesca Bray, *Technology and Gender: Fabrics of Power in Late Imperial China,* p.123.

[13] Daniel Overmyer（欧大年），*Precious Volumes: An Introduction to Chinese Sectarian Scriptures from the Sixteenth and Seventeenth Centuries*.p.106.（译者注：见中译本 131 页）

[14] Craig Clunas, *Chinese Furniture*, p.22.

[15] Craig Clunas, *Fruitful Sites*, pp.150-153.

[16] 详细的讨论可参见 Craig Clunas, *Elegant Debts: The Social Art of Wen Zhengming, 1470-1559*. pp.142-146.

[17] Jan Stuart and Evelyn S. Rawski, *Worshipping the Ancestors: Chinese Commemorative Portraits*, p.60.

[18] Naifei Ding, *Obscene Things: Sexual Politics in Jin Ping Mei*. pp.170-171.

[19] Francesca Bray, *Technology and Gender* p.261.（译者注：引文出自蓝鼎元《女学·自序》："天下之治在风俗，风俗之正在齐家，齐家之道，当自妇人始。"）

[20] 存世至少有两件托名仇英的《桃源图卷》，一卷在芝加哥，另一卷在波士顿。波士顿美术馆所藏的一卷在富田幸次郎（Kojirō Tomita）与曾宪七（Hsien-chi Tseng）所编的图录中有过出版，参见 Kojirō Tomita and Hsien-chi Tseng, *Portfolio of Chinese Paintings in the Museum: Yuan to Ching* (Boston, MA, 1961), pp.58-60. 芝加哥所藏的一卷在倪肃珊（Susan E. Nelson）文中曾有讨论，见 Susan E Nelson, "On Through to the Beyond: the 'Peach Blossom Spring' as Paradise", *Archives of Asian Art*, xxxix (1986), pp.23-47. 关于以上两卷的真伪，梁庄爱论（Ellen Johnston

[20] (...接上)Laing,）做了令人信服的研究，参见 Ellen Johnston Laing, "*Suzhou Pian* and Other Dubious Paintings in the Received Oeuvre of Qiu Ying", *Artibus Asiae*, LIX (2000), pp. 265-295.

[21] 关于这一点，可参见 Edward H Schafer, *Pacing the Void: T'ang Approaches tom Stars* (Berkeley, Los Angele. and London, 1977).pp.251-253.

[22] Wai-yee Li（李惠仪）, "On Making Noise in *Qi wu lun*", in Pauline Yu, Peter Bol, Stephen Owen and Willard Peterson, eds., *Ways with Words: Writing about Reading Texts from Early China*. pp. 93-103(p.96).

[23] John Dardess, *Confucianism and Autocracy: Professional Elites in the Founding of the Ming Dynasty*. p.46.

[24] Richard Strassberg, trans. and ed., *Inscribed Landscape: Travel Writing from Imperial China*.

[25] 吴柏森等编：《明实录类纂：文教科技卷》, 931 页,"洪武七年六月乙卯"条。

[26] 文徵明著，周道振辑校：《文徵明集》, 册 2, 1524—1526 页。

[27] 李日华著，屠友祥校注：《味水轩日记》, 宋明清小品文集辑注, 上海远东出版社, 1996 年, 130 页,"万历三十八年九月十三日". Hin-cheung LovelL , "A Question of Choice, A Matter of Rendition", *Renditions: Special Art Issue, the Translation of Art: Essays on Chinese Painting and Poetry*. 6 (1976). pp 63-69, 请注意"游"这个词在画题中的流行程度。

[28] "卧游"的经典出处是《宋书·宗炳传》, 参见 Alexander Coburn Soper, "Textual Evidence for the Secular Arts of China in the Period from Liu Sung through Sui (A.D. 420-618)", *Artibus Asiae*, Supplementum 24 (Ancona, 1967), p.16. 明代提到"卧游"的例子极多，譬如何良俊《四友斋丛说》, 257 页, 征引《宋书》略加改动："老疾俱至，名山恐难遍历，凡五岳名山皆图之于室。曰：唯当澄怀观道，卧以游之。"

[29] Yang Ye, *Vignettes from the Late Ming: A Hsiao-p'in Anthology*, trans. with annotations and introduction by Yang Ye, p.16. (译者注：出自陆树声《燕居六从事小引》一文。)

[30] Yang Ye, *Vignettes from the Late Ming: A Hsiao-p'in Anthology*, trans. with annotations and introduction by Yang Ye, pp.72-74.

[31] 关于王履的纪游绘画，可参见 Kathlyn Liscomb, *Learning from Mount Hua: A Chinese Physician's Illustrated Travel Record and Painting Theory*, pp.116-117.

[32] Yang Ye, *Vignettes from the Late Ming*, p.21. 关于明人与梦，可参考 Lienche Tu Fang, "Ming Dreams", Tsing-hua hsueh-pao, n.s. 10 (1973), pp. 55-72.

[33] 李日华著，屠友祥校注：《味水轩日记》, 363 页,"万历四十二年正月初一"。

[34] Timothy Brook , *Praying for Power: Buddhism and the Formation of Gentry Society in Late-Ming China*, p.76.

[35] 出自陈继儒《岩栖幽事》, 英译本见 Yang Ye, *Vignettes from the Late Ming*, p.40.

[36] 这个人是王思任（1575～1646），参见 Yang Ye, *Vignettes from the Late Ming*, p.75.

[37] 关于这件存世孤品，可参见王世襄：《略谈明清家具款式及作伪举例》, 收入王世襄：《锦灰堆》, 2 卷本, 26—31 页，尤其是 28 页。

[38] Timothy Brook, *The Confusions of Pleasure: Commerce and Culture in Ming China*, p.19.

[39] Charles Stafford, *Separation and Reunion in Modern China*, p.55.

[40] 张成德等著:《丁村明清民宅及其文化》,太原:山西人民出版社,2000年。34页。

[41] 龚建毅:《送寇公去任图》,《文物》1993年第12期,72—86页。

[42] Miyeko Murase (村瀬美恵子), "Farewell Paintings of China: Chinese Gifts to Japanese Visitors", *Artibus Asiae*, XXXII(1970), pp. 211-236. 周一良:《介绍两幅送别日本使者的古画》,《文物》1973年1期,7—11页。Hou-mei Sung (宋后湄), "Wang Fu and his Two Farewell Paintings", *National Palace Museum Bulletin*, XII/2-3 (1987), pp. 1-25.

[43] Timothy Brook, *Geographical Sources of Ming-Qing History*, Michigan Monographs in Chinese Studies, 58 (Ann Arbor, 1988). Timothy Brook, "Communications and Commerce", in Frederick W. Mote and Denis Twitchett eds., *The Cambridge History of China*, VIII: *The Ming Dynasty, 1368-1644*, Part 2 (Cambridge, 1998). pp.579-707(pp.582-618). (译者注:此书中译本参见牟复礼、崔瑞德主编:《剑桥中国明代史·下卷》,北京:社会科学出版社,2006年。)

[44] Svetlana Rimsky-Korsakoff Dyer, *Grammatical Analysis of the Lao Ch'i-ta*, p.339.

[45] 傅申:《董其昌书画船:水上行旅与鉴赏、创作关系研究》,《美术史研究集刊》,15 (2003), 205—297页。

[46] Timothy Brook, The Confusions of Pleasure, p.91, pp.51-56("运输模式"一节), also p.177.

[47] 何良俊《四友斋丛说》,321页。

[48] James Geiss, "The Cheng-te Reign, 1506-1521", in Frederick W. Mote and Denis Twitchett, eds, *The Cambridge History of China*, VII: *The Ming Dynasty, 1368-1644*, Part 1, pp. 403-439(pp.418-423).

[49] Derk Bodde and Clarence Morris, *Law in Imperial China* (Philadelphia, 1973). p.84.

[50] David Robinson, *Bandits, Eunuchs, and the Son of Heaven: Rebellion and the Economy of Violence in Mid-Ming China*, p.21. Roger V. Des Forges, *Cultural Centrality and Political Change in Chinese History: Northeast Henan in the Fall of the Ming*. p.173. 关于"流浪"的概述,参见 Timothy Brook, *The Confusions of Pleasure*, pp.94-101.

[51] Alan H. Barr, "The Wanli Context of the 'Courtesan's Jewel Box' Story", *Harvard Journal of Asiatic Studies*, LVII/1 (1997). pp.107-141(p.113).

[52] 吴柏森等编《明实录类纂:文教科技卷》,1087—1088页,"弘治十一年十一月"条。关于"走百病儿",参见 David Tod Roy, The Plum in the Golden Vase, Chin P'ing Mei, II: The Rivals. p.68 and p.488, n.11.

[53] David Tod Roy, The Plum in the Golden Vase, Chin P'ing Mei, II: The Rivals. p.196. 将"到那里好游玩耍子"译为 they'll have something pleasurable to do when they get there.

[54] Yang Ye, *Vignettes from the Late Ming: A Hsiao-p'in Anthology*, trans. with annotations and introduction by Yang Ye, p.49. (译者注:出自袁宏道《满井游记》。)关于女性的旅行,参见 Timothy Brook, *The Confusions of Pleasure*, pp.182-185.

[55] John Meskill, *Gentlemanly Interests and the Wealth on the Yangtze Delta*, p.106.

[56] 李日华著,屠友祥校注:《味水轩日记》,98页,"万历三十八年四月二日"。

[57] Peter Burke, Popular Culture in Early Modern Europe (Aldershot, 1988), 尤其参见 pp.207-243. (译者注:此书中译本见彼得·伯克著,杨豫、王海良等译《欧洲近代早期的大众文化》,上海:上海人民出版社,2005年。)

[58] 李日华著，屠友祥校注：《味水轩日记》，99 页，"万历三十八年四月三日"。

[59] David Faure, "The Emperor in the Village", pp. 267-298(p.282).

[60] Charles Stafford, *Separation and Reunion in Modern China*, pp.76-77.

[61] 归有光《震川先生集》，中国古典文学丛书，两卷本，下卷，416—417 页。类似的另一个例子可参见 Timothy Brook, *The Confusions of Pleasure*，p.18.

[62] Michael Szonyi, "The Illusion of Standardizing the Gods: The Cult of Five Emperors in Late Imperial China", *Journal of Asian Studies*, LVI/1 (1997), pp.113-135(p.118).

[63] 此图选自《水陆道场神鬼图像》，收入上海古籍出版社编《中国古代版画丛刊二编》，10 卷本，第 6 卷。一块 1582 年的雕版有幸留存于世，印制的就是此类相对低俗的水陆图像，向人们展示出它们所属的社会等级是多么的低下，参见张青晋：《永济发现一块明代版画刻版》，《文物》1980 年第 6 期，91 页。

[64] Daniel B. Stevenson, "Text, image and Transformation in the History of the *Shuilu fahui*, the Buddhist Rite for Deliverance of Creatures of Water and Land", in Marsha Weidner ed., *Cultural Intersections in Later Chinese Buddhism* (Honolulu, 2001), pp 30-70(pp.30-31). 小说《金瓶梅》中有一幕虚构的水陆法会，参见 David Tod Roy, The Plum in the Golden Vase, I , pp.163-169. 这场水陆法会原是潘金莲为超度武大郎所请，但最后变成一场闹剧，以众和尚在窗外偷窥出钱请他们来做道场的西门庆和潘金莲的鱼水之欢，集体意淫而收场。

[65] 全图的图像以及具体讨论，可参见 Stephen Little with Shawn Eichman, *Taoism and the Arts of China*. pp.208-213.

[66] Stephen Little with Shawn Eichman, *Taoism and the Arts of China*. p.200. 关于禹步的历史，可参见 Edward H Schafer, *Pacing the Void: T'ang Approaches to Stars* (Berkeley, Los Angele. and London, 1977).pp.238—240.

[67] Charles Stafford, *Separation and Reunion in Modern China*, pp.114-125.

[68] 有仇英名款的画作是如此之多，自然会使人对这套册页是否是仇英真迹抱以怀疑目光，参见 Ellen Johnston Laing, "*Suzhou Pian* and Other Dubious Paintings in the Received Oeuvre of Qiu Ying", *Artibus Asiae*, LIX (2000), p. 276.

[69] Francesca Bray, *Technology and Gender: Fabrics of Power in Late Imperial China*, p.54.

[70] Thomas Lamarre, *Uncovering Heian Japan: An Archaeology of Sensation and Inscription* (Durham, NC, and London, 2000),p.30.

[71] Edward L. Farmer, "The Hierarchy of Ming City Walls", in James D. Tracy, ed., *City Walls: The Urban Enceinte in Global Perspective* (Cambridge, 2000), pp. 461-487(p.463).

[72] Henry Serruys, "A Manuscript Version of the Legend of the Mongol Ancestry of the Yung-lo Emperor". *Analecta Mongolica*, Mongolia Society Occasional Papers, S (Bloomington, IN, 1972), pp.19-61.

[73] David Robinson, "Images of Subject Mongols under the Ming Dynasty", *Late Imperial China*, XXV/1(2004), pp.59-123. Henry Serruys, "Foreigners in the Metropolitan Police during the 15th Century", *Oriens Extremus*, VIII(1961),pp.59-83.

[74] Richard G. Wang, "Four Steles at the Monastery of the Sublime Mystery (Xuanmiao guan): A Study of Daoism and Society on the Ming Frontier", *Asia Major*, 3rd ser., XIII/2 (2000), pp. 37-82(pp.59-60).

〔75〕 Cheng-hua Wang, "Material Culture and Emperorship: The Shaping of Imperial Roles at the Court of Xuanzong (r. 1426-1435)", PhD diss., Yale University, 1998. 外国食品见 106 页，盛行于宫廷的朝鲜装束见 268 页。

〔76〕 吴柏森等编《明实录类纂：文教科技卷》，929 页，"洪武二年十二月"条。

〔77〕 Benjamin A. Elman, *A Cultural History of Civil Examinations in Late Imperial China*. p.74.

〔78〕 Patricia Berger, "Miracles in Nanjing: An Imperial Record of the Fifth Karmapa's Visit to the Chinese Capital", in Marsha Weidner, ed., *Cultural Intersections in Later Chinese Buddhism*, pp. 145-169.

〔79〕 Elliot Sperling, "Ming Ch'eng-tsu and the Monk Officials of Gling-tshang and Gon-gyo", in Lawrence Epstein and Richard F. Sherburne, eds., *Reflections on Tibetan Culture: Essays in Memory of Turrell V. Wylie*, pp.75-90(pp.76-77).

〔80〕 吴柏森等编《明实录类纂：文教科技卷》，982 页，"成化二十一年一月"条。关于明代北京城的 9 所藏传佛教寺院，可以参考 Susan Naquin, *Peking: Temples and City Life,1400-1900*, pp.208-209.

〔81〕 盖耶速丁·纳哈昔（Ghiyasu'd-Din Naqqah）出使中国的经历在卜正民的书中有详尽介绍，见 Timothy Brook, *The Confusions of Pleasure*, pp.34-39. 关于雪舟，可以参考富路德与房兆楹书中的"雪舟"条，见 L. Carrington Goodrich and Chaoying Fang eds., *Dictionary of Ming Biography 1368-1644*, II, pp. 1159-1161. 关于崔溥，参见 John Meskill, *Ch'oc Pu s Diary: A Record of Drifting across the Sea*. 也可以参考 Timothy Brook, *The Confusions of Pleasure*, pp.39-51. 关于窝门拉（Womenla），可参见 Pamela Kyle Crossley, "Structure and Symbol in the Role of the Ming-Qing Foreign Translations Bureau (*Siyiguan*)", *Central and Inner Asian Studies*, v (1991), pp. 38-70(p.45). 更多关于明朝时期的"中华认同"（Sino-identity）的例子，可参见 Hok-Lam Chan, "The "Chinese Barbarian Officials" in the Foreign Tributary Missions to China during the Ming Dynasty", *Journal of the American Oriental Society*, LXXXVIII (1968). pp. 411-418. 那位威尼斯商人已经在博克舍（C.R.Boxer）的书中提及，参见 C.R.Boxer ed., *South China in the Sixteenth Century: being the Narratives of Galeote Pereira, Fr Caspar da Cruz OP, Fr Martin de Rada OESA*, Hakluyt Society, 2nd ser., 106 (London, 1953). p.69. 关于战斗在明朝垂死挣扎之时的葡萄牙雇佣兵，可参见 Frederic Wakeman Jr,, *The Great Enterprise: The Manchu Reconstruction of Imperial Order in Seventeenth-Century China*, 2 vols (Berkeley, Los Angeles and London, 1985), I, pp.76-77.（译者注：此书中译本为魏斐德著，陈苏镇、薄小莹译：《洪业：清朝开国史》，南京：江苏人民出版社，2005 年。）

〔82〕 L. Carrington Goodrich, "Prisons in Peking, circa 1500", *Tsing-hua hsueh-pao*, n.s. 10 (1973), pp. 45-53(p.46).（译者注：阿里·阿克巴尔著，张至善等译：《中国纪行》，北京：三联书店，1988 年。）

〔83〕 John Meskill, *Ch'oe Pu s Diary: A Record of Drifting across the Sea*. p.36 and p.65.

〔84〕 Svetlana Rimsky-Korsakoff Dyer, *Grammatical Analysis of the Lao Ch'i-ta*, p.399.

〔85〕 Anthony Reid, "Flows and Seepages in the Long-term Chinese Interaction with Southeast Asia", in Anthony Reid, ed., *Sojourners and Settlers: Histories of the Southeast Asia and the Chinese*, pp.15-49(pp.27-30).

〔86〕 陈全之《蓬窗日录》，卷 1，页 60a。

〔87〕 John E.Herman, "Empire in the Southwest: Early Qing Reforms to the Native Chieftain System", *Journal of Asian Studies*, LVI/1(1997), pp. 47-74(p.51).

[88] John Dardess, *Confucianism and Autocracy: Professional Elites in the Founding of the Ming Dynasty*. p.77.

[89] David Faure, "The Emperor in the Village", p. 291. 吴柏森等编《明实录类纂：文教科技卷》，79页，"洪熙元年十二月"条。这只是让人们注意到帝国边陲地带的教育事业的诸多例子之一，另有一个捣毁学校，抵抗同化教育的例子，参见《明实录类纂：文教科技卷》，80页，"宣德元年九月"条。

[90] Martin W Lewis and Karen E. Wigen, *The Myth of Continents: A Critique of Metageography*, p.151.

[91] Richard G. Wang, "Four Steles at the Monastery of the Sublime Mystery (Xuanmiao guan): A Study of Daoism and Society on the Ming Frontier", *Asia Major,* 3rd ser., XIII/2 (2000), pp. 52-55. Karl Debreczeny, "Sino-Tibetan Artistic Synthesis in Ming Dynasty Temples at the Core and Periphery", *Tibet Journal,* XXVIII, Part 1/2 (2003), pp. 49-108.

[92] John Meskill, *Ch'oe Pu s Diary: A Record of Drifting across the Sea*. P.126. C.R.Boxer ed., *South China in the Sixteenth Century*. pp. 38-39.

[93] Anthony Reid, *Charting the Shape of Early Modern Southeast Asia*, pp.57-58.

[94] Emily Umberger, "The Monarchia Indiana in Seventeenth-Century New Spain", in Diana Fane, ed., *Converging Cultures: Art and Identity in Spanish America* (New York, 1996), pp. 46-58(p.47).

[95] Harry M. Garner, "The Export of Chinese Lacquer to Japan in the Yuan and Ming Dynasties", *Archives of Asian Art*, xxv (1971-2), pp. 6-28. John Figgess, "A Letter from the Court of Yung-lo", *Transactions of the Oriental Ceramic Society*, XXXIV (1962-3), pp.97-100.

[96] David Tod Roy, *The Plum in the Golden Vase*, p.200.

[97] 陈全之《蓬窗日录》，卷3，页59b。

[98] David Robinson, *Bandits, Eunuchs, and the Son of Heaven: Rebellion and the Economy of Violence in Mid-Ming China,* p.31.

[99] Svetlana Rimsky-Korsakoff Dyer, *Grammatical Analysis of the Lao Ch'i-ta*, p.431.

[100] 关于纸张，参见 Elisabetta Corsi, "Scholars and Paper-makers: Paper and Paper-Manufacture according to Tu Long's Notes on Paper", *Rivista degli Studi Orientali*, LXV/1-2 (1991), pp. 1-107(p.88). 关于扇子，参见郎瑛《七修类稿》，续卷7，832页。关于眼镜，参见郎瑛《七修类稿》，续卷7，836页。关于异域引入的植物，参见 Georges Metailie, "Some Hints on "Scholar Cardens" and Plants in Traditional China', *Studies in the History of Gardens and Designed Landscapes*, XVIII/3 (1998), pp. 248-256(p.252).

[101] Frank Dikötter, "Patient Zero": China and the Myth of the Opium Plague', An Inaugural Lecture Given on 24 0ctober 2003, School of Oriental and African Studies, University of London (London, 2003), p.7.

[102] John Meskill, *Ch'oc Pu s Diary: A Record of Drifting across the Sea.* p.90 and p.94.

[103] 李日华著，屠友祥校注：《味水轩日记》，43页，"万历三十七年九月七日"。

[104] 同上书，63页，"万历三十七年十一月廿三日"。

[105] 同上书，310—311页，"万历四十一年四月五日"。

[106] 同上书，西藏金铜佛像见409页，"万历四十二年九月四日"；香薰见118页，"万历三十八年七月二十九日"；漆器见246页，"万历四十年七月十四日"；日本刀见411页，"万历四十二

年九月十二日"；日本铜筌见429页，"万历四十二年十二月十二日"；海卵见140页，"万历三十八年十月廿四日；舶来的玻璃器见84页，"万历三十八年二月廿一日"。

〔107〕 陈全之《蓬窗日录》，卷1，页51a。

〔108〕 Kwan-wai So, *Japanese Piracy in Ming China during the Sixteenth Century,* p.41.

〔109〕 William S. Atwell, "Ming China and t:he Emerging World Economy, c. 1470-1650", in Frederick W. Mote and Denis Twitchett eds., *The Cambridge History of China,* Ⅷ: *The Ming Dynasty, 1368-1644,* Part 2 (Cambridge, 1998). pp.376-416. Timothy Brook, *The Confusions of Pleasure,* pp.119-124.

〔110〕 转引自 Kwan-wai So, *Japanese Piracy in Ming China during the Sixteenth Century,* pp.132-133.

〔111〕 J. E. Cribb, "Some Hoards of Spanish Coins of the Seventeenth Century Found in Fukien Province, China", in *International Numismatic Commission, Coin Hoards* Ⅲ (London, 1997), pp. 180-184.

〔112〕 布拉格的情况，参见 Michal Šroněk and Jaroslava Hausenblasová, *Gloria et Misere: Prague during the Thirty Years War,* p.174. 南非的情况，参见 Jane Klose, "Ceramics from the Portuguese Ship Sao Goncalo (1630) - Work in Progress", *OCS Newsletter,* 11(January 2003); 西澳大利亚的情况，参见西澳大利亚海事博物馆的官网，http://www.museum.wa.gov.au. 可找到从当时的一艘沉船"巴塔维亚号"（Batavia）上发现的东西，这艘1629年的沉船如今已非常著名。资料最为丰富的两本海上考古著作分别是：Jean-Paul Desroches, Gabriel Casal and Franck Goddio, *Treasures of the San Diego* (Paris and New York, 1996)；Franck Goddio and others, *Sunken Treasure: Fifteenth-century Chinese Ceramics From the Lena Cargo*(London, 2000).

〔113〕 Jonathan M. Bloom, *Paper before Print: The History and Impact of Paper in the Islamic World* (New Haven, CT, and London, 2001), pp.70-74.

〔114〕 沈周画上这篇《夜坐记》的英文全译以及对其的敏锐研究，可参见 Kathlyn Liscomb, "The Power of Quiet Sitting at Night: Shen Zhou's (1427-1509) *Night Vigil*", *Monumena Serica,* 43(1995), pp.381-403.

第三章　街头的词语：文字的文化

〔1〕 Eugene Wang（汪悦进），"The Rhetoric of Book Illustration", in Patrick Hanan, ed., *Treasures of the Yenching: Seventy-Fifth Anniversary of the Harvard-Yenching Library* (Cambridge, MA, 2003), pp. 180-217.

〔2〕 Irene A.Bierman, *Writing Signs: The Fatimid Public Text* (Berkeley, Los Angeles and London, 1998), pp.20-25.

〔3〕 Benjamin A. Elman, *A Cultural History of Civil Examinations in Late Imperial China* (Berkeley, Los Angeles and London, 2000), pp.266-267.

〔4〕 John Meskill, *Ch'oe Pu s Diary: A Record of Drifting across the Sea.* pp. 40, 42,54,56.

〔5〕 在对香港新界现名荃湾（Tsuen Wan）的村庄的田野考察中，许舒（James Hayes）试图对所有能够为民族志考察所用的材料进行说明。不过，其论文标题中所说的 "written material"（文字材料）似乎局限于那些被某一个人或至多若干人拿在手中阅读的手写文字或印刷文字，留在物品上的符号和字迹并不在其考虑之中。参见 James Hayes（许舒），"Specialists and Written

Materials in the Village World", in David Johnson, Andrew J. Nathan and Evelyn S. Rawski, eds, *Popular Culture in Late Imperial China* (Berkeley, Los Angeles and London, 1985), pp. 75-111.

〔6〕 Timothy Brook, "Communications and Commerce", in Frederick W. Mote and Denis Twitchett eds., *The Cambridge History of China*, Ⅷ: *The Ming Dynasty, 1368-1644*, Part 2 (Cambridge, 1998). pp.579-707(pp.645-647).

〔7〕 正如崔溥的记录一般,参见 Meskill, *Ch'oe Pu s Diary: A Record of Drifting across the Sea*. p.120.

〔8〕 Roger V. Des Forges, *Cultural Centrality and Political Change in Chinese History: Northeast Henan in the Fall of the Ming*. p.47.

〔9〕 Craig Clunas, "Regulation of Consumption and the Institution of Correct Morality by the Ming State", in Chun-chieh Huang and Erik Zürcher, eds, *Norms and the State in China*, pp. 38-49(p.48). 这面榜的照片发表于郑恩淮《应县木塔发现的明永乐二十年大布告》,《文物》1986 年第 9 期,84—85 页。进一步的讨论有姜维堂《关于明永乐二十年大布告》,《文物》1990 年第 7 期, 93—94 页。

〔10〕 John Dardess, Confucianism and Autocracy: Professional Elites in the Founding of the Ming Dynasty. pp.241, 280. Timothy Brook, *The Confusions of Pleasure*, p.58.

〔11〕 关于此画,可参考黄永武《科举漫谈》,《故宫文物月刊》,第 88 期（1990 年 7 月）, 4—14 页。

〔12〕 吴柏森等编《明实录类纂：文教科技卷》, 141 页,"成化三年三月"条。

〔13〕 Svetlana Rimsky-Korsakoff Dyer, *Grammatical Analysis of the Lao Ch'i-ta*, p.367.

〔14〕 David Robinson, *Bandits, Eunuchs, and the Son of Heaven: Rebellion and the Economy of Violence in Mid-Ming China*, pp.64, 126, 140, 149.

〔15〕 吴柏森等编《明实录类纂：文教科技卷》, 234 页,"嘉靖十七年正月"条; 1003 页,"嘉靖十七年十一月"条。

〔16〕 王利器先生《元明清三代禁毁小说戏曲史料》,增订本,上海：上海古籍出版社,1981 年,335 页。

〔17〕 Timothy Brook, *The Confusions of Pleasure*, p.177.

〔18〕 Leif Littrup(李来福), *Subbureaucratic Government in China in Ming Times: A Study of Shandong Province in the Sixteenth Century*, Instituttet for sammenlignende kulturforskning Serie B: Skrifter LⅩⅣ(Oslo,Gergen and Tromsø, 1981), pp.158-159.

〔19〕 关于这类乡约的研究,可参考 Joseph McDermott（周绍明）, "Emperors, Elites and Commoners: The Community Pact (Xiangyue) Ritual of the Late Ming". in Joseph McDermott. ed., *State and Court Ritual in China*. pp.299-351。

〔20〕 John Dardess, *Blood and History in China: The Donglin Faction and its Repression, 1620-1627*. p.138.

〔21〕 Roger V. Des Forges, *Cultural Centrality and Political Change in Chinese History: Northeast Henan in the Fall of the Ming*. p.151.

〔22〕 参见 Francesca Bray(白馥兰), *Technology and Gender: Fabrics of Power in Late Imperial China*, pp.92-93. 虽然白馥兰在书中所用的基本都是清代史料,但最后一个例子无疑是明代的。关于一位明代贞节寡妇所获得的铭文,可参见 Timothy Brook, *The Confusions of Pleasure*, p.100.

〔23〕 Meskill, *Ch'oe Pu s Diary: A Record of Drifting across the Sea*. p.64. 艾尔曼（Benjamin A. Elman）在著作中展示了出自《状元图考》的两幅图,一幅描绘状元游街,另一幅画的是一位举子梦见了钦点状元的榜文,这张状元榜文将会在他家的大门外公示。参见 Benjamin A. Elman, *A*

Cultural History of Civil Examinations in Late Imperial, pp.192-193.

[24] Irene A.Bierman, *Writing Signs: The Fatimid Public*, p.56.

[25] Joan Hornby, "Chinese Ancestral Portraits: Some Late Ming and Ming Style Ancestral Paintings in Scandinavian Museums", *Bulletin of the Museum of Far Eastern Antiquities*, LXX (2000), pp. 173-271(p.200)

[26] 此图的全图刊印于 National Museum of Chinese History, *A Journey into China's Antiquity*, IV: *Yuan Dynasty, Ming Dynasty, Qing Dynasty*(Beijing 1997), pp.93-95.（译者注：此书中文版为中国历史博物馆编《华夏之路（第四册）：元、明、清》，朝华出版社，1997年。）这幅让人震惊的图画值得进行专门的研究。文以诚（Richard Vinograd）已经提出了一些让人耳目一新的想法，参见 Richard Vinograd, "Relocations: Spaces of Chinese Visual Modernity", in Maxwell K. Heam and Judith G. Smith, eds, *Chinese Art Modern Expressions* (New York, 2001), pp. 162-181. 戴福士（Roger V. Des Forges）在著作中还告诉我们，这类店铺也有非文字的标识，参见 Roger V. Des Forges, *Cultural Centrality and Political Change in Chinese History: Northeast Henan in the Fall of the Ming*. p.143.

[27] 图见 Craig Clunas, *Superfluous Things: Material Culture and Social Status in Early Modern China*. p.90 and p.126.

[28] John Dardess, *Blood and History in China: The Donglin Faction and its Repression, 1620-1627*. p.87.

[29] 何良俊《四友斋丛说》，135页。Lee King-tsi and Hu Shih-chang, "Inscriptions on Ming Lacquer", *Bulletin of Oriental Ceramic Society of Hong Kong*, X（1992-1994），pp.28-34(p.29)."二沈"的书法可见于 Robert E. Harrist Jr. and Wen C. Fong, eds, *The Embodied Image: Chinese Calligraphy from the John B. Elliott Collection* (Princeton, NJ, 1999), pp.148-149.

[30] Cheng-hua Wang（王正华），"Material Culture and Emperorship: The Shaping of Imperial Roles at the Court of Xuanzong (r. 1426-1435)", PhD diss., Yale University, 1998, pp.274-308.

[31] L. Carrington Goodrich, "Prisons in Peking, circa 1500", *Tsing-hua hsueh-pao*, n.s. 10 (1973), pp. 45-53(p.51).

[32] Timothy Brook, *The Confusions of Pleasure*, pp.19-27.

[33] David Robinson, *Bandits, Eunuchs, and the Son of Heaven: Rebellion and the Economy of Violence in Mid-Ming China*, pp.92-94. 关于明代大炮上的铭文，参见成东《明代前期有铭火铳初探》，《文物》1988年第5期，68—79页；以及成东《明代后期有铭火铳概述》，《文物》1993年第4期，79—86页。

[34] John Meskill, *Ch'oe Pu's Diary: A Record of Drifting across the Sea*. p.141.

[35] John Dardess, *Confucianism and Autocracy: Professional Elites in the Founding of the Ming Dynasty*. p. 246.

[36] Timothy Brook, *The Confusions of Pleasure*, pp.59-65. Rimsky-Korsakoff Dyer, *Grammatical Analysis of the Lao Ch'i-ta*, p.419. 更多的明代地契，参见张传玺主编《中国历代契约会编考释》，北京：北京大学出版社，1996年，册二，699—1121页。

[37] David Faure, "Becoming Cantonese: the Ming Dynasty Transition", in Tao Tao Liu and David Faure, eds, *Unity and Diversity: Local Cultures and Identities in China* (Hong Kong 1996), pp. 37-50(pp.39-44).

[38] David Faure, "The Emperor in the Village: Representing the State in South China", in Joseph McDermott, ed., *State and Court Ritual in China*, pp. 267-298(p.297).

[39] 1602 年与 1629 年的两件诰命遗存至今，前者参见赵丙焕《新郑县发现明神宗赐给高拱的诰命》1994 年第 11 期，88—90 页；后者参见徐祥地、张日文《平阳县发现崇祯二年诰命》，《文物》1994 年第 11 期，92 页。

[40] John Dardess, *Blood and History in China: The Donglin Faction and its Repression, 1620-1627*. p.102.

[41] 杨其民《两张新发现的明代文件：牙帖和路引》，《文物》1994 年第 4 期，62—63 页。

[42] Thomas C. Nimick, "Case Files from the Sichuan Provincial Administration Commission, with Annotated Index", *Ming Studies*, XLVII(2003), pp.62-85.

[43] 吴柏森等编《明实录类纂：文教科技卷》，374 页，"永乐四年二月"条。

[44] 同上书，162 页，"成化十五年十二月"条。

[45] David Faure, "The Emperor in the Village: Representing the State in South China", p.283.

[46] 吴柏森等编《明实录类纂：文教科技卷》，384 页，"嘉靖十二年十月"条。

[47] 同上书，387 页，"万历九年正月"条。

[48] John Dardess, *Blood and History in China: The Donglin Faction and its Repression, 1620-1627*. pp.34-38.

[49] 李日华著，屠友祥校注：《味水轩日记》，宋明清小品文集辑注，上海：上海远东出版社，1996 年，169 页，"万历三十九年四月廿五日"。

[50] 相关研究及图片可参见 Stephen Little with Shawn Eichman, *Taoism and the Arts of China*. pp.338-339.

[51] Lothar Ledderose, "Some Taoist Elements in the Calligraphy of the Six Dynasties", *T'oung Pao*, 70(1984),pp.246-278.

[52] 可参见 Liu Ts'un-yan, "The Penetration of Taoism in the Ming Neo-ConNcian Elite", *T'oung Pao*, 52 (1970), pp.31-103. 亦可参见 Terence Russell, "Chen Tuan at Mount Huangbo: A Spirit-writing Cult in Late Ming China", *Asiatische Studicn*, XLIV/1 (1990), pp. 107-140。

[53] 相关研究及图片可参见 Stephen Little with Shawn Eichman, *Taoism and the Arts of China*. pp.306-307.

[54] David David Tod Roy, *The Plum in the Golden Vase, Chin P'ing Mei*, II : *The Rivals*. pp.405, 415-417.

[55] Daniel B. Stevenson, "Text, image and Transformation in the History of the *Shuilu fahui*, the Buddhist Rite for Deliverance of Creatures of Water and Land", in Marsha Weidner ed., *Cultural Intersections in Later Chinese Buddhism* (Honolulu, 2001), pp. 30-70(p.31). T. Griffith Foulk, "Religious Functions of Buddhist Art in China". in Marsha Weidner, ed., *Cultural Intersections in Later Chinese Buddhism*, pp. 13-29(p.16 and fig.1.6).

[56] 黄凤春《湖北蕲春出土一件明代朱书文字上衣》，《文物》1999 年第 8 期，84—87 页。

[57] John Hay, "The Human Body as a Microcosmic Source of Macrocosmic Values in Calligraphy", in Susan Bush and Christian Murck, eds, *Theories of the Arts in China* (Princeton, NJ, 1983), pp. 74-104.

[58] 文徵明著，周道振辑校《文徵明集》，册 2，1373 页。

[59] 此图可见王克芬《中国舞蹈史》，北京：文化艺术出版社，1984 年，173—173 页。

〔60〕John Dardess, *Blood and History in China: The Donglin Faction and its Repression, 1620-1627*. p.157. 一位女性所写的"血书",可参见 Shih-shan Henry Tsai(蔡石山), *Perpetual Happiness: The Ming Emperor Yongle*. p.75.

〔61〕李日华著,屠友祥校注:《味水轩日记》,宋明清小品文集辑注,上海:上海远东出版社,1996年,303页,"万历四十一年二月廿二日"。

〔62〕Yang Ye, *Vignettes from the Late Ming: A Hsiao-p'in Anthology*, trans. with annotations and introduction by Yang Ye, p.45.（袁宗道原文为:"从来文士名身显赫者固多,无过白乐天者。鸡林重价,歌女倍直,姑无论矣。荆州街葛子清,市侩耳,自颈以下,遍刺白乐天诗,每诗之下刺一图,凡三十余处。人呼为'白舍人行诗图'。嗟夫,异矣!"译者按:袁宗道所说的"葛子清",应为"葛清",是唐代荆州人,并不是明代人。故事出自段成式《酉阳杂俎·黥》:"荆州街子葛清,勇不肤挠,自颈以下,遍刺白居易舍人诗。成式尝与荆客陈至呼观之,令其自解,背上亦能暗记。反手指其札处,至'不是此花偏爱菊',则有一人持杯临菊丛。又'黄夹缬林寒有叶',则指一树,树上挂缬,缬窠锁胜绝细。凡刻三十徐首,体无完肤,陈至呼为'白舍人行诗图'也。"）

〔63〕L. Carrington Goodrich, "Prisons in Peking, circa 1500", *Tsing-hua hsueh-pao*, n.s. 10 (1973), pp. 45-53(pp.45 and 52).

〔64〕Francesca Bray(白馥兰), *Technology and Gender: Fabrics of Power in Late Imperial China,* p.148.

〔65〕Joseph McDermott, "Emperors, Elites and Commoners: The Community Pact (Xiangyue) Ritual of the Late Ming", p. 313.

〔66〕Susan Mann, "Grooming a Daughter for Marriage: Brides and Wives in the Mid-Ch'ing Period." In Rubie S. Watson and Patricia Buckley Ebrey, ed., *Marriage and Inequality in Chinese Society,*. Studies on China, 12. Berkeley: University of California Press. pp. 204-230(p.214).

〔67〕如今这已是个重要的研究方向,高彦颐（Dorothy Ko）的著作不啻是极好的出发点,参见 Dorothy Ko, *Teachers of the Inner Chambers: Women and Culture in Seventeenth-century China* (Stanford CA, 1994).（译者按:此书已有中译本,高彦颐著,李志生译《闺塾师:明末清初江南的才女文化》,南京:江苏人民出版社,2005年。）卜正名曾讨论过一份由女子签名的地契,参见 Brook, *The Confusions of Pleasure*, p.61.

〔68〕Pamela Kyle Crossley, "Structure and Symbol in the Role of the Ming-Qing Foreign Translations Bureau (*Siyiguan*)", *Central and Inner Asian Studies*, v (1991), pp. 38-70(p.45). 柯娇燕（Pamela Kyle Crossley）力主将"四夷馆"英译为 All Barbarian's Bureaus,之所以用复数 Bureaus,是因为她认为在"四夷馆"中,每一种语言的翻译机构都独立运作。

〔69〕T. H. Barrett, "The Secret History of the Mongols: Some Fresh Revelations", *Bulletin of the School of Oriental and African Studies*. LV / 1 (1992), pp. 115-119.

〔70〕Franas Woodman Cleaves, "The Sino-Mongolian Edict of 1453 in The Topkapi Sarayi Muzesi", *Harvard Journal of Asiatic Studies*, Ⅷ (1950), pp. 431-446.

〔71〕参见杨旸、袁阊琨、傅朗云《明代奴儿干都司及其卫所研究》,郑州:中州书画社,1982年;以及 Morris Rossabi, "Two Ming Envoys to Inner Asia", *T'ouug Pao*, 62 (1976), pp 1-34; Marsha Weidner（魏盟夏）, "Imperial Engagement with Buddhist Art and Architecture: Ming Variations on an Old Theme", in Marsha Weidner, ed., *Cultural Intersections in Later Chinese Buddhism*, pp.117-144(p.136); 李逸友《呼和浩特市万部华严经塔的金元明各代题记》,《文物》1977 年第 5 期, 55—64 页。

[72] 马学良主编《彝文经籍文化辞典》, 北京: 京华出版社, 1998 年, 680—682 页。

[73] L. Carrington Goodrich, "Prisons in Peking, circa 1500", *Tsing-hua hsueh-pao*, n.s. 10 (1973), pp. 45-53.

[74] (明) 李言恭、郝杰,《日本考》, 中外交通史籍丛刊, 中华书局, 1983 年。关于明代人对日语的了解, 可参见 Joshua A.Fogel, "Chinese Understanding of the Japanese Language from Ming to Qing", in Joshua Fogel, ed., *Sagacious Monks and Bloodthirsty Warriors: Chinese Views of Japan in the Ming-Qing Period* (Norwalk, CT, 2002), pp. 63-87(pp.66-73).

[75] 吴柏森等编《明实录类纂: 文教科技卷》, 141 页,"成化三年三月"条。柯娇燕 (Pamela Kyle Crossley) 认为: "倘若将社会上对异国语言的尊敬与追求视为'四夷馆'之建立的结果, 那将是一个误解。"参见 Pamela Kyle Crossley, "Structure and Symbol in the Role of the Ming-Qing Foreign Translations Bureau (*Siyiguan*)", p.43.

[76] John Meskill, *Ch'oe Pu's Diary: A Record of Drifting across the Sea*. p.77, n,8.

[77] Ibid., p.107.

[78] Patricia Berger, *Empire of Emptiness: Buddhist Art and Political Authority in Qing China* (Honolulu, 2003), pp.90-91. 她所用的主要材料来自 Heather Karmay, *Early Sino-Tibetan Art* (Warminster, 1975). 此外也参考了 Kenneth Chen, "The Tibetan Tripitaka", *Harvard Journal of Asian Studies*, IX(1945), pp.35-71.

[79] 李日华《味水轩日记》, 215 页, "万历四十年二月十七日"。

[80] 文震亨著, 陈植校注《长物志校注》, 南京: 江苏科学技术出版社, 1984 年, 357 页。

[81] Patricia Berger, *Empire of Emptiness: Buddhist Art and Political Authority in Qing China*, p.46. 关于一件考古出土的梵文器物的研究, 参见马文宽、黄振华《宁夏新出带梵字密宗器物考》,《文物》1990 年第 3 期, 82—86 页。

[82] 譬如懿恭《北京牛街礼拜寺两方阿拉伯文的古刻》,《文物》1061 年第 10 期, 53—54 页。

[83] Michael Pollak, *Mandarins, Jews, and missionaries: the Jewish experience in the Chinese Empire*(New York,1998), p.289. 关于开封城的研究, 参见 Roger V. Des Forges, *Cultural Centrality and Political Change in Chinese History: Northeast Henan in the Fall of the Ming*. p.47.

[84] 譬如 Regina Krahl, in collaboration with Nurdan Erbehar, ed. John Ayers, *Chinese Ceramics in the Topkapi Saray Museums Istanbul*, 3 vols (London, 1986), II, p.534.

[85] 吕成龙《关于八思巴字款青花瓷器年代之我见》,《文物》, 2001 年第 8 期, 77—83 页。

[86] C.R.Boxer ed., *South China in the Sixteenth Century: being the Narratives of Galeote Pereira, Fr Caspar da Cruz OP, Fr Martin de Rada OESA*, Hakluyt Society, 2nd ser., 106 (London, 1953). pp.255-256.

[87] Li-chiang Lin (林丽江), "The Proliferation of Images: The Ink-stick Designs and the Printing of the Fang-Shih mo-p'u and the Ch'eng-shih mo-yüan". PhD Diss., Princeton University, 1998, pp.200-225.

[88] 譬如 1635 年的北京游览手册、刘侗、于奕正编纂的《帝京景物略》(北京: 北京古籍出版社,

1980年，207—208页）。

[89] Kathlyn Liscomb（李嘉琳），"Li Bai. a Hero among Poets, in the Visual, Dramatic, and Literary Arts of China", *Art Bulletin*, LXXXI/3(1999), pp.354-389. 李嘉琳在文中用了一幅表现同样故事的插图，画中，李白痛骂宫廷宠宦高力士，迫其为自己脱靴，而玄宗皇帝则亲自为李白研墨。

[90] Yang Ye, *Vignettes from the Late Ming: A Hsiao-p'in Anthology*, trans. with annotations and introduction by Yang Ye, p.9.

[91] 魏振圣、姜建成《明状元赵秉忠殿试卷》《文物》1984年第4期，85—86页）一文中对这幅仅存的明代状元试卷进行了研究，并给出了图片。

[92] Benjamin A. Elman, *A Cultural History of Civil Examinations in Late Imperial China*, pp.185,196.

[93] 吴柏森等编《明实录类纂：文教科技卷》，157页，"成化十三年十二月"条。

[94] Benjamin A. Elman, *A Cultural History of Civil Examinations in Late Imperial China*, pp.400-403. 更深入的讨论，可参阅 Tadao Sakai(酒井忠夫), "Confucianism and Popular Educational Works", in Wm Theodore de Bary ed., *Self and Society in Ming Thought* (New York.,1970), pp 331-366(p.335).

[95] 李诩《戒庵老人漫笔》，334页。

[96] 郎瑛《七修类稿》，卷45，664页。郎瑛原文的英译参见 Naifei Ding（丁乃非），*Obscene Things: Sexual Politics in Jin Ping Mei*. p.53.

[97] Robert E. Hegel, *Reading Illustrated Fiction in Late Imperial China* (Stanford, CA, 1998), p.112.

[98] Tsien Tsuen-hsuin, *Science and Civilization in China*, V, *Chemistry and Chemical Technology*, Part I: *Paper and Printing* (Cambridge, 1985), pp.372-373. 译者按：此书已有中译本：《李约瑟中国科学技术史》(钱存训著，第5卷"化学及相关技术"，第1分册，"制和印刷"，北京：科学出版社，上海：上海古籍出版社，1990年）。

[99] 吴柏森等编《明实录类纂：文教科技卷》，299页，"成化二十二年三月"条；610页，"嘉靖四十一年八月"条。

[100] 郎瑛《七修类稿》，卷17，250页。

[101] Naifei Ding, *Obscene Things: Sexual Politics in Jin Ping Mei*. p.90.

[102] 吴柏森等编《明实录类纂：文教科技卷》，167页，"成化十九年十一月"条。

[103] 曹腾騑《广东揭阳出土明抄戏曲〈蔡伯喈〉略谈》，《文物》1982年第11期，46—48页。

[104] 归有光《震川先生集》，中国古典文学丛书，两卷本，下卷，618页。

[105] John Dardess, *Confucianism and Autocracy: Professional Elites in the Founding of the Ming Dynasty*. pp.243-244.

[106] 何良俊《四友斋丛说》，325页。

[107] Craig Clunas, *Pictures and Visuality in Early Modern China*, pp.29-41.

[108] William J. Bouwsma, *The Waning of the Renaissance, 1550-1650* (New Haven, CT, and London, 2002), p.75.

[109] 李日华《味水轩日记》，190页，"万历三十九年九月八日"。

[110] John Dardess, *Blood and History in China: The Donglin Faction and its Repression, 1620-1627*. p.132.

[111] Brook, *The Confusions of Pleasure*，pp.34,171-172；尹韵公《中国明代新闻传播史》，重庆：重庆出版社，1990年。

〔112〕 文徵明著，周道振辑校《文徵明集》，册 2，1426—1432 页。

〔113〕 李日华《味水轩日记》，28 页，"万历三十七年六月二十七日"。

〔114〕 譬如李日华《味水轩日记》，40 页，"万历三十七年八月二十一日"（福建食物）；41 页，"万历三十七年八月二十九日"（军需）；42 页，"万历三十七年九月六日"（联体双胞胎）。

〔115〕 John Dardess, *Blood and History in China: The Donglin Faction and its Repression, 1620-1627.* p.19.

〔116〕 Timothy Brook, "Communications and Commerce", pp.639-641; John Dardess, *Blood and History in China: The Donglin Faction and its Repression, 1620-1627.* p.136.

〔117〕 吴柏森等编《明实录类纂：文教科技卷》，384 页，"嘉靖十年七月"条

〔118〕 Robert Harrist, "Reading Chinese Mountains", *Orientations* (December 2000), pp. 46-54。在华山上有一段摩崖石刻，让不屈不挠的王履颇伤脑筋，他能阅读却无法跻身摩崖石刻处，而他的仆人能够爬上去却又不识字。这个故事可参见 Brook, The Confusions of Pleasure, p.57.

〔119〕 Craig Clunas, *Pictures and Visuality in Early Modern China*, pp.138-148.

第四章　中国大百科中的图画：图像、分类与知识

〔1〕 转引自 Craig Clunas, *Chinese Furniture*, p.80.

〔2〕 Kenneth J Hammond, "Beijing's Zhihua Monastery: History and Restoration in China's Capital", in Marsha Weidner, ed., *Cultural Intersections in Later Chinese Buddhism* (Honolulu, 2001), pp.189-208(pp.193-194, 201).（译者注：原文误作六边形，270 个抽屉。）

〔3〕 Craig Clunas, *Chinese Furniture*, p.81. 引自李渔《闲情偶记·器玩部·几案》。

〔4〕 Mary Douglas, *Purity and Danger: An Analysis of the Concepts of Pollution and Taboo* (London, 1991).

〔5〕 Benjamin Elman, "Jesuit *Scientia* and Natural Studies in Late Imperial China, 1600-1800", *Journal of Early Modern Hrstory*,VI/3 (2002), pp. 209-32(pp.215-217).

〔6〕 Benjamin Elman, "Jesuit *Scientia* and Natural Studies in Late Imperial China, 1600-1800", p.222.

〔7〕 Tadao Sakai（酒井忠夫）, "Confucianism and Popular Educational Works", in Wm Theodore de Bary ed., *Self and Society in Ming Thought* (New York.,1970), pp.331-366(pp.322-324). 要了解此类书籍之插图可特别参阅王正华：《生活、知识与文化商品：晚明福建版"日用类书"与其书画门》，《中央研究院近代史研究所集刊》，14（2003），1—85 页。

〔8〕 Georges Metailie, "Historie naturelle et humanisme en Chine et en Europe au XVIe siecle: Li Shizhen et Jacques Dalechamps", *Revue d'Histoire des Sciences* 42 (1989): 4, pp.353-374. Georges Metailie, "Des mots et des plantes dans le *Bencao gangmu* de Li Shizhen, *Extreme Orient-Extreme Occident* 10 (1988): 27-43. Georges Metailie, "Des manuscnts cn quete d auteur; Du Plimus indicus de johan Schreck au Ecncao Sangmu de Li Shizhen et av Benmo yinhui jingyao de Liu Wentai", *Journal Asiatique*, 286 (1998), pp.211-233.

〔9〕 Michel Foucault, *The Order of Things: An Archaeology of the Human Sciences* (London, 1989), p.XV.

〔10〕 Craig Clunas, "Commodities, Collectables and Trade Goods: Some Modes of Categorizing Material Culture in Sung-Yuan Texts", in Maxwell K. Hearn and Judith G. Smith, eds, *Arts of the Sung and*

Yuan (New York, 1996), pp. 45-56. 此外还可以参阅 Extreme Orient-Extreme Occident (《东方 - 西方》) 杂志的两期专号，分别是第 10 卷 (1988 年), "Effets d'ordre dans la civilisation chinoise (rangements à l'œuvre, classifications implicites)". 此卷关于分类系统; 第 12 卷 (1990 年), "L'art de la liste".

[11] Lothar Ledderose, *Ten Thousand Things: Module and Mass Production in Chinese Art* (Princeton, NJ, 1998). (译者按: 此书已有中译本, 雷德侯著, 张总等译《万物: 中国艺术中的模件化和规模化生产》, 北京: 三联书店, 2005 年。)

[12] Kidder Smith Jr, Peter K Bol, Joseph A. Alder and Don J. Wyatt., *Sung Dynasty Uses of the I Ching* (Princeton, NJ, 1990), p.134.

[13] Haun Saussy, "Correlative Cosmology and its Histories", *The Museum of Far Eastern Antiquities Bulletin*, LXXII (2000), pp. 13-28.

[14] Jorge Luis Borges, "The Garden of Forking Paths", *Collected Fictions*, trans. Andrew Hurley (New York, 1998), pp.119-128(p.123).

[15] Benjamin A. Elman, *A Cultural History of Civil Examinations in Late Imperial China*. pp.108-109.

[16] Jorge Luis Borges, "On Exactitude in Science", *Collected Fictions*, trans. Andrew Hurley (New York, 1998), p.325.

[17] Craig Clunas, "Text, Representation and Technique in Early Modern China", in Karine Chemla, ed., *History of Science, History of Text*, Boston Studies in the Philosophy of Science, 238 (Dordrecht, 2005), pp. 107-122.

[18] Maggie Bickford, "Three Rams and Three Friends: The Working Lives of Chinese Auspicious Motifs", *Asia Major*, 3rd ser., XII/1 (1999), pp. 127-158(p.151). 关于节令应景的纺织品，参见 Schuyler Cammann, "Ming Festival Symbols", *Archives of the Chinese Art Society of America*, VII (1953), pp. 66-67.

[19] David Robinson, *Bandits, Eunuchs, and the Son of Heaven: Rebellion and the Economy of Violence in Mid-Ming China*, p.33.

[20] 芮效卫也指出了另几种用法，参见 David Tod Roy, *The Plum in the Golden Vase, Chin P'ing Mei*, II: The Rivals. pp.229; 531, n.31. (译者按: 可见《金瓶梅词话》第六二回: "孟玉楼道: '娘，不是这等说，李大姐倒也罢了，没甚么倒吃了他爹恁三等九格的。'")

[21] John Dardess, *Confucianism and Autocracy: Professional Elites in the Founding of the Ming Dynasty*. p.198.

[22] Angela Ki Che Leung, "Woman Practising Medicine in Premodern China", in Harriet Zumdorfer, ed., *Chinese Women in the Imperial Past: New Perspectives* (Leiden, 1999), pp.101-134(p.102).

[23] Scarlett Jang, "Form, Content and Audience: A Common Theme in Painting and Woodblock-printing Books of the Ming Dynasty", *Ars Orientalis*, XXVII (1997), pp.1-26.

[24] 相关研究不胜枚举，我主要参考的是 John B. Henderson, *The Development and Decline of Chinese Cosmology* (New York, 1984).

[25] Roger V. Des Forges, *Cultural Centrality and Political Change in Chinese History: Northeast Henan in the Fall of the Ming*. p.70. 关于王廷相，亦请参考 John B.Henderson, The Development and

Decline of Chinese Cosmology, pp.180-182.

[26] 关于"五岳",可参考 Terry Kleeman, "Mountain Deities in China: The Domestication of the Mountain God and the Subjugation of the Margins", *Journal of the American Oriental Society*, CXIV/2 (1994), pp. 226-238。关于"五帝",可参考 Michael Szonyi, "The Illusion of Standardising the Gods: The Cult of Five Emperors in Late Imperial China", *Journal of Asian Studies*, LW/1 (1997), pp.113-135(p.116).

[27] 文徵明著,周道振辑校《文徵明集》,册 2,1266 页。

[28] Yang Ye, *Vignettes from the Late Ming: A Hsiao-p'in Anthology*, trans. with annotations and introduction by Yang Ye, p.96.（译者按：出自张岱《蟹会》）。

[29] Francesca Bray(白馥兰), *Technology and Gender: Fabrics of Power in Late Imperial China*, p.77.

[30] Klaas Ruitenbeek（鲁克斯）, *Carpentry and Building in Late imperial China: A Study of the Fifteenth-Century Carpenter's Manual Lu Ban Jing*, p.306.

[31] Benjamin A. Elman, *A Cultural History of Civil Examinations in Late Imperial China*. p.347.

[32] Francesca Bray(白馥兰), *Technology and Gender: Fabrics of Power in Late Imperial China*, p.95.

[33] Ibid., p.302.

[34] 周亮工《书影》,明清笔记丛书,上海：上海古籍出版社,1981 年,244 页。

[35] 郎瑛《七修类稿》,卷 16,230 页。

[36] Prasenjit Duara, "Superscribing Symbols: The Myth of Guandi, the Chinese God of War", *Journal of Asian Studies*, XLVII/4 (1988), pp. 778-795.

[37] Francois Jullien, *The Propensity of Things: Towards a History of Efficacy in China* (New York, 1995), p.217.

[38] Roger V. Des Forges, *Cultural Centrality and Political Change in Chinese History: Northeast Henan in the Fall of the Ming*. p.291.

[39] Yang Ye, *Vignettes from the Late Ming: A Hsiao-p'in Anthology*, trans. with annotations and introduction by Yang Ye, p.79.（译者按：出自王思任《小洋》。）

[40] Craig Clunas, *Pictures and Visuality in Early Modern China*, pp.134-136.

[41] 已经译成英文的八股文考试范文,可参考 Andrew Lo, "Four Examination Essays of the Ming Dynasty", *Rendition* 33-34(1990), pp.167-181.

[42] David Tod Roy, *The Plum in the Golden Vase, Chin P'ing Mei*, II: *The Rivals*. p.155. Svetlana Rimsky-Korsakoff Dyer, *Grammatical Analysis of the Lao Ch'i-ta*, p.429.

[43] T. Griffith Foulk, "Religious Functions of Buddhist Art in China". in Marsha Weidner, ed., *Cultural Intersections in Later Chinese Buddhism*, pp. 13-29(p.28).

[44] Svetlana Rimsky-Korsakoff Dyer, *Grammatical Analysis of the Lao Ch'i-ta*, pp.409, 429, 443.

[45]《天水冰山录》,收入《武宗外记》,中国历史研究资料丛书（上海,1982 年）,33—179 页。另一个例子是郎瑛《七修类稿》,卷 13,197—198 页,"刘朱货财"一条,记录了籍没正德皇帝的宠宦刘瑾（1451～1510）,朱宁（？～1521）家产的清单。17 世纪初期罚没基督教社群财产的一份奇妙而独特的物质文化与视觉文化清单,参见 Adrian Dudink, "The Inventories of the Jesuit House at Nanjing Made Up During the Persecution of 1616-1617", in Frederico Massini, ed.,

Western Humanistic Culture Presented to China by Jesuit Monasteries (XVII-XVIII centuries) (Rome, 1996), pp. 119-157.

[46] 沈榜《宛署杂记》，北京：北京古籍出版社，1980年，157—160页。

[47] Yang Ye, *Vignettes from the Late Ming: A Hsiao-p'in Anthology*, trans. with annotations and introduction by Yang Ye, p.34.（译者按：出自陈继儒《观桃花记》。）

[48] Harry M. Garner, "The Export of Chinese Lacquer to Japan in the Yuan and Ming Dynasties", *Archives of Asian Art*, xxv (1971-2), pp. 6-28; John Figgess, "A Letter from the Court of Yung-lo", *Transactions of the Oriental Ceramic Society*, xxxiv (1962-3), pp.97-100; Franas Woodman Cleaves, "The Sino-Mongolian Edict of 1453 in The Topkapi Sarayi Muzesi", *Harvard Journal of Asiatic Studies*, VIII (1950), pp. 431-446.

[49] 翁同文《项元汴千文编号书画目考》，东吴大学《中国艺术史季刊》第九卷，台北，1979年，157—180页。关于清代皇家收藏，可参考 Patricia Berger, *Empire of Emptiness: Buddhist Art and Political Authority in Qing China* (Honolulu, 2003), pp.63-82.

[50] 文嘉《钤山堂书画记》，收入《武宗外记》，203页；Susan E Nelson, "A Note on Chao Po-su, Wen Chia, and Two Ming Narrative Scrolls in the Blue-and-Green Style", *National Palace Museum Bulletin*, XVII/4(1987), pp.1-7(pp.3-4).

[51] John Dardess, *Confucianism and Autocracy: Professional Elites in the Founding of the Ming Dynasty*. pp.158-159.

[52] Benjamin A. Elman, *A Cultural History of Civil Examinations in Late Imperial China*. p.295.

[53] 顾起元《客座赘语》，元明史料笔记丛刊，北京：中华书局，1987年，251—252页。

[54] Naifei Ding, *Obscene Things: Sexual Politics in Jin Ping Mei*. p.95

[55] Tod Roy, *The Plum in the Golden Vase, Chin P'ing Mei*, II: *The Rivals*. pp.130-131.

[56] John Meskill, *Ch'oe Pu s Diary: A Record of Drifting across the Sea*. p.73.

[57] Tod Roy, *The Plum in the Golden Vase, Chin P'ing Mei*, II: *The Rivals*. p.285.

[58] Charlotte Furth, *A Flourishing Yin: Gender in China's Medical History* (Berkeley, Los Angeles and London, 1999), p.186.（译者按：此书已有中译本：费侠莉著、陈静梅译《繁盛之阴：中国医学史中的性（960-1665）》，南京：江苏人民出版社，2006年。）

[59] Angela Ki Che Leung, "Woman Practising Medicine in Prernodern China", in Harriet Zumdorfer, ed., *Chinese Women in the Imperial Past: New Perspectives* (Leiden, 1999), pp.120 and 126.

[60] Charlotte Furth, *A Flourishing Yin: Gender in China's Medical History* (Berkeley, Los Angeles and London, 1999), p.226.

[61] 譬如 Wolfgang Franke（傅吾康），*An Introduction to the Sources of Ming History*. pp.74-97.

[62] 比如 Wai-yee Li, "The Collector, the Connoisseur, and Late-Ming Sensibility," *T'oung Pao*, 81(1995), pp.269-302; Brook, *The Confusions of Pleasure*. pp.134-138;

[63] Benjamin A. Elman, *A Cultural History of Civil Examinations in Late Imperial China*. pp.400-403.

[64] Ibid., p.6.

[65] Ibid., pp.56-57, 650.

[66] 吴柏森等编《明实录类纂：文教科技卷》，687页，"洪武十年十一月"条。

〔67〕Craig Clunas, "Regulation of Consumption and the Institution of Correct Morality by the Ming State", pp.38-49.

〔68〕（明）高儒《百川书志》（上海：古典文学出版社，1957 年，133、142 页）卷 9："《文房职官图赞》一卷。宋和靖七世孙，可山林洪龙发以文房十八物，各拟官职、名姓、字号，图赞之。"卷 10："《茶具图赞》一卷，宋人撰，以茶具十二各为图赞，假以职官、名氏、字号。"

〔69〕Georges Metailie, "Some Hints on 'Scholar Gardens' and Plants in traditional China", *Studies in the History of Gardens and Designed Landscapes*, 18:3(Autumn, 1998), pp.248-256(p.251).

〔70〕Mike Dash, *Tulipomania* (London, 1999), pp.106-107.

〔71〕张大复《梅花草堂笔谈》，三卷本，上海：上海古籍出版社，1986 年，册三，887 页。Elisabetta Corsi, "Scholars and Paper-makers: Paper and Paper-Manufacture according to Tu Long's Notes on Paper", *Rivista degli Studi Orientali*, LXV/1-2 (1991), pp. 1-107.

〔72〕Craig Clunas, *Superfluous Things: Material Culture and Social Status in Early Modern China*. （译者注：柯律格原文中说可以养火鸡（turkey），而不能养鹦鹉，此处有误。《长物志》卷四"禽鱼"类中讲到养鹦鹉时说："此凫及锦鸡、孔雀、倒挂、吐绶诸种，皆断为闺合中物，非幽人所需也。"吐绶鸟，即火鸡或角雉。文中将鹦鹉与包括吐绶鸟在内的一些羽毛艳丽的鸟类视为不宜由文人园林中豢养的禽鸟，所适宜豢养的是鹤："空林别墅、白石青松，惟此君最宜，其余羽族俱未入品。"）

〔73〕何良俊《四友斋丛说》，卷 28，325 页。

〔74〕Susan E. Nelson, "*I-p*"in in Later Painting Crihcism: m Susan Bush and Christian Murck, eds, *Theories of the Arts in China* (Princeton, NJ, 1983), pp.397-424.

〔75〕李开先《中麓画品》，收入杨家骆主编《明人画学论著》，三卷本，艺术丛编第一集，第十二册，台北：世界书局，1967 年，50—56 页。

〔76〕顾起元《客座赘语》，211—212 页。

〔77〕Marsha Weidner, Ellen Johnston Laing, Irving Yucheng Lo, Christine Chu and James Robinson, ed., *Views from Jade Terrace : Chinese Women Artists, 1300-1912*(Indianapolis IN,1988), pp.72-81. 此书至今仍是英语学界中有关中国古代女性艺术最出色的著作。

〔78〕Dorothy Kuo 高彦颐, "The Written Word and the Bound Foot: A History of the Courtesan's Aura", in Ellen Widmer and Kang-I Sun Chang, eds, *Writing Women in Late Imperial China* (Stanford, CA, 1997), pp. 74-100; Giovanni Vitiello, "Exemplary Sodomites: Chivalry and Love in Late Ming Culture", *Nan Nu*, II/2 (2000), pp. 207-257. 亦可参见 Giovanni Vitiello, "The Forgotten Tears of the Lord of Longyang: Late Ming Stories of Male Prostitution and Connoisseurship", in Jan A. M. De Meyer and Peter M. Engelfriet, eds, *Linked Faiths: Essays on Chinese Religions and Traditional Culture in Honour of Kristofer Schipper* (Leiden, Boston and Cologne, 2000), pp.228-247(pp.229-233).

第五章　娱乐、游戏与纵情声色

〔1〕此套册页的图版收入故宫博物院：《明代吴门绘画》（香港，1990 年），112—115 页，图版说明见 231 页。画册题有上款"云泉"，但此人的身份尚未完全得到确认。

[2] 何良俊《四友斋丛说》，"元明史料笔记丛刊本"，北京，1983 年，69 页。

[3] Cheng-hua Wang, "Material Culture and Emperorship: The Shaping of Imperial Roles at the Court of Xuanzong (r. 1426-1435)", PhD diss., Yale university, 1998, pp.214-72.

[4] 此画的精良图版可见 Howard Rogers（罗浩）, ed., *China 5,000 Years: Innovation and Transformation in the Arts.* (New York, 1998.) no. 190.

[5] 吴柏森等编《明实录类纂：文教科技卷》，710 页，"永乐十年正月"条。

[6] 同上书，711 页（永乐十一年五月）。在永乐十四年五月，皇帝再次击球射柳，颁赏群臣，见同书 713 页。也即是说，皇帝并非每年均如此。

[7] 同上书，712 页（永乐十二年正月）。在永乐十七年正月，皇帝再次观灯，见同书 714 页。

[8] 同上书，831 页（正德十二年闰十二月）。

[9] 同上书，833 页（正德十三年闰一月）。

[10] David Tod Ray, *The Plum in the Golden Vase, Chin P'ing Mei*, II: *The Rivals*, pp.69 and 73(烟花).p.449(雇佣专人).

[11] 吴柏森等编：《明实录类纂》，1075 页（成化二年八月），1020 页（隆庆四年正月），1149 页（天启五年正月）。

[12] Michael Nylan, "On the Politics of Pleasure", *Asia Major*, 3rd ser, XIV/1(2001), pp.73-124(pp.74-75).

[13] Benjamin A. Elman, *A Cultural History of Civil Examinations in Late Imperial China.* pp.384, 388.

[14] Roger V. Des Forges, *Cultural Centrality and Political Change in Chinese History: Northeast Henan in the Fall of the Ming.* p.76.

[15] 陈乃乾编《室名别号索引》增订本，北京：中华书局，1982 年。前 17 个见于 99 页，后 6 个见于 "补编"，216—217 页。

[16] Yang Ye, *Vignettes from the Late Ming: A Hsiao-p'in Anthology*, trans. with annotations and introduction by Yang Ye, p.48. （译者按：出自袁宏道《晚游六桥待月记》。）

[17] Regina Krahl, "Fish-Silent Messengers of the Daoists", in Eskenazi, *Two Rare Chinese Porceiain Fish Jars of the 14th and 16th centuries* (London, 2002), pp. 6-14.

[18] 文徵明《文徵明集》，册二，周振道编（上海，1987），II，1466 页。

[19] 文徵明《文徵明集》，册二，II，1470 页。《致孔加（彭年 1505～1566）札》。

[20] Yang Ye, *Vignettes from the Late Ming: A Hsiao-p'in Anthology*, trans. with annotations and introduction by Yang Ye, p.66. （译者按：出自钟惺《隐秀轩集》中的《自题诗后》。）

[21] 归有光《震川先生集》，《中国古代文学丛书》册二（上海，1981），652 页。

[22] 文徵明《文徵明集》，册二，II，1534—1536 页。

[23] 明代之前的饮酒之风比明代更为热烈，对此的概述可以参见 Huang Hsing-tsung and Joseph Needham, *Science and Civitisation In China*, VI: *Biology and Biological Technology: Part* V: *Fermentations and Food Science* (Cambridge, 2000), pp.149-291.（译者按：此书已有中译本，《李约瑟中国科学技术史》（黄兴宗著，第 6 卷 "生物学及相关技术"，第 5 分册，"发酵与食品科学"，北京：科学出版社，2008 年。）

[24] 关于一组具有代表性的明代酒具，参见杜金鹏、焦天龙、杨哲峰《中国古代酒具》（上海文

出版社，1994），359—384 页。关于贵金属的餐具，参见 Craig Clunas, "Some Literary Evidence for Gold and Silver Vessels in the Ming Period (1368-1644)", in Michael Vickers, ed., *Pots and Pans: a Colloquium on Precious Metals and Ceramics in the Muslim, Chinese and Graeco-Roman Worlds*, Oxford 1985, *Oxford Studies in Islamic Art* (Oxford, 1985), pp. 83-88. 关于玉制餐具，参见 Craig Clunas, "Jade Tableware of the Ming Dynasty (1368-1644)", *Proceedings of the International Colloquiurn on Chinese Art History, 1991. Antiquities*, 2 vols, National Palace Museum, Taipei (Taipei, 1992), pp. 727-40.

[25] 何良俊《四友斋从说》，302 页。

[26] Yang Ye, *Vignettes from the Late Ming*, p.48.（译者按：出自袁宏道《雨后游六桥记》《觞政》）Wai-yee Li, "The Collector, the Connoisseur, and Late-Ming Sensibility," *T'oung Pao*, 81(1995), p.278.

[27] Yang Ye, *Vignettes from the Late Ming*, p.66.（译者按：出自钟惺《隐秀轩集》中的《自题诗后》。）

[28] 李日华著，屠友祥校注：《味水轩日记》，宋明清小品文集辑注，上海远东出版社，1996 年，147—147 页，"万历三十八年十一月廿六日、廿七日"。

[29] 同上书，271 页，"万历四十年十月二十一日"。

[30] 同上书，427 页，"万历四十二年十二月五日、六日"。

[31] 文徵明著，周道振辑校《文徵明集》，册一，595—596 页。

[32] 同上书，672—674 页。

[33] 陈全之《蓬窗日录》（上海书店，1985 年）。（译者按：陈全之此篇实际上转录自陶宗仪《南村辍耕录》，是南宋末、元初人林昉《田间书》所录的友人遊山檄。并非明代陈全之原创。）

[34] *Mathews' Chinese-English Dictionary*, rev, American Edition(Cambridge, MA, 1972), p.7009.

[35] 典出《尚书·旅獒》。

[36] Wai-yee Li, "The Collector, the Connoisseur, and Late-Ming Sensibility," *T'oung Pao*, 81 (1995), pp.269-302 (271).，引文出自 874 年成书的张彦远《历代名画记》。

[37] 陈乃乾《室名别号索引》（增订版，北京：1982 年）, 44、161 页。

[38] Naifei Ding（丁乃非）, *Obscene Things: Sexual Politics in Jin Ping Mei.* p.176.

[39] Li-chiang Lin（林丽江）, "The Proliferation of Images: The Ink-sticks Designs and the Printing of the *Fang-shih mo-p'u* and the *Ch'eng-shih mo-yÜan*", PhD Diss., Princeton University 1998.

[40] 周亮工《书影》,《明清笔记丛书》，上海：上海古籍出版社，1981 年，184 页。

[41] Yang Ye, *Vignettes from the Late Ming*, p.40.

[42] Georges Metailie, "Some Hints on "Scholar Gardens" and Plants in Traditional China", *Studies in the History of Gardens and Designed Landscapes*, XVIII/3 (1998), pp. 248-256(252).

[43] Tsien Tsuen-hsuin, *Science and Civilization in China*, V, Chemistry and "Chemical Technology", Part I: *Paper and Printing* (Cambridge, 1985), p.263.

[44] 李日华《味水轩日记》，36 页，"万历三十七年八月七日"。

[45] 同上书，"万历三十七年十二月二日"。

[46] 同上书，83 页，"万历三十九年二月二十日"；182 页，"万历三十九年七月十四日"。

[47] 同上书，184 页，"万历三十九年七月二十三日"。

［48］文徵明：《文徵明集》，卷二，1447 页。

［49］同上书，卷二，1463 页。

［50］Wai-yee Li, "The Collector, the Connoisseur, and Late-Ming Sensibility," *T'oung Pao*, 81(1995), p.273.

［51］文徵明：《文徵明集》，卷一，511 页。

［52］李玉珉编，《古色：16 至 18 世纪艺术的仿古风》(台北故宫博物院，2003 年)。

［53］王晓传辑录，《元明清三代禁毁小说戏曲史料》，北京：作家出版社，1958 年，186 页。

［54］张大复《梅花草堂笔谈》，三卷本，第二卷，上海：上海古籍出版社，1986 年，510—511 页。

［55］文徵明：《文徵明集》，卷二，1492—94 页。

［56］参见《中国文物集珍：香港敏求精舍银禧纪念展览专册》，香港：1985 年，17—20 页，大事记。

［57］郎瑛：《七修类稿》，册二，《读书札记丛刊第二集》(台北，1984 年)，卷 41，592—96 页。

［58］Judith T. Zeitlin, "The Petrified Heart: Obsession in Chinese Literature, Art, and Medicine", *Late Imperial China*, XII/1 (1991), pp. 1-26.

［59］文徵明：《文徵明集》，册一，737—739 页。

［60］同上书，册二，1303 页。

［61］Wai-yee Li, "The Collector, the Connoisseur, and Late-Ming Sensibility," *T'oung Pao*, 81(1995), p.283.

［62］关于投壶，参见 Isabelle Lee, "Touhu: Three Millennia of the Chinese Arrow Vase and the Game of Pitch-Pot", *Transactions of the Oriental Ceramic Society*, LVI (1991-92), pp.13-27. 关于双陆，参见陈增弼《双陆》，《文物》1982 年第 4 期，78—82 页。

［63］David Tod Roy, *The Plum in the Golden Vase, Chin P'ing Mei*, II: The Rivals. p.140, n.44, p.143. 相关讨论可参见 Naifei Ding, *Obscene Things: Sexual Politics in Jin Ping Mei*. p.191.

［64］David Tod Roy, *The Plum in the Golden Vase, Chin P'ing Mei*, II: The Rivals. p.336. 相关概述可参见 Andrew Lo, "Dice, Dominos and Card Games in Chinese Literature: A Preliminary Survey", in Frances Wood ed., *Chinese Studies, British Library Occasional Papers*, 10 (London, 1988), pp. 127-34.

［65］David Tod Roy, *The Plum in the Golden Vase, Chin P'ing Mei*, II: The Rivals. p.75.

［66］Yang Ye, *Vignettes from the Late Ming*, p.77. David Tod Roy, The Plum in the Golden Vase, Chin P'ing Mei, II: The Rivals. p.244. 关于明代儿童玩具，可参见扬之水《从〈孩儿诗〉到〈百子图〉》，《文物》2003 年第 12 期。

［67］文徵明：《文徵明集》，册一，69 页。

［68］李日华：《味水轩日记》，27 页，万历三十八年 6 月 21 日。

［69］文徵明：《文徵明集》，册二，1475 页。

［70］Sally W. Goodfellow, ed., *Eight dynasties of Chinese painting: the collections of the Nelson Gallery-Atkins Museum, Kansas City, and the Cleveland Museum of Art*(Cleveland, 1980), p.120. Richard Barnhart, ed., *Painters of the Great Ming: The Imperial Court and the Zhe School* (Dallas, 1993).

［71］王晓传辑录，《元明清三代禁毁小说戏曲史料》，北京：作家出版社，1958 年，171 页。

［72］《金瓶梅》中一幕闹剧的例子被人反复征引，参见 David Tod Roy, *The Plum in the Golden Vase, Chin P'ing Mei*, II: The Rivals. pp.234-238.

［73］Yang Ye, *Vignettes from the Late Ming*, p.51. George Orwell, "As I Please", December 1944, in Sonia Orwell and Ian Angus, eds., *The Collected Essays, Journalism and Letters of George Orwell*. 4

vols(1968), III, pp.320-324(p.321).

〔74〕 Craig Clunas, *Pictures and Visuality in Early Modern China*, p.152.

〔75〕 丁乃非对此有讨论, 参见 Naifei Ding, Obscene *Things: Sexual Politics in Jin Ping Mei*. pp.176-178.

〔76〕 David Tod Roy, *The Plum in the Golden Vase, Chin P'ing Mei*, II: *The Rivals*. p.68（烟花）, pp.80ff （秋千, 关于明代文学中对秋千的描写, 可参看 p.491, n.1）, p.47（女演员）.

〔77〕 Nylan, "On the Politics of Pleasure", p.90.

〔78〕 关于弹琵琶的男童, 参见 David Tod Roy, The *Plum in the Golden Vase, Chin P'ing Mei*, II: *The Rivals*. p.238.《金瓶梅》中还描写了一幕轻浮浪荡子以琵琶来与一位身份端庄的女性调情的场面, 参见 David Tod Roy, *The Plum in the Golden Vase, Chin P'ing Mei*, II: *The Rivals*. p.302. 英语著作中对古琴的经典研究, 非高罗佩莫属, 参见 R.H.Van Gulik, *The Lore of the Chinese Lute* (Tokyo, 1968). 关于音乐与性别的关系, 可参见 Joseph S. C. Lam, "The Presence and Absence of Female Musicians and Music in China", in Dorothy Ko, JaHyun Kim Haboush and Joan R. Piggott, eds, *Women and Confucian Cultures in Pre-modern China, Korea, and Japan*(Berkeley, Los Angeles and London, 2003), pp. 97-112.

〔79〕 David Tod Roy, *The Plum in the Golden Vase, Chin P'ing Mei*, II: *The Rivals*. p.395.

〔80〕 Naifei Ding, *Obscene Things: Sexual Politics in Jin Ping Mei*. p.192.

第六章 "玄武": 暴力的文化

〔1〕 Arthur Waldron, *The Great Wall of China: From History to Myth*, Cambridge,1990.（译者注: 此书中译本, 见阿瑟·沃尔德隆著, 石云龙、金鑫荣译《长城: 从历史到神话》, 南京: 江苏教育出版社, 2008 年。）

〔2〕 Edward L.Farmer, "The Hierarchy of Ming City Walls", in James D. Tracy, ed., *City Walls: The Urban Enceinte in Global Perspective*, pp. 461-487(p.478).

〔3〕 对于暴力在更宽广的中国文化中的范式作用, 祁泰履（Terry Kleeman）有颇具启发性的阐述, 参见 Terry Kleeman, "Licentious Cults and Bloody Victuals: Sacrifice, Reciprocity and Violence in Traditional China", *Asia Major*, 3rd ser., VIII (1994), pp.185-211. 性别研究的视角对于"文"与"武"的研究也颇有贡献, 参见雷金庆（Kam Louie）, *Theorising Chinese Masculinity: Society and Gender in China*(Cambridge, 2002).（译者注: 此书中译本, 见雷金庆著, 刘婷译《男性特质论: 中国的社会与性别》, 南京: 江苏人民出版社, 2012 年。）

〔4〕 中国历史博物馆编《华夏之路（第四册）: 元、明、清》, 北京: 朝华出版社, 1997 年, 60—63 页。明末玄默著有《剿贼图记》, 刊于清康熙年间, 描绘的是 17 世纪 30 年代平定河南叛乱的过程。这部书可能也会参考诸如历史博物馆所藏手卷之类的绘画, 这类画作如今已稀如星凤, 而在当时要常见得多。参见 Roger V. Des Forges, *Cultural Centrality and Political Change in Chinese History: Northeast Henan in the Fall of the Ming*. pp.182-193.

〔5〕 William J. Bouwsma, *The Waning of the Renaissance, 1550-1650* (New Haven, CT, and London, 2002), p.72.

〔6〕 Tsing Yuan, "Urban Riots and Disturbances", in Jonathan D. Spence and John E. Wills Jr, eds, *From Ming to Ch'ing: Conquest, Region and Continuiy in Seventeenth-Century China* (New Haven, CT, and London, 1979), pp. 277-320(p.312) 袁清此文中列出了利玛窦在中国的那些年所发生的12次规模较大的城市骚乱。从朝鲜的汉语教科书《老乞大》中可以看出，挨打是教育的一部分，在中国的私塾学堂中盛行，参见 Svetlana Rimsky-Korsakoff Dyer, Grammatical Analysis of the Lao Ch'i-ta. 关于杀婴现象，参见 Timothy Brook, *The Confusions of Pleasure: Commerce and Culture in Ming China*, p.163.

〔7〕 詹姆斯一世、詹姆斯二世、詹姆斯三世、詹姆斯四世、玛丽、亨利·达莱（Henry Darnley）、查理一世。

〔8〕 Beatrice Forbes Manz, *The Rise and Rule of Tamerlane,* Cambridge Studies in Islamic Civilization (Cambridge, 1991), p.73（军队的规模参见 p.186, n.27). Hok-Lam Chan, "The Chien-wen, Yung-lo, Hung-his, and Hsuan-te Reigns, 1399-1435", in Frederick W. Mote and Denis Twitchett, eds, *The Cambridge History of China,* Ⅶ: *The Ming Dynasty, 1368-1644,* Part Ⅰ(Cambridge, 1988), pp. 182-304(p.259). 此文证明大明朝意识到了入侵的企图。

〔9〕 Geoffrey Parker. *Empire, War and Faith in Early Modern Europe* (London. 2002), p.20.

〔10〕 L.Bourdon, "Un projet d'invasion de la China par Canton a la fin de 16e siecle", in *Actas do* Ⅲ *Coloquio internacional de estudos Luso-Brasileiros,* Ⅱ (Lisbon, 1960), pp.97-121(p.101).

〔11〕 Geoffrey Parker. *Empire, War and Faith in Early Modern Europe* (London. 2002), pp.25-26. C. R. Boxer, "Portuguese and Spanish Projects for the Conquest of Southeast Sea, 1580-1600", in C. R. Boxer, *Portuguese Conquest and Commerce in Southern Asia, 1500-1750* (London, 1985),pp.118-136. J. M. Headley, "Spain's Asian Presence 1565-1590". pp.623-646.

〔12〕 Mike Dash, *Batavia's Graveyard* (London, 2002), p.192.

〔13〕 David Robinson, *Bandits, Eunuchs, and the Son of Heaven: Rebellion and the Economy of Violence in Mid-Ming China,* p.24.

〔14〕 Yu Songnyong, *The Book of Corrections: Reflections on the National Crisis during the Japanese Invasion of Korea, 1592-1598,* trans. Choi Byonghyon, Korea Research Monograph, 28 (Berkeley, CA, 2003).

〔15〕 Alastair Iain Johnston, *Cultural Realism: Strategic Culture and Grand Strategy in Chinese History* (Princeton, NJ, 1995), p.184.

〔16〕 John E.Herman, "Empire in the Southwest: Early Qing Reforms to the Native Chieftain System", *Journal of Asian Studies,* LⅥ/1(1997), pp. 47-74(p.52).

〔17〕 Geoffrey Parker. Empire. *War and Faith in Early Modern Europe* (London. 2002), p.125.

〔18〕 David Tod Roy, *The Plum in the Golden Vase, Chin P'ing Mei,* Ⅱ: *The Rivals.* p.560,n. 32 and n. 30. "阵" 意指 "军事队形"，出典久远。关于 "阵" 更文雅的用法出现在书法领域，可参见 Richard M. Barnhart, "Wei Fu-jen's Pi Chen T'u and the Early Texts on Calligraphy", *Archives of the Chinese Art Society of America,* ⅩⅧ (1964), pp. 13-25.

〔19〕 Tod Roy, *The Plum in the Golden Vase, Chin P'ing Mei,* Ⅱ: *The Rivals.* pp.189-192, 375-377, 389.

〔20〕 Naifei Ding, *Obscene Things: Sexual Politics in Jin Ping Mei.* p.145.

[21] Alastair Iain Johnston, *Cultural Realism: Strategic Culture and Grand Strategy in Chinese History* (Princeton, NJ, 1995), pp.176-179.（见《草庐经略》卷七"招抚"。）

[22] Benjamin A. Elman, *A Cultural History of Civil Examinations in Late Imperial China* (Berkeley, Los Angeles and London, 2000), p.41. 吴柏森等编《明实录类纂：文教科技卷》，31页，"洪武元年三月"条，34页，"洪武二年六月"条，42页，"洪武十四年十一月"条，55页，"洪武二十五年二月"条。

[23] 同上书，156页，"成化十三年八月"条。

[24] 同上书，372页，"洪武元年四月"条。

[25] 同上书，372页，"洪武二年十月"条。

[26] 同上书，661页，"壬寅（1362）二月"条、"壬寅（1362）三月"条，662页，"甲辰（1364）九月"条。

[27] Oliver Moore, "Violence Un-scrolled: Cultic and Ritual Emphases in Painting Guan Yu." *Arts Asiatiques* 58(2003): 86-97. Marsha Weidner（魏盟夏）, "Imperial Engagement with Buddhist Art and Architecture: Ming Variations on an Old Theme", in Marsha Weidner, ed., *Cultural Intersections in Later Chinese Buddhism* , pp.117-144(pp.123-124).

[28] 郎瑛《七修类稿》，740页。

[29] 那志良《明人出警入跸图》（台北，1970年）。

[30] Victoria B.Cass, "Female Healers in the Ming and the Lodge of Ritual and Ceremony", *Journal of the American Oriental Society*, CⅥ(1986), pp. 233-240(p.236).

[31] 穆益勤编：《明代院体浙派史料》（上海，1985年），144页。所引为《明史·选举》，引述的是詹事霍韬的话。

[32] 穆益勤编：《明代院体浙派史料》，42、47页。有关明代宫廷绘画的概貌，可参见 Hou-mei Sung, "The Formation of the Ming Painting Academy", *Ming Studies*, ⅩⅩⅨ (Spring 1990), pp. 30-55.

[33] 同上书，54—58页。

[34] Cheng-hua Wang（王正华）, "Material Culture and Emperorship: The Shaping of Imperial Roles at the Court of Xuanzong (r. 1426-1435)", PhD diss., Yale University, 1998, p.155, n. 109.

[35] 李诩《戒庵老人漫笔》，129页。

[36] 刘桂芳《山东梁山县发现的明初兵船》，《文物参考资料》1958年2期，51—52页。西安师大清真寺：《明嘉靖陕西〈创建军器局〉碑简释》，《文物》2003年10期，92—96页。

[37] Thom Richardson, "The Ming Sword", *Royal Armouries Yearbook,* Ⅰ(1996), pp 95-99. 中国国家博物馆藏有伟大将领戚继光所用过的军刀，参见中国历史博物馆编《华夏之路（第四册）：元、明、清》，北京：朝华出版社，1997年，116页。

[38] Kwan-wai So, *Japanese Piracy in Ming China during the Sixteenth Century* (East Lancing, MI, 1975).

[39] 程长新《北京延庆发现明代马上佛朗机铳》，《文物》1986年12月，91—92页。关于明代兵器的概述，可参见 Christopher Peers, with colour plates by Christa Hook, *Late Imperial Chinese Armies, 1520-1840*. 以及 Christopher Peers, with colour plates by David Sque, *Medieval Chinese*

Armies, 1260-1520. 关于明代的火器技术，参见 Joseph Needham, with the collaboration of Ho P'ing-yu, Lu Gwei-djen and Wang Ling, *Science and Civilization in China*, Ⅴ, *Chemistry and Chemical Technology, Part7: The Gunpower Epic*(Cambridge, 1985), pp.365-486.

〔40〕Beth McKillop, *Korean Art and Design* (London, 1992),pp.114-115.

〔41〕David Robinson, *Bandits, Eunuchs, and the Son of Heaven*, p.62.

〔42〕Ibid., pp.91ff.

〔43〕Ibid., p.123.

〔44〕吴柏森等编《明实录类纂：文教科技卷》，625页，"万历十九年十月"条。

〔45〕关于延续至万历朝的活跃的军事活动，参见 Kenneth Swope, "Civil Military Coordination in the Bozhou Campaign of the Wanli Era", pp.49-70, 以及 Kenneth Swope, "Turning the Tide: The Strategic and Psychological Significance of the Liberation of Pyongyang in 1593", pp.1-21.

〔46〕John Dardess, *Blood and History in China: The Donglin Faction and its Repression, 1620-1627*. pp.43-44.

〔47〕Ibid., pp.141-142.

〔48〕全部图版可见山西省博物馆编：《宝宁寺明代水陆画》（北京，1985年）。1610年前后的另一套较晚画作发表于白万荣：《青海乐都西来寺明水陆画析》，《文物》1993年10月，57—63页。几幅明代皇室所使用的金碧辉煌的水陆画，发表于 Stephen Little with Shawn Eichman, *Taoism and the Arts of China*. pp.242-251, pp.259-263. 亦可参考 Caroline Gyss-Vermande, "Demons et merveilles: vision de la nature dans une peinture liturgique du xve siecle", pp.106-22, 以及 Caroline Gyss-Vermande, "Messagers divins et leur iconographie", pp.96-110.

〔49〕对这幅画的讨论可参见 Stephen Little with Shawn Eichman, *Taoism and the Arts of China*. pp.242-251, p.264, 以及 Marsha Weidner, "Imperial Engagement with Buddhist Art and Architecture," pp.122-123.

〔50〕Mary H. Fong, "Wu Daozi's Legacy in the Popular Door Gods (Menshen) Qin Shubao and Yuchi Gong", pp.6-24.

〔51〕Richard G. Wang, "Four Steles at the Monastery of the Sublime Mystery (Xuanmiao guan): A Study of Daoism and Society on the Ming Frontier", *Asia Major*, 3rd ser., Ⅷ/2 (2000), pp. 37-82(pp.75-80).

〔52〕Susan Naquin, *Peking: Temples and City Life, 1400-1900*, pp.146-7.

〔53〕参见 Stephen Little with Shawn Eichman, *Taoism and the Arts of China*. pp.216-217.

〔54〕Yang Ye, *Vignettes from the Late Ming*, p.54. Kathleen M. Ryor, "Regulating the *Qi* and the *Xin*: Xu Wei(1521-1593) and His Military Patrons",*Archives of Asian Art*, LⅣ (2004),pp.23-33.

〔55〕对这幅罕见的画作的研究，参见王伯敏：《明代民间杰出历史画〈太平抗倭图〉》，《文物参考资料》1959年5月，40—41页。文章的附图不甚清晰，刊于这期杂志的封三，标出了画作的尺寸，为224厘米×180厘米。

〔56〕何良俊：《四友斋丛说》，《元明史料笔记丛刊》（北京，1983年），29页。

〔57〕文徵明：《文徵明集》，762—767页。

〔58〕Craig Clunas, *Elegant Debts*, p.23.

〔59〕David Robinson, *Bandits, Eunuchs, and the Son of Heaven*, p.206, n.87.

［60］李日华:《味水轩日记》,"万历三十七年五月二十四日"。

［61］Yang Ye, *Vignettes from the Late Ming*, p.66.

［62］Ibid., p.77.

［63］《〈长物志〉校注》,309 页。

［64］Kathleen M. Ryor, "Regulating the *Qi* and the *Xin*: Xu Wei(1521-1593) and His Military Patrons", p.25.

［65］李日华:《味水轩日记》,"万历四十二年九月十二日"。

［66］Alan H. Barr, "The Early Qing Mystery of the Governor's Missing Silver", *Harvard Journal of Asiatic Studies*, LX/2 (2000), pp. 385-412(p.394, n.24).

［67］Alan H. Barr, "The Wanli Context of the 'Courtesan's Jewel Box' Story", pp.107-141(p.112).

［68］Ibid., pp.107-141(p.110).

［69］John Dardess, *Confucianism and Autocracy: Professional Elites in the Founding of the Ming Dynasty*. p.273.

［70］David Robinson, *Bandits, Eunuchs, and the Son of Heaven*, p.22.

［71］Alan H. Barr, "The Wanli Context of the 'Courtesan's Jewel Box' Story", pp.107-141(pp.114-115).

［72］Roger V. Des Forges, *Cultural Centrality and Political Change in Chinese History: Northeast Henan in the Fall of the Ming*. p.185.(译者按:引自张棻《流寇记》)。

［73］Ibid., p.57.

［74］Ibid., p.226.

［75］Alan H. Barr, "The Wanli Context of the 'Courtesan's Jewel Box' Story", pp.107-141(p.117).(译者按:引自宋懋澄《负情侬传》。)

［76］John Meskill, "Gentlemanly Interests and Wealth on the Yangtze Delta", p.149.(译者按:引自范濂《云间据目抄》卷二。)

［77］Giovanni Vitiello, "Exemplary Sodomites: Chivalry and Love in Late Ming Culture", *Nan Nu*, n/2 (2000), pp. 207-257(p.215). 关于薛素素,参见 Marsha Weidner, Ellen Johnston Laing, Irving Yucheng Lo, Christine Chu and James Robinson, *Views from Jade Terrace: Chinese Women Artists 1300-1912* (Indianapolis, IN, 1988), pp.82-88.

［78］Wang Yao-t'ing（王耀亭）, "Images of the Heart: Chinese Paintings on a Theme of Love", *National Palace Museum Bulletin*, XXII/5(1987),pp.1-21.

［79］John Meskill, "Gentlemanly Interests and Wealth on the Yangtze Delta", p.106.

［80］吴柏森等编《明实录类纂:文教科技卷》,1080 页,"成化二十一年三月"。

［81］David Robinson, *Bandits, Eunuchs, and the Son of Heaven*, p.51.

［82］吴柏森等编《明实录类纂:文教科技卷》,962 页,"景泰七年正月"。

［83］Ann Waltner, "Breaking the Law: Family Violence, Gender and Hierarchy in the Legal Code of the Ming Dynasty", *Ming Studies*, XXXVI,pp.29-43.

［84］Derk Bodde and Clarence Morris, *Law in Imperial China* (Philadelphia, 1973), p.76.

［85］Ibid., p.80.

［86］Ibid., pp.93-95.

［87］Benjamin A. Elman, *A Cultural History of Civil Examinations in Late Imperial China* (Berkeley, Los

〔88〕 John D. Langlois, Jr, "The Code and *ad hoc* Legislation in Ming Law", *Asia Major*, 3rd ser., VI/2(1993),pp.85-112.

〔89〕 John Dardess, *Confucianism and Autocracy: Professional Elites in the Founding of the Ming Dynasty*. pp.242-243.

〔90〕 John Dardess, "Protesting to the Death: The Fuque in Ming Political History", *Ming Studies*, XLVII(2003), pp. 86-125. 有关这类绘画，可参见 Maxwell K. Hearn and Wen C. Fong, *Along the Riverbank: Chinese Paintings from the C.C. Wang Family Collection* (New York, 1999), pp.128-131.

〔91〕 L. Carrington Goodrich, "Prisons in Peking, circa 1500", *Tsing-hua hsueh-pao*, n.s. 10 (1973), pp. 45-53(p.49). 关于欧洲的监狱，参见 Pieter Spierenburg, *The Spectacle of Suffering: Executions and the Evolution of Repression: From a Preindustrial Metropolis Experience* (Cambridge, 1984). 亦可参见 Mitchell Merback, *The Thief, the Cross and the Wheel: Pain and the Spectacle of Punishment in Medieval and Renaissance Europe* (Chicago, 1999).（译者按：阿克巴尔的见闻录中译本见阿里•阿克巴尔原著，张至善等译：《中国纪行》，北京：三联书店，1988年。）

〔92〕 David Robinson, *Bandits, Eunuchs, and the Son of Heaven*, p.67.

〔93〕《明实录类纂》，1077页，"成化十年十二月"。Shih-shan Henry Tsai, *Perpetual Happiness: The Ming Emperor Yongle* (Seattle, WA, and London, 2001),p.22.

〔94〕 David Robinson, *Bandits, Eunuchs, and the Son of Heaven*, p.145.

〔95〕 David Robinson, *Bandits, Eunuchs, and the Son of Heaven*, pp.108-109. C.R.Boxer ed., *South China in the Sixteenth Century: being the Narratives of Galeote Pereira, Fr Caspar da Cruz OP, Fr Martin de Rada OESA*, Hakluyt Society, 2nd ser., 106 (London, 1953). p.24.

〔96〕 David Robinson, *Bandits, Eunuchs, and the Son of Heaven*, p.154.

〔97〕 Benjamin A. Elman, A *Cultural History of Civil Examinations in Late Imperial China* (Berkeley, Los Angeles and London, 2000), p.98. Elman, "Where is King Ch'eng? Civil Examinations and Confucian Ideology during the Early Ming, 1368-1415", T'oung Pao, 79(1993), pp.23-68.

〔98〕 Roger V. Des Forges, *Cultural Centrality and Political Change in Chinese History: Northeast Henan in the Fall of the Ming*. p.220.

〔99〕 John Dardess, *Blood and History in China: The Donglin Faction and its Repression, 1620-1627*. pp.51 and p.86.

〔100〕 Ibid., p.78.

〔101〕 Roger V. Des Forges, *Cultural Centrality and Political Change in Chinese History: Northeast Henan in the Fall of the Ming*. p.221.

第七章　策杖幽行：衰老与死亡

〔1〕 Rita Ching-Ann Chou, "Norms and their Popularization: Respecting the Elderly in Traditional Chinese Culture", in Chun-chieh Huang and Erik Zürcher, eds, *Norms and the State in China*, pp.185-206.

〔2〕 Svetlana Rimsky-Korsakoff Dyer, *Grammatical Analysis of the Lao Ch'i-ta*, p.389.

〔3〕 John Dardess, *Confucianism and Autocracy: Professional Elites in the Founding of the Ming Dynasty*. p.271.

〔4〕《文徵明集》，127页。根据周道振的看法，此诗作于1492年，诗中对自己"少年"时即早生华华颇为感伤。

〔5〕 Jerome Silbergeld, "Chinese Concepts of Old Age and Their Role in Chinese Painting, Painting Theory, and Criticism". *Art Journal*, XLVI/2(Summer 1987),pp.103-114(p.110).

〔6〕《文徵明集》，1449页。

〔7〕 这两首诗题于《沈周像》画幅之上，文以诚（Richard Vinograd）译为英文，参见 Richard Vinograd, *Boundaries of the Self*, p.28.（译者注：此书的中译本，见文以诚著，郭伟其译，《自我的界限：1600—1900年的中国肖像画》，北京：北京大学出版社，2017年。）

〔8〕 杨慎《画品》，转引自 Craig Clunas, *Pictures and Visuality in Early Modern China*, p.94.

〔9〕 Yang Ye, *Vignettes from the Late Ming*, p.37.（译者注：引自陈继儒《跋姚平仲小传》。）

〔10〕 Jerome Silbergeld, "Chinese Concepts of Old Age and Their Role in Chinese Painting, Painting Theory, and Criticism." p.103.

〔11〕《文徵明集》，1298页。

〔12〕 Benjamin A. Elman, *A Cultural History of Civil Examinations in Late Imperial China* (Berkeley, Los Angeles and London, 2000), p.287.

〔13〕 Ibid., p.286.

〔14〕 文嘉：《先君行略》，转引自 Craig Clunas, *Elegant Debts: The Social Art of Wen Zhengming, 1470-1559*. p.164.

〔15〕 Thomas G. Nimick, "Case Files from the Sichuan Provincial Administration Commission, with Annotated Index". *Ming Studies*, XLVII(2003),pp.62-85(p.66).

〔16〕 Jerome Silbergeld, "Chinese Concepts of Old Age and Their Role in Chinese Painting, Painting Theory, and Criticism." p.108.

〔17〕 C.R.Boxer ed., *South China in the Sixteenth Century: being the Narratives of Galeote Pereira, Fr Caspar da Cruz OP, Fr Martin de Rada OESA*, Hakluyt Society, 2nd ser., 106 (London, 1953). p.143.

〔18〕《文徵明集》，1293页。

〔19〕 归有光：《震川先生集》，《中国古代文学丛书》册二（上海，1981年），652页。

〔20〕 Charlotte Furth, *A Flourishing Yin: Gender in China's Medical History* (Berkeley, Los Angeles and London, 1999), p.307.

〔21〕《文徵明集》，682页。

〔22〕 Cheng-hua Wang（王正华），"Material Culture and Emperorship: The Shaping of Imperial Roles at the Court of Xuanzong (r. 1426-1435)", PhD diss., Yale University, 1998, pp.77 and 237, n. 51.

〔23〕 譬如，David Tod Roy, *The Plum in the Golden Vase, Chin P'ing Mei*, II: *The Rivals*. pp.132 and 143. 在明代，有身分的女性常称自己的丈夫为"达达"，意为"孩儿他爹"，但是在这里，这对男女并无子嗣。笔者猜测，这个词在这里还表示一种从属地位。

〔24〕 Anne Burkus-Chasson, "Elegant or Common? Chen Hongshou's Birthday Presentation Pictures and his Professional Status", *Art Bulletin*, XXVI/2(1994),pp.279-300(pp.287-292).

〔25〕Jerome Silbergeld, "Chinese Concepts of Old Age and Their Role in Chinese Painting, Painting Theory, and Criticism." pp.108-110.

〔26〕李日华:《味水轩日记》, 188 页, "万历三十九年八月十九日"。

〔27〕同上书, 421 页, "万历四十二年十一月七日"。

〔28〕同上书, 511—513 页, 万历四十四年 1 月 13 日与 23 日。

〔29〕同上书, 377 页, 万历四十二年 3 月 13 日; 534 页, 万历四十四年 6 月 1 日。

〔30〕图见 Cheng-hua Wang, "Material Culture and Emperorship: The Shaping of Imperial Roles at the Court of Xuanzong (r. 1426-1435)", PhD diss., Yale University, 1998, p.155, n. 473.

〔31〕王岩,《万历帝后的衣橱:明定陵丝织集锦》, 台北: 东大图书公司, 1995 年。

〔32〕David Tod Roy, *The Plum in the Golden Vase, Chin P'ing Mei*, Ⅱ: *The Rivals*. p.129. Craig Clunas, "All in the Best Possible Taste": Ming Dynasty Material Culture in the Light of the Novel *Jin Ping Mei*', *Bulletin of the Oriental Ceramic Society of Hong Kong*, XI(1994-7), pp. 9-19(p.16).

〔33〕《文徵明集》, 1286 页。

〔34〕Yang Ye, *Vignettes from the Late Ming*, pp.15-16.

〔35〕Craig Clunas, "All in the Best Possible Taste": Ming Dynasty Material Culture in the Light of the Novel *Jin Ping Mei*", p.16. 关于鞋尖, 参见 David Tod Roy, *The Plum in the Golden Vase, Chin P'ing Mei*, Ⅱ: *The Rivals*. p.167.

〔36〕Naifei Ding, *Obscene Things: Sexual Politics in Jin Ping Mei*. p.84.

〔37〕《文徵明集》, 99 页、132 页、170 页、1395 页。

〔38〕同上书, 1479 页。(译者注:《文徵明集》原文即有缺字。)

〔39〕同上书, 1479 页。

〔40〕《味水轩日记》, 456 页("万历四十三年四月廿一日") 至 459 页("万历四十三年五月二日")。

〔41〕同上书, 526 页, 万历四十四年三月廿六日至四月十八日。

〔42〕明代的医疗器械保留下来的极少, 一位医生的墓中随葬了他所用过的医疗工具, 详细的描述可参考江阴县文管会:《江阴县出土的明代医疗器具》,《文物》1977 年 2 月, 40—43 页。

〔43〕Francesca Bray, *Technology and Gender: Fabrics of Power in Late Imperial China* (Berkeley, Los Angeles and London, 1997). p.331.

〔44〕Charlotte Furth, *A Flourishing Yin: Gender in China's Medical History* (Berkeley, Los Angeles and London, 1999), pp.246-247.

〔45〕明刊本《饮膳正要》有完整的影印本, "中国古代版画丛刊二编", 10 卷本, 第 1 卷, 上海: 上海古籍出版社, 1994 年。

〔46〕Marsha Weidner, Ellen Johnston Laing, Irving Yucheng Lo, Christine Chu and James Robinson, *Views from Jade Terrace: Chinese Women Artists 1300-1912* (Indianapolis, IN, 1988), pp.88-91.

〔47〕Maggie C. K. Wan (尹翠琪), "Motifs with an Intention: Reading the Trigrams on Official Porcelain of the Jiajing Period (1522-1566)", *Artibus Asiae*, LXⅢ/2 (2003), pp. 191-221.

〔48〕《明实录类纂》, 941 页, "永乐五年九月"条; 943 页, "永乐十五年八月"条。

〔49〕Yang Ye, *Vignettes from the Late Ming*, p.66. 关于内丹的实践, 尤其是关于图文并茂的内丹修炼方法, 参见 Stephen Little with Shawn Eichman, *Taoism and the Arts of China*. pp.242-251, pp.337-

356. 更为世俗的例子，亦可参阅 Daniel Overmyer, *Precious Volumes: An Introduction to Chinese Sectarian Scriptures from the Sixteenth and Seventeenth Centuries*, pp.232-237.

[50] Jerome Silbergeld, "Chinese Concepts of Old Age and Their Role in Chinese Painting, Painting Theory, and Criticism", p.105.

[51] 何良俊:《四友斋丛说》, 131 页。

[52] Jerome Silbergeld, "Chinese Concepts of Old Age and Their Role in Chinese Painting, Painting Theory, and Criticism", p.104. 亦可参阅 Kiyohiko Munakata（宗像清彦）, "Concepts of Lei and Kan-lei in Early Chinese Art Theory", in Susan Bush and Christian Murck, eds., *Theories of the Arts in China* (Princeton, NJ, 1983), pp. 105-31.

[53] 进一步的讨论, 参见 Craig Clunas, "What about Chinese Art?", in Catherine King ed., *Views of Difference: Different Views of Art* (New Haven, CT, and London,1999), pp. 121-41.

[54]《味水轩日记》, 113 页, "万历三十八年七月三日"。

[55] Helen Dunstan, "The Late Ming Epidemics", *Ch'ing-shih wen-t'i*, 3/3(1975), pp.1-59.

[56]《味水轩日记》, 450—451 页, "万历四十三年三月二十一日"。

[57] Cheng-hua Wang（王正华）, "Material Culture and Emperorship: The Shaping of Imperial Roles at the Court of Xuanzong (r. 1426-1435)", PhD diss., Yale University, 1998, p.155, n. 73. 关于本书所举的这幅画像的讨论, 参见 Joan Hornby, "Chinese Ancestral Portraits: Some Late Ming and Ming Style Ancestral Paintings in Scandinavian Museums", *Bulletin of the Museum of Far Eastern Antiquities*, LXX (2000), pp. 173-271(pp.206-209).

[58] Roger V. Des Forges, *Cultural Centrality and Political Change in Chinese History: Northeast Henan in the Fall of the Ming*. p.144.

[59] Jan Stuart and Evelyn S. Rawski, *Worshipping the Ancestors: Chinese Commemorative Portraits* (Washington, D.C., 2001). Joan Hornby, "Chinese Ancestral Portraits". Craig Clunas,"Not One Hair Different…": Wen Zhengming on Imaging the Dead in Ming Funerary Portraiture', in Rupert Shepherd and Robert Maniura, eds, *Presence: The Inherence of the Prototype within Images and Other Objects* (Aldershot, 2006), pp. 31-45.

[60]《文徵明集》, 1282—1285 页。

[61] Charlotte Furth, *A Flourishing Yin: Gender in China's Medical History* (Berkeley, Los Angeles and London, 1999), p.246.

[62]《味水轩日记》, 108 页, "万历三十八年六月九日"。

[63] 何良俊:《四友斋丛说》, 67 页。

[64] 李日华:《味水轩日记》, 84 页, "万历三十八年二月二十三日"。

[65] 叶作富:《四川铜梁明张叔珮夫妇墓》,《文物》1989 年第 7 期。

[66] 周亮工:《书影》, 53 页。

[67] 江阴县文管会:《江阴县出土的明代医疗器具》,《文物》1977 年 2 月, 40—43 页。

[68] 陆耀华:《浙江嘉兴明项氏墓》,《文物》1982 年 8 月, 37—40 页。

[69] 赵景深:《谈明成化刊本〈说唱词话〉》,《文物》1972 年 3 月, 19—22 页; 曹腾騑:《广东揭阳出土明抄戏曲"蔡伯皆"略谈》,《文物参考资料》1957 年 7 月, 82 页。

〔70〕佚名：《丹阳何家坟发现明代历书》,《文物参考资料》1957年7月, 82页。

〔71〕张文崟,《福建南平发现明代绢质"大统历"封面》,《文物》1989年12月, 47页。这是否是专门为墓葬而制作, 意在永久保存？

〔72〕张勋燎：《四川理县出土的一部明代水利著作：童时明的〈三吴水利便览〉》,《文物》1974年7月, 72—77页。

〔73〕上海市文物管理委员会：《上海宝山明朱守诚夫妇合葬墓》,《文物》1992年5月, 61—68页；黄凤春：《湖北蕲春出土一件明代朱书文字上衣》,《文物》1999年8月, 84—87页。

〔74〕Kathlyn Liscomb, "A Collection of Painting and Calligraphy Discovered in the Inner Coffin of Wang Zhen", *Archives of Asian Art*, XLVII(1994),pp.6-32.

〔75〕关于这位皇帝的陵墓, 可参考中国社会科学院考古研究所、定陵博物馆、北京市文物工作队：《定陵：明代的帝王陵墓》, 2册（北京, 1990年）。

〔76〕张先得、刘精义、呼玉恒：《北京市郊明武清侯李伟夫妇墓清理简报》,《文物》1979年4月, 54—58页。

〔77〕南京市博物馆：《江苏南京发现明代太监怀忠墓》,《考古》1993年第7期, 67—70页。

〔78〕苏州市博物馆：《苏州虎丘王锡爵墓清理纪略》,《文物》1975年3月, 51—56页；Wang Zhengshu, "Conjectures on Models of Ming-Period Furniture Excavated from the Pan Yunzheng Tomb in Shanghai", in Nancy Berliner, *Beyond the Screen: Chinese Furniture of the 16th and 17th Centuries*(Boston. MA, 1996), pp. 76-83.

〔79〕J. M. Blaut, *The Colonizer's Model of the World*, II : *Eight Eurocentric Historians* (New York, 2000). pp.25-7. 亦可参阅 Martin W. Lewis, and Karen E. Wigen, *The Mith of Continents: A Critique of Metageography*. p.97. 对 Paul Kennedy 在 *Rise and Fall of the Great Power* 一书中所持的立场进行了批判。

第八章　余绪：明代视觉文化与物质文化的来世

〔1〕英语学界对这一事件的详尽描述首推 Frederic Wakeman, Jr, "The Shun Interregnum of 1644", in Jonathan D. Spence and John E. Wills Jr, eds, *From Ming to Ch'ing: Conquest, Region and Continuity in Seventeenth-Century China* (New Haven, CT, and London, 1979), pp. 39-88.

〔2〕Frederic Wakeman, Jr, "The Shun Interregnum of 1644", pp.51-52(军队游行). pp.56-59(新的衣袍), pp.70-71(淘物).

〔3〕取自中国历史博物馆编《华夏之路（第四册）：元、明、清》, 北京：朝华出版社, 1997年, 136—137页。关于城门上的文字, 参见周伟州《陕西韩城西门大顺永昌元年城额》,《文物》1976年第10期。关于城砖上的文字, 参见黄承宗《四川西昌县发现"大顺"城砖》,《文物》1977年第5期。关于钱币上的文字, 参见佚名《成都发现一批"大顺通宝"》,《文物》, 1977年第9期。

〔4〕在英语学界对南明王朝的研究中, 最重要的是 Lynn A. Struve, *The Southern Ming 1644-1662*（侧重于政治事件）, 以及同作者的 *Voices from the Ming-Qing Cataclysm: China in the Tiger's Jaw*（侧重于描述人们如何感受与经历这段岁月）。（译者注：前一本书的中译本, 参见司徒琳著、李荣庆等译：《南明史》, 上海：上海古籍出版社, 1992年。）Frederic Wakeman, Jr, *The Great*

Enterprise: The Manchu Reconstructiorz of Imperial Order in Seventeenth-Century China, 2 vols (Berkeley, Los Angeles and London, 1985) 一书则是最波澜壮阔的历史描述，也是研究 17 世纪中国历史的杰出著作（此书中文译本为《洪业：清朝开国史》）。

〔5〕 Reginald F. Johnston, *Twilight in the Forbidden City* (London, 1934).pp.349-352.（译者注：此书中译本，参见庄士敦著、陈时伟译：《紫禁城的黄昏》，山东画报出版社，2007 年。）

〔6〕 Susan Naquin, *Peking: Temples and City Life, 1400-1900*, p.326. 1654 至 1656 年，谭迁也曾过访北京的明皇陵。

〔7〕 Ibid., p.452.

〔8〕 Jerome Silbergeld, "Kung Hsien: A Professional Chinese Painter and His Patronage", *Burlinton Magazine*, CXXIII (1981),pp.400-410. Jerome Silbergeld, "The Political Landscapes of Kung Hsien in Painting and Poetry", *Journal of the Institute of Chinese Studies*, VIII/2(1976),pp.561-574.

〔9〕 Jonathan Hay, "Ming Palace and Tomb in Early Qing Jiangning: Dynastic Memory and the Openness of History", *Late Imperial China*, XX/1(1999),pp.1-48.

〔10〕 Ibid., p.36.

〔11〕 Ibid., p.27.

〔12〕 H.S. Levy, *A Feast of Mist and Flowers: The Gay Quarters of Nanking at the End of Ming*.(Tokyo,1966) 便是对这类文献之一《板桥杂记》的翻译和解说。

〔13〕 梁维枢：《玉剑尊闻》，瓜蒂庵藏明清掌故丛书，上海：上海古籍出版社，1986 年。

〔14〕 Wai-yee Li, "The Collector, the Connoisseur, and Late-Ming Sensibility," *T'oung Pao*,81(1995),p.297. 对于文学中怀旧主题的杰出论述，参见 Stephen Owen, *Remembrance:The Experience of the Past in Classical Chinese Literture*.（译者注：此书中译本为宇文所安著、郑学勤译《追忆：中国古典文学中的往事再现》，北京：三联书店，2004 年。）

〔15〕 孔尚任：《桃花扇》，英译本为 K'ung Shang-jen, *Peach Blossom Fan*, trans. Chen Shih-hsiang and Harold Acton, with the collaboration of Cyril Birch。

〔16〕 对这幅画的深入研究，参见 Chu-tsing Li and James C.Y. Watt eds., *The Chinese Scholar's Studio*, p.144. 关于这个时期流行的想象中的"雅集"，参见 Anne Burkus-Chasson, , "Between Representations: The Historical and the Visionary in Chen Hongshou's Yaji", *Art Bulletin*, LXXXIV(2002),pp.315-333.

〔17〕 Jonathan D. Spence, *Emperor of China: Self-portrait of Kang-his*, p.87.（译者注：中译本为史景迁著、吴根友译《中国皇帝：康熙自画像》，上海：上海远东出版社，2005 年。）

〔18〕 Wing-ming Chan, "The Qianlong Emperor's New Strategy in 1775 to Commend Late-Ming Loyalists", *Asia Major*, 3rd ser., XIII (2000), pp.109-137.

〔19〕 Patricia Berger, *Empire of Emptiness: Buddhist Art and Political Authority in Qing China* (Honolulu, 2003), p.184.

〔20〕 Ibid., p.138.

〔21〕 Zhang Hongxing, *The Qianlong Emperor: Treasures from the Forbidden City* (Edinburgh, 2002). pp.98-99.

〔22〕 Patricia Berger, *Empire of Emptiness: Buddhist Art and Political Authority in Qing China* (Honolulu,

2003), pp.133-137. 关于清宫的收藏，可参阅 Gerald Holzwarth, "The Qianlong Emperor as Art Patron and the Formation of the Collections of the Palace Museum, Beijing", in Evelyn S. Rawski and Jessica Rawson, eds, *China: The Three Emperors,1662-1795* (London, 2005), pp. 41-53.

[23] Jennifer Montagu, *Roman Baroque Sculpture: The Industry of Art*, pp.151-172, "The Influence of the Baroque on Classical Antiquity".

[24] 朴孝银，18 세기 朝鮮 文人들의 繪畫蒐集活動과 畫壇,《미술사학연구: 구고고미술》, 233-234 (2002), 139-185.

[25] JaHyun Kim Haboush, "Contesting Chinese Time, Nationalizing Temporal Space: Temporal Inscription in Late Choson Korea", in Lynn A. Struve, ed., *Time, Temporality, and Imperial Transition: East Asia from Ming to Qing* (Honolulu, 2005). pp. 115-141.

[26] Jonathan D. Spence, *Treason by the Book* (New York and London, 2001), p.35(旗子与头巾), pp.69 and 90(画像与帽子), pp.87-88(梦). (译者注：此书中译本为史景迁著，邱辛晔译《皇帝与秀才：皇权游戏中的文人悲剧》，上海：上海远东出版社，2005年。)

[27] Jonathan D. Spence, *God's Chinese Son: The Taiping Heavenly Kingdom of Hong Xiuquan*, pp.85-7. 征引了 Dian Murray and Qin Baoqi, *The Origins of the Tiandihui*.(Stanford, CA, 1994). (译者注：此书中译本为史景迁著，朱庆葆等译《太平天国》，桂林：广西师范大学出版社，2011年。)

[28] Jonathan D. Spence, *God's Chinese Son*, p.116.

[29] Henrietta Harrison, *The Making of the Republican Citizen: Political Ceremonies and Symbols in China, 1911-1929*, Studies on Contemporary China (Oxford, 2000), pp.41-42. 书中首次刊出了本书所用的这张图片。关于秘密社团和民国民族主义之间错综复杂的关系，参阅 Prasenjit Duara, *Rescuing History from the Nation: Questioning Narratives of Modern China* (Chicago and London, 1995). pp.115-46. (译者注：此书中译本为杜赞奇著，高继美等译《从民族国家拯救历史：民族主义话语与中国现代史研究》，南京：江苏人民出版社，2009年)。

[30] Rudolf G. Wagner, "Reading the Chairman Mao Memorial Hall in Peking: The Tribulations of the Implied Pilgrim", in Susan Naquin and Chun-fang Yu, eds, *Pilgrims and Sacred Sites in China* (Berkeley, Los Angeles and London, 1992), pp. 378-424(pp.389-390).

[31] David Faure, "The Emperor in the Village: Representing the State in South China", in Joseph McDermott, ed., *State and Court Ritual in China*, pp.267-298(p.271). James A. Flath, *The Cult of Happiness: Nianhua, Art and History in Rural North China*, p.94.

[32] John Dardess, *Blood and History in China: The Donglin Faction and its Repression, 1620-1627*. p.89.

[33] 郑振铎《中国版画史图录》（六卷本，上海，1940—1947）；李泽厚《美的历程》，英译本，pp.206-213.

[34] Yang Ye, *Vignettes from the Late Ming: A Hsiao-p'in Anthology*, trans. with annotations and introduction by Yang Ye (Seattle, WA, and London, 1999), pp.xxⅦ-xxⅣ.

[35] Naifei Ding, *Obscene Things: Sexual Politics in Jin Ping Mei*. p.7.

[36] Wai-yee Li, "The Late Ming Courtesan: Invention of a Cultural Ideal", in Ellen Widmer and Kang-I-Sun Chang, eds, *Writing Women in Late Imperial China*, pp.46-73.

[37] Herbert A. Giles, *A Glossary of Reference on Subjects Connected with the Far East*, 3rd edn, p.180.

[38] Derk Bodde and Clarence Morris, *Law in Imperial China* (Philadelphia, 1973), pp.102-103.

[39] 关于这个主题的学术史，可参阅 John Pope, *The History of the History of Ming Porcelain*.

[40] Jan Stuart and Evelyn S. Rawski, *Worshipping the Ancestors: Chinese Commemorative Portraits* (Washington, D.C., 2001).p.178.

[41] Thomas Lawton, *A Time of Transition*, pp.78-80. John Pope, *The History of the History of Ming Porcelain*. pp.7-8.

[42] 关于前者，参阅 Adriana Proser, Sally Malenka and Beth A. Price, *Painted Splender*. 关于后者，参阅 Kenneth J., Hammond, "Beijing's Zhihua Monastery: History and Restoration in China's Capital", in Marsha Weidner ed., *Cultural Intersections in Later Chinese Buddhism*, pp.189-208.

[43] 这套物品是 E.L.Cockwell 所赠送的礼物，博物馆中的编号为 W.87-1924，如今只能从照片中见到。

[44] Alfreda Murck and Wen Fong, *A Chinese Garden Court*. Robert D. Jacobsen, with Nicholas Grindley, *Classical Chinese Furniture in the Minneapolis Institute of Arts*, pp.21-24.

[45] 引自 Judith Tybil Green, "Britain's Chinese Collections, 1842-1943: Private Collection and the Invention of Chinese Art", DPhil thesis, University of Sussex, 2002, p.170.

[46] Masako Yoshida,, "Tokugawa Bijutsukan shuzo no tsuji-baori ni kanshite", *Museum*, 570 (2001), pp. 41-63.

[47] 陶君起，《京剧剧目初探》，北京：中国戏剧出版社，1980 年，299—360 页。

[48] Chang-tai Hung, *War and Popular Culture: Resistance in Modern China, 1937-1945* (Berkeley, Los Angeles and London, 1994). pp.70 and 72.

[49] 要了解和李时珍有关的全部影片，参阅《中国艺术影片编目》（1949-1979）（北京：文化艺术出版社，1981 年），222—223 页。胡金铨的生平可参见网络传记：http://www.sensesofcinema.com/contents/directors/02/hu.html（2004 年 10 月 8 日登入）。

[50] 譬如 1992 年徐克执导的《新龙门客栈》，细节可参阅 http://www.lovehkfilm.com/review/dragon_inn_1992.htm（2004 年 10 月 8 日登入）

[51] 吴敬梓《儒林外史》。明朝，尤其是明朝灭亡和明清易代的历史，始终都是通俗小说最常用的背景。无论是姚雪垠的长篇小说《李自成》还是金庸的武侠小说《鹿鼎记》，抑或是 Robert B. Oxnam, *Ming: A Novel of Seventeenth-Century China*(New York, 1994).

[52] Wu Hung, *Transience: Chinese Experimental Art at the End of the Twentieth Century* (Chicago, 1999). pp.30-35. Gao Minglu, "The Great Wall in Contemporary Chinese Art", *Positions: East Asia Cultures Critique*, Ⅶ/3(2004),pp.773-786.

[53] Naifei Ding, *Obscene Things: Sexual Politics in Jin Ping Mei*. p.247, n.7.

[54] Craig Clunas, *Superfluous Things: Material Culture and Social Status in Early Modern China*. p.90 and pp.xi-xvi，平装版前言。

后 记

[1] 参见 Christina Klein, *Cold War Orientalism: Asia in the Middlebrow Imagination, 1945-1961*.

[2] Vincent Cronin, *The Wise Man from the West*, p.162.

[3] Ibid., p.177.

[4] Dipesh Chakrabarty, *Provincializing Europe: Postcolonial Thought and Historical Difference*.p.18.

[5] Stanley Abe, *Ordinary Images* (Chicago and London, 2002),p.5.

[6] Donald Preziosi, *Brain of the Earth's Body*, p.25.

[7] Fuma Susumu, trans. David Robinson, "Ming Studies in Japan, Part One (Beginnings to 1980)", *Ming Studies*, XLVII (2003), pp. 21-61(p.32)and(p.39); 关于"资本主义萌芽", 参见 Timothy Brook, "Capitalism and the Writing of Modern History in China", in Timothy Brook and Gregory Blue, eds., *China and Historical Capitalism: Genealogies of Sinological Knowledge, Studies in Modem Capitalism* (Cambridge, 1999), pp. 110-157(pp.150-152).

[8] Soren Clausen, "Early Modem China - A Preliminary Postmortem". *Working Paper 84-00. Centre for Cultural Research*. University of Aarhus (Aarhus, 2000). 对"early modern"这个概念令人振奋的批评, 以及对这个词汇之历史的讨论, 参阅 Rudolf Starn, "Revicw Article: The Early Modern Muddle", pp.296-307.

[9] Dipesh Chakrabarty, *Provincializing Europe: Postcolonial Thought and Historical Difference*.p.41.

[10] Donald Preziosi, *Brain of the Earth's Body*, p.117.

致　谢

本书无论材料还是结构都源于 2004 年 1 月 21 日至 3 月 10 日我在牛津大学所做的斯莱德讲座（Slade Lectures on Fine Art）。我要衷心感谢万灵学院（All Souls College）的院长和同仁［尤其是玛格丽特·本特（Margaret Bent）］在讲座期间给予我的殷勤接待，还要感谢马丁·坎普（Martin Kemp）和杰西卡·罗森（Jessica Rawson）两位教授对我的帮助和鼓励。与吉拉德·埃姆什（Gerard Emch）和威廉·泽莫普洛斯（William Demopoulos）在山毛榉之家（Beechwood House）的畅谈尤为让人享受。许多朋友和同仁都慷慨地为我提供资料和建议，其中包括白亚仁（Allan Barr）、巴瑞特（T.H.Barrett）、毕嘉珍（Maggie Bickford）、卜正民（Timothy Brook）、约翰·卡雷（John Cayley）、约翰·卡彭特（John Carpenter）、康浩（Paul Clark）、冯客（Frank Dikötter）、冯珠娣（Judith Farquhar）、韩文彬（Robert Harrist Jr.）、柯嘉豪（John Kieschnick）、林萃青（Joseph C.Lam）、林丽江、李嘉琳（Kathlyn Liscomb）、马凯文（Kevin McLoughlin）、宫崎法子（Miyazaki Noriko）、莫欧礼（Oliver Moore）、朴英淑（Pak Youngsook）、朴孝银（Park Hyo-eun）、克里斯托弗·平尼（Christopher Pinney）、杰西卡·罗森（Jessica Rawson）、冯德保（Christer von der Burg）、姚进庄、吉田雅子（Yoshida Masako）、尹翠琪、王正华、汪悦进（Eugene Wang）、吴芳思（Frances Wood）、萧丽玲，以及张弘星。肯定还有不少名字在这里遗漏了，在此表示诚挚的歉意。我要特别感谢我在伦敦大学亚非学院的同事卢庆滨（Andrew Lo）和蒂蒙·斯克里奇（Timon Screech），他们二位认真审读了我的书稿，并敏锐地提出了许多助益良多的意见。我的父亲查尔斯·克鲁纳斯（Charles Clunas）也极为仔细地阅读了全部文字并提出了意见，同样对我有很大的帮助。

在购买图片版权方面，本书获得了伦敦大学亚非学院两项基金的财政资助，分别是艺术与人文教师研究基金以及中央研究基金，在此我表示衷心的感谢。

译者后记

从 2008 年 7 月 9 日和杨乐通第一封关于翻译这本书的电子邮件算起,翻译工作持续了整整十年。所以我也十分惭愧。三联书店在这本书英文版刚刚出版不到一年就决定出版中文版,有相当敏锐的眼力。只可惜我的进度对于出版社来说简直是"灾难性"的。必须要说的是,作为发起这次翻译工作的责编、老同学杨乐,她尽职尽责地抓住每个场合来催促我,没有满腔的对她的愧疚,恐怕我还会再拖一拖,在此我深表感谢。

十年间,《大明》这本书从一本新书变成了老书,柯律格教授在其后又出版了两本著作,甚至其中的一本都已经有了中译本。十年间,中国美术史的研究无论在世界范围内还是在中国本土,都发生了不小的变化。这十年,也是我从学美术史的学生变成教美术史的老师的十年,是我在学术界努力打拼的十年。这十年,和许多人一样,我也目睹了柯律格本人经历的一些重要的变化。2007 年正式出版的《大明:明代中国的视觉文化与物质文化》中的两个关键词"物质文化""视觉文化",看起来是他 1991 的专著《长物:早期现代中国的物质文化与社会状况》和 1997 年出版的专著《明代的图画与视觉性》的集成与升华。在 2007 年,柯律格还需要在书中专门阐述他对于物质文化和视觉文化的理解和运用,而在如今,对于这两个词似乎已经不需要再做过多说明了,尽管依然有着不同的意见。

在《大明》中,柯律格的讨论范围从作为历史的明代,延展到作为想象的明代,一直讨论到 20 世纪的中国。他对于现代中国的兴趣显然也可以在他 2017 年出版的《中国的绘画及其观众》(*Chinese Painting*

And Its Audiences）中找到。简单来说，通过艺术史所关心的视觉与感知方式来沟通与连接古今中外，是他的著作给人最大的启发，这也是艺术史的魅力之一。

  必须承认，柯律格的著作翻译起来十分的不轻松。他的每一本书都不厚，文字不多，容量却很大。《大明》尤其明显。这也许和讲座的形式有关，许多问题点到为止，但需要脑补的空间却很大。同时，他的著作包含着很强的批评色彩和方法论意识，时时刻刻都在给他的读者以警醒。在翻译此书的过程中，我常感到自己在中英文两方面的不足，但好在作为艺术史研究者，我对明代也充满兴趣，也做过一些研究，当然有些与柯律格的观点并不相同，不过因为如此，对于他所提出的一些问题我有时候很能体会。在三年前初稿完成后，我曾经就一些问题专门请教过柯律格教授，他认真地一一回答，从而避免了一些明显的错误。我知道，呈现在大家面前的中译本，"信达雅"是做不到的，但是我觉得自己还是尽最大努力地读懂了他书中的内容，我也希望读了我的翻译文字大家能对柯律格的想法清晰明了，倘若读者朋友们有什么地方读得晕头转向，那一定是我的问题，我先道歉。同时也邀请读者朋友们打开心胸，用开放的心态来体会"开放的艺术史"的魅力。